ROMA

EL IMPERIO INFINITO

ALDO CAZZULLO

ROMA

EL IMPERIO INFINITO

HarperCollins

Editado por HarperCollins Ibérica, S. A.
Avenida de Burgos, 8B - Planta 18
28036 Madrid

Roma. El imperio infinito
Título original: *Quando eravamo i padroni del mondo.*
Roma: L'impero infinito
© 2023, HarperCollins Italia S.p.A., Milano
© 2023, Aldo Cazzullo
© 2024, de la traducción, Xavier González Rovira
© Del prólogo, Javier Cercas
© 2024, para esta edición HarperCollins Ibérica, S. A.

Para las citas de *Memorias de Adriano*, se ha utilizado con autorización la siguiente edición: Yourcenar, Marguerite, *Memorias de Adriano*, traducción de Julio Cortázar, Barcelona, Edhasa, 1982.

Diseño de cubierta: Falcinelli&Co. / Riccardo Falcinelli
Ilustración de cubierta: © Dervish45 / Shutterstock
Fotografía del autor: © Giulia Natalia Comito
Maquetación: MT Color & Diseño, S. L.

ISBN: 978-84-19883-40-7
Depósito legal: M-6228-2024
Impreso en España por: BLACK PRINT

MIXTO
Papel procedente de
fuentes responsables
FSC
www.fsc.org   FSC® C159065

ÍNDICE

*Otros habrá —no tengo dudas— que esculpirán mejor
estatuas de bronce que parezcan respirar, o tallarán
figuras vivas en el mármol; que sabrán
defender con una oratoria más aguda sus causas,
y acertarán a trazar los movimientos del cielo
con el compás y a predecir la salida de los astros.
Pero tú, romano, recuerda tu misión: gobernar a los pueblos
con tu mando. Estas serán tus artes:
imponer tus leyes de paz, perdonar
a los vencidos, a los débiles, y abatir a los soberbios.*

VIRGILIO, *Eneida*

PRÓLOGO

Por Javier Cercas

Aldo Cazzullo es uno de los grandes periodistas de la Italia de hoy; también es uno de sus grandes escritores, porque hay grandes escritores que no son grandes periodistas, pero no hay grandes periodistas que no sean grandes escritores.

Cazzullo es ahora mismo el periodista estrella del *Corriere della Sera,* el periódico más leído de Italia, un país con una gran tradición de escritores periodistas o periodistas escritores, como Dino Buzzati, que también trabajó durante muchos años en el *Corriere.* En este periódico, Cazzullo publica desde hace años un artículo casi diario, pero, además, ha cubierto acontecimientos fundamentales de las últimas décadas, desde el Brexit hasta los Juegos Olímpicos, y ha entrevistado a personajes de primera fila, desde Bill Gates, Steven Spielberg o Keith Richards hasta Rafa Nadal. Cazzullo, sin embargo, no sólo es justamente celebrado por sus escritos para la prensa, sino también por sus libros, en los que, igual que en su periodismo, maneja un italiano fresco, preciso y enérgico, una inteligencia restallante y una cultura vastísima. El libro que el lector tiene en las manos es, si no me engaño, el primero que Cazzullo publica en España; por el bien de los lectores españoles, espero que no sea el último.

La pregunta es: ¿qué hace un hombre que se ocupa a diario del presente escribiendo sobre el pasado? ¿Qué pinta un periodista publicando un libro sobre la Roma imperial? La respuesta más sencilla es una mera constatación bibliográfica: muchos de los libros de Cazzullo —sobre Dante, sobre Mussolini, sobre la Resistencia antifascista— constituyen indagaciones acerca del pasado italiano; a continuación, me gustaría ensayar, no obstante, una respuesta algo más elaborada.

Este libro podría calificarse como un ensayo de alta divulgación. Cazzullo no es historiador, ni pretende serlo, pero *Roma. El imperio infinito* puede o incluso debe leerse, de entrada, como un libro de historia: un libro en el que Cazzullo narra el itinerario del Imperio desde sus orígenes legendarios, recreados por los hexámetros suntuosos de la *Eneida,* hasta su final simbólico y casi secreto, el 4 de septiembre de 416 —cuando Rómulo Augústulo, el último emperador de Occidente, fue depuesto por el bárbaro Odoacro—, pasando por la República, el Imperio, la conversión de Roma al cristianismo y su división en Imperio de occidente y de oriente, esa parte del todo originario que perduró hasta la caída de Constantinopla, en 1453. Cazzullo refiere esta historia con un profundo conocimiento de causa y una prosa vibrante, que tiende a lo epigramático, pródiga en anécdotas y no exenta de sentido del humor. Pero, además de leerse como un libro de historia, *Roma. El imperio infinito* puede leerse como un libro de aventuras, casi diría como una novela de aventuras, si no fuera porque todos sus protagonistas son seres de carne y hueso y porque, aunque a veces parezcan surgidos de una novela del realismo mágico —héroes ciclópeos, villanos abyectos, asesinos de una crueldad inhumana—, el relato de sus peripecias no se aparta un milímetro de los hechos (aunque no excluye muchas leyendas, que a su modo también forman parte de la realidad). Cazzullo sobresale en el retrato de esos personajes desmesurados, a la vez reales y extraordinarios, como Espartaco, el esclavo inverosímil que, al mando de un ejército de esclavos, humilló nueve veces a las legiones romanas y, antes de ser derrotado, sublevó a la península itálica entera, o como César Augusto, creador del Imperio y encarnación misma de la racionalidad («El imperio de Augusto es el imperio de la razón»), pero sobre todo como Julio César, a quien Cazzullo considera «uno de los hombres más grandes que han existido, en cualquier lugar y en cualquier época».

Hasta aquí, dos formas legítimas de leer este libro; hay sin embargo una tercera, que no las contradice, sino que las complementa, y que juzgo esencial. De un tiempo a esta parte habitamos una dictadura del presente, una tiranía en gran parte creada o fomentada por el poder abrumador, ya casi omnímodo, de los medios de comunicación, para quienes las urgencias de la actualidad informativa lo absorben todo; en ellos, el pasado casi no existe, o es apenas perceptible: lo que ocurrió ayer —no digamos la semana pasada, no digamos el año pasado, no digamos el pasado siglo— quedó para siempre atrás, convertido en un cadáver llamado historia, que permanece disecado en la morgue de los archivos y las bibliotecas, acumulando polvo, de vez en cuando visitado por los historiadores, del todo ajeno al presente, perfectamente irrelevante para él. Esa visión es ahora mismo la dominante, porque los medios de comunicación determinan por completo nuestra percepción de la realidad, hasta el punto de que, en cierto sentido, lo que no existe en los medios no existe a secas. Es una visión miope, plana y empobrecedora, que falsifica el presente porque lo amputa y lo deja flotando en una actualidad perpetua y sin trasfondo. En *Réquiem por una mujer,* William Faulkner escribió famosamente: «El pasado no ha muerto; ni siquiera es pasado». Por supuesto que no: no se trata sólo de que no podamos entender el presente sin el pasado; se trata de que el presente es mucho más denso, más profundo, más complejo y más amplio de lo que a menudo pensamos, mucho más en todo caso que esa simplificación del presente que es el mero ahora mediático: en realidad, el presente abarca o contiene de algún modo el pasado; en realidad, el pasado es una dimensión del presente sin la cual el presente está mutilado.

Esa es la idea que subyace en *Roma. El imperio infinito,* y por eso el libro puede y acaso debe leerse como una batalla de la guerra contra la dictadura del presente que, consciente o inconscientemente, ha entablado desde hace años Cazzullo. Éste, a lo largo de las páginas que siguen, conecta una y otra vez el Imperio romano con su historia posterior, y sobre todo con la actualidad, reconociendo en ella sus ecos y reverberos, de los más palmarios a los más ocultos; ese ir y venir entre pasado y presente constituye uno de los rasgos más insólitos y atractivos del libro y, a la vez, el reflejo de su tesis central. Cazzullo la formula desde las primeras líneas: «El Imperio romano nunca cayó realmente, ni caerá jamás», escribe. «Ha seguido viviendo en las mentes, en las palabras, en los símbolos de los imperios que vinieron más tarde». Aludiendo a los romanos, prosigue: «No solo habitamos la misma tierra, vivimos en las ciudades fundadas por ellos, recorremos las carreteras trazadas por ellos: Roma vive en nuestra lengua, en nuestros edificios, en nuestros pensamientos. En nuestra forma de hablar, de construir, de pensar, ha permanecido algo de la antigua Roma. Y, si hoy somos cristianos, es porque Roma se hizo cristiana (…). Ninguna época ha influido tanto en las generaciones siguientes». Hacia el final del libro, Cazzullo insiste: «Cada vez que pronunciamos las palabras de la política, de la religión, de la vida pública, sin darnos cuenta estamos pagando tributo a la antigua Roma». Cazzullo es un periodista que escribe sobre el pasado porque sabe que no basta con el presente para hacerse cargo por completo del presente.

Podríamos ir incluso más allá. Cuenta Enrique Vila-Matas que, el 20 de febrero de 1974, Philip K. Dick, tras haber soñado tiempo atrás que buscaba un libro titulado *El imperio nunca cayó,* «confirmó que seguíamos en el Imperio romano cuando, al abrir la puerta a la empleada de farmacia que le subía unos analgésicos, advirtió que ésta llevaba un colgante en forma de Ichthys (el símbolo del pez cristiano) que el escritor percibió rodeado de un halo sobrenatural e interpretó como una señal de que iba a poder revivir, como así ocurrió, episodios de su antigua vida como cristiano de primera hora». El visionario norteamericano llevaba una vez más razón: el Imperio nunca cayó, todos somos ciudadanos de Roma. Este libro de Aldo Cazzullo lo demuestra.

ROMA. EL IMPERIO INFINITO

Roma nunca cayó

El Imperio romano nunca cayó realmente, ni caerá jamás. Ha seguido viviendo en las mentes, en las palabras, en los símbolos de los imperios que vinieron más tarde.

Los pueblos latinos —españoles, italianos, franceses— no son descendientes directos de los antiguos romanos (antes estuvieron los celtas, los griegos, los fenicios; luego llegaron los bárbaros). Pero podemos reivindicar la herencia de los romanos. No solo habitamos la misma tierra, vivimos en las ciudades fundadas por ellos, recorremos las carreteras trazadas por ellos: Roma vive en nuestra lengua, en nuestros edificios, en nuestros pensamientos. En nuestra forma de hablar, de construir, de pensar, ha permanecido algo de la antigua Roma. Y si hoy somos cristianos, es porque Roma se hizo cristiana.

Roma ha inspirado las novelas, los cómics, las películas que vimos de niños: de *Quo Vadis* a *Astérix,* pasando por *Ben-Hur* (mucho antes que *Gladiator*). Ninguna época ha influido tanto en las generaciones siguientes; entre otras cosas, porque los años de la fundación del imperio son los mismos que los de otro acontecimiento que cambió la historia de la humanidad: el nacimiento y la crucifixión de Jesús.

El estilo de la antigua Roma nunca ha muerto y resurge periódicamente en la historia. Desde el Renacimiento al Neoclasicismo, desde Palladio hasta Canova, desde Juan de Herrera a Juan de Villanueva, algunos de los más grandes artistas de Occidente han diseñado, esculpido, pintado como lo hacían —o pensaban que lo hacían— los antiguos romanos.

Todos los emperadores de la historia se han sentido como el nuevo César, y todos los revolucionarios de la historia se han sentido como el nuevo Espartaco. Todos los imperios de la historia se han creído y se han presentado como herederos de los romanos. Bizancio. Moscú: la «Tercera Roma». El Sacro Imperio Romano de Carlomagno. Carlos V, en cuyo imperio nunca se ponía el sol. El Imperio austrohúngaro y el alemán, que se proclamaron continuadores del Sacro Imperio Romano.

Y luego el Imperio británico, que sojuzgaba a la India con un puñado de soldados que eran casi todos indios, igual que Roma mantenía a raya a los bárbaros con ejércitos compuestos y dirigidos por bárbaros, que a menudo podían mantener su grito de guerra.

Napoleón adoraba a César, escribió un libro sobre él y no quiso ser coronado rey de los franceses, sino emperador.

El imperio americano, al igual que el romano, se construyó tendiendo alianzas y pactos diferentes con pueblos diferentes, y considerando la influencia militar y cultural como más importante que la ocupación de los territorios en sí, puesto que el verdadero poder no está en la tierra, sino en las almas, así como en la economía.

No es casualidad que, hoy en día, también los emperadores digitales —de manera declarada Mark Zuckerberg y Elon Musk, pero no solo ellos— miren a los emperadores romanos: los primeros que se encontraron gobernando inmensas comunidades de personas que nunca se habían reunido físicamente, que hablaban lenguas diferentes, rezaban a dioses distintos, pero que nacían, vivían y morían bajo el mismo César, y que, por tanto, necesitaban reconocerse en los mismos rostros, en las mismas historias, en las mismas ideas.

Porque uno podía convertirse en romano fuera cual fuera su origen, fuera cual fuera el color de su piel, fuera cual fuera su dios. Y uno podía convertirse en romano sin dejar de ser hispano, galo, tracio, sirio, griego, egipcio, nubio… Los problemas a los que tuvo que enfrentarse Roma —los flujos migratorios, la integración de los extranjeros, el estado de guerra permanente— son los mismos a los que nosotros hemos de enfrentarnos. Y hay que recordar que los romanos, por muy íntimamente convencidos que estuvieran de su superioridad, no eran racistas, salvo con los godos, de quienes se burlaban porque eran demasiado altos y demasiado rubios.

Lo que hoy llamamos Occidente es una construcción que se erige sobre los cimientos de la antigua Roma.

En todo Occidente, el lenguaje de la política y del poder es el mismo que se hablaba en Roma hace dos milenios.

Emperador y pueblo son palabras latinas. Como dominio y libertad. Dictador y ciudadano. Ley y orden (aunque sea en una acepción diferente). Rey y justicia. Héroe y traidor. Cliente y patrón. Candidato y electo. Autoridad y dignidad. Patricios y plebeyos. Poderosos y proletarios. Pretor y príncipe. Ira y clemencia. Infamia y honor. Conjura y sedición.

Colonia es una palabra romana, como tratado, como sociedad, como sufragio, de la que tomaron su nombre las mujeres que lucharon por su derecho al voto, las sufragistas. Palacio procede del Palatino, la colina de Roma sobre la que se levantaba el palacio imperial. El fascismo toma su nombre y su símbolo de las fasces que portaban los lictores: palos atados a un hacha que simbolizaban el poder de la vida y de la muerte; sin embargo, también son un símbolo de la democracia americana. Socialismo y comunismo también descienden de palabras latinas: *societas* y *communio*. La propia palabra presidente procede del latín *praesidere,* 'presidir'. Los gladiadores eran los voluntarios que en los planes de la CIA deberían haber resistido a la invasión soviética; hoy sobre los gladiadores, los de verdad, se siguen realizando grandes películas.

Y muchos líderes, para asegurarse el *consensus,* se hacen *propaganda* y siguen repartiendo *panem et circenses,* expresión acuñada por uno de los padres de la sátira, Juvenal.

España, Italia, Francia, Estados Unidos tienen hoy un Senado, como la antigua Roma. Zar y káiser derivan de césar, y así cada emperador se ha sentido descendiente del verdadero fundador del Imperio romano. Pero en cierto sentido esto también vale para muchos presidentes de los Estados

Unidos de América. *Civis romanus sum* (soy un ciudadano romano), repitió John Kennedy. Muchos líderes norteamericanos han sentido que tienen en común con los romanos el «destino manifiesto» de dominar y gobernar el mundo. Y el símbolo del poder de América es el mismo que el de Napoleón y Roma: el águila.

Luego, claro está, no todos y no siempre sienten nostalgia de la dominación romana. Tanto los franceses, como los alemanes, como los británicos erigieron en el siglo XIX estatuas a veces gigantescas a los grandes enemigos de Roma, transformados en héroes nacionales: Vercingétorix es honrado en la cima del monte Auxois, donde se alzaba la fortaleza de Alesia, escenario de su postrera y desesperada resistencia; un Arminio de hierro y cobre, de casi treinta metros de altura, vela en el bosque de Teutoburgo, donde el Arminio verdadero aniquiló a los legionarios de Augusto; y la reina rebelde, la heroica Boudica, bendice Londres junto a sus hijas desde el puente de Westminster. Y, pese a todo, franceses, alemanes e ingleses no serían lo que son sin Roma.

La lengua de la religión también nace en la ciudad eterna. Fe, religión, pontífice son palabras latinas. Como creer. Como dios (del griego Zeus). Como, para llegar al lenguaje de la guerra, arma, ejército, general, soldado (de *solidarius,* el que recibe una paga). Y también son palabras latinas concordia, amistad, amor, familia, matrimonio; aunque la novia no vistiera de blanco, sino de amarillo.

Muchas ciudades catalanas, andaluzas, aragonesas y castellanas tienen nombres romanos, porque fueron fundadas o refundadas por los romanos. Barcelona es Barcino (y no tiene nada que ver con Amílcar Barca), Badalona es Baetulo, Lérida es Ilerda, Gerona es Gerunda. Málaga es Malaca, Córdoba es Corduba, Cádiz es Gades, Mérida es Augusta Emerita, Zaragoza es César Augusta, Valencia es Valentia, Cartagena (Murcia) es Carthago Nova, Toledo es Toletum, Salamanca es Salmantica, Astorga es Asturica Augusta...

Obviamente, no se trata solo de palabras. Detrás de las palabras hay cosas. Quienes en cada época de la historia se han encontrado gobernando vastos territorios e influyendo en diferentes pueblos han visto un modelo en el Imperio romano. Las leyes. Las carreteras. El calendario: en todas las lenguas de Occidente los nombres de los días (excepto el sábado, que procede del hebreo) así como de los meses, de enero a diciembre, son latinos; y millones de personas nacen y mueren en los meses que tomaron el nombre de Julio César —julio— y Octavio Augusto, agosto, evidentemente. Y luego está la estrategia militar. El arte de dividir y de mandar, pero también el arte de incluir a los extranjeros, de acoger a los inmigrantes, de crear nuevos ciudadanos. La capacidad de respetar las costumbres y las divinidades locales, pero también de poner en común una idea de justicia y de civilización, aunque sea a costa de un gran sufrimiento, de crueldad, de esa sangre con la que están pavimentados los caminos de la historia.

Gran parte de esa sangre fue derramada por los primeros cristianos. Mártires: testigos de una fe profesada en silencio, en la sombra, pagando con dolor y muerte. Se piensa en los emperadores romanos como crueles persegui-dores de los secuaces de Jesús; y algunos de ellos, de Nerón a Diocleciano, de hecho, lo fueron. Pero si hoy en día el cristianismo es la religión de Occidente, si el papa está en Roma, si muchos de nosotros pensamos en Jesús como nuestro Dios encarnado entre nosotros, se lo debemos al imperio. A Constantino y a su madre Helena, quien llevó a Roma la Vera Cruz, el madero en el que, según la tradición, fue clavado Jesús. Se lo debemos a esa extraordinaria deci-sión política, si no mesiánica, de hacer cristiano el imperio de Roma.

La historia romana no es solo una historia de victorias mi-litares y de sabio ejercicio del poder. Es también una historia de valores morales y cívicos. De mujeres y hombres dispues-tos a morir por la patria, por la comunidad, por algo que es-taba más allá de sí mismos. Nosotros no sabemos en la actua-lidad si Clelia realmente escapó a nado del campamento del rey etrusco Porsena, poniendo a salvo a sus compañeras, para luego entregarse de nuevo como rehén; o si Atilio Régulo re-gresó realmente a Cartago para ser asesinado de un modo atroz, solo para cumplir con su palabra. Pero lo cierto es que los antiguos romanos lo creían firmemente.

República también es una palabra latina. Como Consti-tución. Y en Roma nació el embrión de lo que hoy llama-mos democracia. Es cierto que las asambleas del pueblo ya se reunían en la antigua Grecia, pero solo Roma creó un sistema codificado y duradero de elecciones, con mítines, campañas electorales, apretones de manos de los candidatos, votaciones, proclamaciones. En la época de Cicerón, era el pueblo, y no el Senado, el que elegía a los magistrados; era el pueblo, y no el Senado, quien hacía las leyes. La plebe tenía sus representantes, sus derechos, sus poderes, incluido el de veto: otra palabra latina que ha entrado en el lenguaje universal de la política.

República, además, significa 'cosa pública': en Roma nace la idea de que el Estado es de todos. Y si para los griegos la dimensión política era la ciudad, para los romanos se convirtió en el mundo, y un hombre de otro color, de otra lengua, de otra religión podía llegar a ser romano.

Naturalmente, Roma nunca fue una democracia en el sentido moderno.

La política excluía a las mujeres, aunque, en comparación con otras civilizaciones antiguas, incluida la griega, las mujeres romanas gozaban de mayor libertad, no estaban encerradas en casa, asistían a las arenas circenses y a las termas, cenaban con los hombres; además, las esposas no llevaban el apellido del marido y podían poseer, comprar, vender; esos derechos les fueron reconocidos a nuestras abuelas hace poco más de cien años. Y la primera manifestación feminista de la historia fue aquella en la que las matronas romanas ocuparon el Foro para protestar contra el delito de honor, la ley impulsada por Augusto para exonerar a los hombres que mataban a sus esposas sorprendidas con otro hombre.

La política también excluía a los esclavos, a los que los romanos llamaban siervos, otra palabra aún viva. Pero los esclavos a veces eran liberados (y podían llegar a ser muy poderosos). A veces se rebelaban. La revuelta de Espartaco también ha inspirado a generaciones de revolucionarios: espartaquistas se llamaron los comunistas alemanes que se sublevaron al final de la Gran Guerra. Como Espartaco, también Rosa Luxemburgo y Karl Liebknecht tuvieron un terrible final, pero es increíble que en el Berlín de 1918 hubiera rebeldes dispuestos a luchar y morir en nombre de un misterioso esclavo que había hecho lo mismo dos mil años antes.

Una historia inmensa, que duró doce siglos —desde la legendaria fundación de Roma hasta lo que se conoce como la caída del imperio—, no puede contarse en su totalidad. Se correría el riesgo de acabar como Funes el memorioso, el personaje de Borges dotado, o más bien condenado, con una memoria prodigiosa: recordándolo todo, en realidad no sabía nada, y se perdía en millones de detalles insignificantes, sin retener las cosas importantes. Aunque hay historias que no pueden no contarse. Empezando por la de Julio César —quizá el hombre más grande que haya existido— y la de su heredero Augusto, la de sus enemigos Pompeyo y Marco Antonio, la de sus nobles oponentes Cicerón y Catón, la de las mujeres poderosas como Cleopatra y Livia. Recordando siempre que, aunque poblada de figuras excepcionales, Roma fue ante todo un sistema: una cultura política, una maquinaria militar, una construcción marcada por un terrible realismo y por una carga mítica y literaria igualmente grande.

De Roma quedan muchos vestigios, que sobre todo son signos. Los templos de la antigua capital han sido destruidos en gran parte: el único que resiste íntegro es el Panteón, que está consagrado a todos los dioses, incluido el único dios que acabaría imponiéndose a los demás. De la que fue la plaza más grande y espléndida, el Foro, quedan columnas derruidas, así como tres grandes arcos (y en el de Tito está esculpida la Menorah, el candelabro de siete brazos sustraído del templo de Jerusalén y que tal vez acabó en Bizancio). El mismo Coliseo corre el riesgo de convertirse en una decepción: es el monumento más visitado de Italia; sin embargo, por dentro no hay nada, y es increíble que nunca se haya organizado nada allí, aparte de la presentación del libro del futbolista Totti. Algunos expertos dicen que eso convertiría el Coliseo en una arena. ¡Pero es que el Coliseo es una arena! Y solo tiene sentido si sigue siéndolo.

¿Cómo no comprender que la diferencia entre los vestigios romanos y los de otras grandes civilizaciones radica precisamente en que los romanos están vivos? Las pirámides también son extraordinarias, pero son monumentos muertos de una civilización muerta. La civilización romana no está muerta, y no solo porque el Panteón se haya convertido en una iglesia donde reposa un artista maravilloso como Rafael, donde está enterrado el rey que hizo Italia. Como también están vivas las construcciones romanas incorporadas a las ciudades españolas, desde el acueducto de Segovia hasta el teatro de Sagunto, desde las murallas de Lugo hasta el puente de Córdoba, desde los mosaicos de Palencia hasta el anfiteatro de Mérida, pasando por el faro de Finisterre, en La Coruña, que lleva dos mil años funcionando y que en la antigüedad marcaba el límite del mundo.

La única clave para explicar más de mil años de historia es comprender lo que nos queda. Explicar las razones, las cosas, las historias por las que la civilización romana sigue viva; y nosotros, los latinos, aunque muy diferentes, somos sus indignos herederos, y deberíamos ser más conscientes y estar más orgullosos de ello.

Roma es también historia de grandes artistas. Pintores, escultores, arquitectos. Y poetas, que aprendieron la lección de los griegos, se apropiaron de ella y la llevaron hasta las fronteras del mundo conocido, y hasta los límites de lo que llevamos en nuestro interior.

Por eso, para comprender cómo Roma sigue formando parte de nuestras vidas y de nuestras almas, hemos de empezar por el origen.

Como siempre, todo comienza con un gran viaje. Desde una ciudad en llamas, en la costa occidental de lo que hoy llamamos Turquía. Con un héroe que huye con su padre y con su hijo, en busca de una nueva patria, al otro lado del mar. Y con un poeta, Virgilio, quien, muchos siglos después, inventó esa historia y, al escribirla, la hizo auténtica.

1

ENEAS
El mito de la fundación

Algunos afirmaban que los romanos descendían de Ulises.

Varios mitos relacionaban los *nostoi,* los regresos de los héroes de la *Ilíada,* con el nacimiento de Roma, y algunos apuntaban como fundador de la ciudad al rey de Ítaca. Pero Virgilio estaba absolutamente en desacuerdo, y muchos con él.

Los romanos no quieren como fundador al héroe que sí, ha ganado la guerra, pero mediante el engaño, de modo cobarde, con astucia y no con valor, y de hecho Ulises en la *Eneida* es tratado con especial desprecio, más que el resto de los aqueos. Tampoco está fascinado Virgilio por Aquiles, el mayor guerrero de todos los tiempos, porque el propósito del poema no es honrar la guerra. Al contrario, tras años de conflicto, el auténtico triunfo que Virgilio atribuye a su emperador, Augusto, es precisamente haber restablecido la paz.

El héroe que los romanos eligen como fundador es Eneas: un héroe derrotado. Un hombre que huye de las ruinas de su patria, que ha conocido inmensos sufrimientos y es consciente de los horrores de la guerra, pero que, en medio de mil penurias, persevera en su empresa, alcanza su meta y lucha para darles a su familia y a su pueblo una nueva patria. Eneas es el héroe elegido, porque los romanos ven en él las cualidades que prefieren: la lealtad, la responsabilidad, el sentido del deber.

Eneas no decide su propio destino. Nunca hace lo que quiere. Le gustaría quedarse a luchar por Troya, pero tiene que huir. Le gustaría llevarse consigo a la mujer que ama, pero tiene que abandonarla. Le gustaría quedarse junto a su nuevo amor, pero también tiene que dejarla a ella. El héroe no elige. El destino lo ha elegido a él para crear Roma.

Eneas no es el más astuto, ni el más fuerte. Es el más piadoso. Su epíteto es precisamente pío. Y la *pietas* es la más romana de las virtudes. Significa fuerza moral. Devoción a los dioses, a los ancestros, a la patria. Capacidad de reconocer el propio deber y de llevarlo a cabo. Responsabilidad. Que viene de otra palabra latina, *res pondus,* saber llevar el peso de las cosas.

No es ninguna casualidad que la imagen más célebre que nos queda de Eneas no sea su victoria en la guerra contra los itálicos, sino su huida de Troya, con su hijo Julo —también llamado Ascanio— de la mano y su padre Anquises sobre sus hombros, cojo o ciego por una baladronada viril (había revelado que la madre de Eneas era Venus). Eneas es el héroe que se preocupa de los ancianos y de los descendientes, que se hace cargo del pasado y del futuro, que conserva la memoria y la confianza, que mira tanto hacia atrás como hacia delante.

Virgilio, uno de los más grandes poetas que ha conocido la humanidad, escribió la *Eneida* al final del periodo más tumultuoso de la historia de Roma. Ciertamente, la ciudad había conocido momentos dramáticos, por ejemplo, cuando parecía a merced de los galos, o de Aníbal, pero el enemigo procedía de fuera. La Roma de Virgilio salía de veinte años de guerras civiles, en las que el enemigo era el propio compatriota, a veces el propio hermano. Y, al final, las guerras civiles también habían acabado con lo que los romanos consideraban más valioso: la república. Nace un nuevo gobierno, una nueva era, pero aún no se sabe cómo será.

Virgilio interpreta esta necesidad de renacimiento y escribe un poema sobre la identidad romana, para que sirva sin duda como apoyo al nuevo líder, pero que sobre todo resucite el orgullo nacional y refuerce la unidad: ser romano es una suerte y un destino. Por eso reconstruye el origen mítico de la ciudad —y de la *gens Iulia,* de la que desciende Augusto—, narrando la llegada de Eneas al Lacio y engastando la historia de Roma en la historia más grande jamás contada: la guerra de Troya.

UNA MUJER PERDIDA Y UNA MUJER RECHAZADA

Virgilio construye la tradición romana vinculándola a la cultura griega. Y comienza su historia donde Homero la había dejado, pese a que habían transcurrido unos setecientos años entre él y Homero —o quienquiera que fuese el verdadero autor de la *Ilíada* y la *Odisea*—, el mismo periodo de tiempo que nos separa de Dante, quien, como sabemos, adoraba a Virgilio y lo eligió guía en su viaje a los infiernos.

Es posible que Homero no haya existido nunca. Ya los filólogos de Alejandría, que vivieron dos siglos antes que Virgilio, habían supuesto que se trataba de un *nom de plume,* un nombre artístico atribuido a varias personas que en distintas épocas habían construido monumentos gigantescos como la *Ilíada* y la *Odisea.* El propio nombre de Homero parece inventado. Significa 'el que no ve'; a menudo, en el mundo griego, los poetas y videntes son ciegos, porque ven con los ojos de su mente cosas que a nosotros se nos niegan.

Virgilio, en cambio, es una figura histórica. Conocemos su fecha de nacimiento, el 15 de octubre del año 70 a. C., y la de su muerte, el 21 de septiembre del año 19 a. C., o sea, antes de cumplir los cincuenta y un años. Su epitafio tal vez no fue escrito por él, pero sin duda lo representa: *Mantua me genuit, Calabri rapuere, tenet nunc Parthenope; cecini pascua, rura, duces,* es decir, «nací en Mantua, morí en Calabria (tierra que por entonces incluía también Brindisi, donde en efecto falleció Virgilio), descanso en Nápoles; canté a los pastos, campos, caudillos». No se podría imaginar una síntesis más sencilla y humilde de su vida.

Virgilio era tímido. No era noble, ni siquiera era ciudadano romano, se había convertido en uno: César había extendido la ciudadanía a su región cuando él ya era un adolescente. Estudió para abogado, pero lo abandonó a la primera arenga porque no sabía hablar en público. Tartamudeaba y su amigo Horacio se burlaba por ello de él. Augusto le rogaba que le leyera la *Eneida* delante de los cortesanos, y eso lo incomodaba. Virgilio debía de ser un hombre adorable.

Los romanos tenían con los griegos la misma relación que los alemanes tienen con los italianos —y, tal vez, un poco con los españoles— y viceversa. Los romanos amaban a los griegos, su poesía, su arte, aunque se consideraban incomparablemente superiores a ellos en fuerza militar y política. Los griegos admiraban a los romanos y, al mismo tiempo, los detestaban como feroces soldados e infatigables organizadores. En literatura, los romanos empezaron imitando a los griegos y acabaron emulándolos: del copia-pega al intento de hacerlo mejor aún.

Virgilio retoma los personajes y los versos de Homero. Juega con ellos. Lo contradice, no con arrogancia, sino con una familiaridad que casi es afectuosa. Eneas es un héroe completamente distinto al de los textos homéricos, un héroe sufridor, que no busca la gloria, sino la salvación de sus compañeros, y que siempre está a merced de fuerzas superiores. Lo vemos desde el principio del poema.

Juno, enemiga histórica de los troyanos desde que Paris le otorgó a Venus, y no a ella, la manzana destinada a la más bella, desencadena una tempestad, que está a punto de hundir las naves de Eneas. Neptuno, el dios del mar, las salva y las empuja hacia Cartago. Allí, Eneas le cuenta a la reina Dido su historia, a partir de la caída de Troya, igual que Ulises relata su viaje cuando desembarca en la isla de los feacios y de Nausícaa. El *flashback* ya ha sido inventado.

Eneas evoca el engaño del caballo, sin ocultar su desprecio por la forma cobarde en la que Ulises y los aqueos consiguieron al final, después de diez años, vulnerar las murallas de la ciudad sitiada. Revela cómo los troyanos fueron traicionados por la reconfortante idea de que la guerra había terminado, y engañados por el espía dejado por los griegos, Sinón, quien los convenció de que el caballo era un regalo propiciatorio para Minerva. Entre los troyanos se alzan algunas escasas voces contra la idea de llevar el caballo al interior de las murallas; una de ellas es la de Casandra, hija del rey Príamo, quien posee el don de la profecía, pero también la condena a no ser creída. Otra, la del sacerdote Laocoonte, quien es aplastado junto con sus hijos por dos serpientes marinas. Así que todos piensan que esa es la voluntad de los dioses.

Virgilio nos ha dejado un relato crudo y evocador de la violencia de la guerra. Eneas recuerda el trauma de despertarse en una ciudad ya en llamas, y el dolor de ver a su gente asesinada y humillada: Casandra, Andrómaca, Príamo y sus esposas. Víctimas inocentes que buscan en vano la salvación y que son tratadas sin piedad, mientras Helena, traicionera, finge bailar con antorchas para enviar señales luminosas a los guerreros que aguardan al acecho.

Ante todo esto, el héroe se ve impotente. Ni siquiera se le permite luchar y morir por su patria. Mientras aún está durmiendo, se le aparece en sueños un simulacro de Héctor, aún sangrante, cubierto de polvo y desfigurado por su combate contra Aquiles y por la profanación de su cadáver, que le ordena huir, salvar la estirpe de los troyanos, llevar a sus dioses al Lacio. Y así, el héroe caído, Héctor, confía a Eneas el mando de sus compatriotas supervivientes. No puede echarse atrás, ni siquiera cuando se da cuenta de que durante la huida ha perdido a su esposa, Creúsa.

No quiere abandonarla, así que intenta volver a la ciudad, atravesar las llamas, salvar su vida. Pero entonces se le aparece la imagen de Creúsa, que ha muerto de una forma desconocida, y le revela que ella nunca estuvo destinada a huir de Troya. En el Lacio, a Eneas le espera una nueva esposa y un nuevo reino. No es una tierra prometida: es casi una condena. Pero antes lo aguarda otra prueba.

Dido es una heroína trágica. Desde el principio sabemos que su destino es el de ser abandonada: Eneas no puede quedarse en Cartago. Sin embargo, la llegada del héroe trastorna a la reina y esta no puede evitar enamorarse de él, entre otras cosas debido a la intervención de Venus, preocupada por la acogida que recibirá su hijo Eneas.

Dido es una mujer fuerte y desventurada. De origen fenicio, antaño reinaba al lado de su amado esposo Siqueo, quien, sin embargo, fue víctima de una conspiración urdida por el hermano de Dido, Pigmalión. Ella entonces huyó y desembarcó en la costa africana, donde consiguió convencer con su astucia a los jefes locales de que le concedieran un territorio en el que establecerse: todo lo que necesitaba era el espacio que pudiera cubrirse con la piel de un buey. Pero Dido demuestra su ingenio cortando la piel en finísimas tiras que, dispuestas en fila una tras otra, delinean un vasto perímetro, lo bastante grande como para fundar una ciudad.

Esta reina formidable ha gobernado sola desde entonces, rechazando todas las proposiciones de los soberanos vecinos para mantenerse fiel a la memoria de Siqueo. Sin embargo, la llegada de Eneas la induce a romper su promesa y acoger al troyano como nuevo esposo. Pero Eneas no está destinado a quedarse con ella. Júpiter le envía a su mensajero, Mercurio, para forzarle a que se marche, para recordarle que su destino está en otro lugar.

Eneas también ama a Dido. Él no querría abandonarla. Pero sabe que no puede elegir. No puede renunciar a su misión. Así que prepara su marcha en secreto. Dido, sin embargo, tiene un presentimiento, lo descubre, se enfrenta a él. La conversación final entre los dos amantes es dramática. Recuerda a la mantenida entre Jasón y Medea en la tragedia de Eurípides. Ella, loca de amor, ora acusa a Eneas, ora le suplica. Le reprocha las promesas hechas, lo que ella ha sacrificado por él, el cruel destino al que la condena al abandonarla. Pero Eneas se muestra frío, distante. Le explica que su decisión no depende de él, sino de la voluntad divina.

En el momento culminante de la tragedia, incapaz de soportar el dolor, Dido se apuñala con la espada y se arroja a la pira donde arden los regalos que había recibido de su amado. Y al morir, lanza una maldición a la raza troyana, vaticinando que Cartago será su mayor enemigo; mientras tanto, las naves de Eneas navegan a lo lejos, y él contempla cómo se elevan las volutas de humo, sin saber el atroz final de la mujer a la que amó y las terribles guerras contra los cartagineses que les esperan a sus descendientes.

El personaje de Dido no fue inventado por Virgilio; sin embargo, es él quien manipula la versión más difundida del mito, según la cual Dido se quita la vida para huir de las presiones de los reyes libios y poder así seguir siendo leal a Siqueo. A Virgilio le interesa, por supuesto, la premonición de la enemistad entre Roma y Cartago, del enfrentamiento con Aníbal. Pero por detrás de Dido no es difícil vislumbrar a otro personaje, otra mujer, que vivió en tiempos de Virgilio: Cleopatra, la soberana extranjera que seduce y corrompe al comandante romano.

A diferencia de Marco Antonio, que se deja corromper y llevar a la derrota por la reina de Egipto, Eneas es consciente de sus responsabilidades y sacrifica el amor y la felicidad a sus deberes.

Pero, al igual que Cleopatra finalmente fue admirada por los poetas latinos, incluido Horacio, que brindó por su muerte, Virgilio siente respeto y piedad por Dido. Y la pone en escena en el infierno, donde se niega a hablar con Eneas. Entonces parece ser ella quien triunfa: Dido se ha reunido con su marido, mientras que Eneas sufre, intenta disculparse, se desespera. Ya no es el gélido hombre de la despedida. Le habla «con dulce amor», le asegura que fue culpa de los dioses, que él hubiera preferido, con creces, quedarse con ella, pero que no se le permitió. Dido se niega incluso a mirarlo. Él llora, ella se muestra impasible. Luego se da la vuelta y se reúne con su marido Siqueo, «quien corresponde a su afecto»: la ha perdonado, y Dido tiene, a su manera, su final feliz.

El destino de Roma es mucho mayor que el de Eneas. Por eso es un héroe que nos inspira más compasión que admiración, al verlo continuamente expulsado de un lugar a otro, sin poder recuperarse nunca del tormento de haber perdido su hogar, porque esfuerzos y dolores se apoderan de él en cada nueva etapa.

Cuando llega a Creta, planea quedarse allí, funda la ciudad de Pérgamo, pero una epidemia de peste lo obliga a marcharse. Luego se detiene en las islas Estrófades, para recuperarse de una terrible tempestad, pero las islas están habitadas por las arpías, horribles monstruos mitad mujer, mitad pájaro, que atormentan a los troyanos ensuciándoles la comida; a Eneas se le niega incluso un placer tan simple como sentarse y comer, porque las arpías acuden a molestarlo desde todas partes cada vez que se detiene. Luego encuentra un lugar acogedor cuando en el Epiro conoce a Héleno, el nuevo marido de Andrómaca, que ha fundado una nueva Troya, pero, pese a que ese lugar es lo más cerca que puede estar de su patria perdida, tampoco puede quedarse allí.

Anquises muere. Un año después, Eneas se detiene en Sicilia para celebrar las exequias en honor de su padre. La malvada Juno envía a su mensajera, Iris, el Arco Iris, para inducir a las mujeres a prender fuego a las naves, que se salvan gracias a una lluvia providencial; sin embargo, casi todas las mujeres mayores se quedarán en Sicilia. Los troyanos están exhaustos. Ya no pueden seguir desplazándose. En cada etapa, el mensaje ha sido claro: este no es el lugar apropiado para vosotros, aquí no debéis deteneros, ni siquiera para recuperar el aliento.

Ni siquiera en un lugar seguro, entre amigos y aliados, podrá Eneas encontrar la paz, hasta que haya llegado a su meta definitiva, la señalada por el destino: Italia, la tierra de procedencia de Dárdano, cuyos descendientes fundaron Troya. Así pues, será un retorno al lugar de origen de los troyanos. Para Virgilio, el Lacio es un territorio que Eneas conquista luchando, con esfuerzo y sufrimientos, pero es también un retorno al hogar, a su tierra ancestral.

Roma ha de ser fundada, no puede ser de otra forma. Los oráculos lo predicen. Los dioses lo hablan entre ellos: Juno se queja sobre el asunto, porque sabe que no puede hacer nada al respecto, e incluso una deidad como ella no tiene poder contra el destino, mientras que Júpiter tranquiliza a Venus, preocupada por la suerte de su hijo, diciéndole que los romanos están destinados a un futuro glorioso, a un *imperium sine fine,* un imperio infinito.

Eneas oye repetidas veces que ha de ir a una nueva tierra, Italia, dicho por los espectros de sus queridos difuntos, Héctor, Creúsa, Anquises, y luego por los profetas y por los dioses. Una serie de repeticiones que casi parece redundante. Hasta el punto de hacernos pensar que esta profecía es uno de los puntos que Virgilio habría arreglado si no hubiera muerto. Como si aún no hubiera decidido quién debía ser el mensajero adecuado, cuál debía ser el momento revelador.

El más poderoso de los vaticinios es el de las arpías: los troyanos sabrán que han llegado cuando estén tan hambrientos que se coman las mesas, es decir, los panes secos que utilizan como platos, y este es el indicio de que su empresa no traerá a Eneas más que sufrimiento.

Las constantes referencias a la futura gloria de Roma eran sin duda para los lectores de Virgilio un motivo de orgullo, la confirmación de su grandeza, visto que tantas fuerzas sobrehumanas se habían puesto en marcha para que naciera su ciudad. Pero para Eneas es también una enorme carga la certeza de que un futuro tan monumental depende de él. Y hay dos pasajes que son clave: el descenso a los infiernos y la entrega del escudo.

La carga del hombre romano

También en el Hades, donde lo acompaña la Sibila cumana, Eneas demuestra ser un héroe diferente. La hazaña lo vincula con otros célebres personajes: Hércules, Orfeo, Teseo. Pero ellos habían descendido a los infiernos para realizar hazañas extraordinarias: Hércules, para capturar al perro de tres cabezas Cerbero (uno de sus trabajos); Orfeo, para recuperar a su esposa Eurídice; Teseo, para llevarse a Proserpina. De hecho, Caronte, el barquero infernal, al principio se niega a dejar pasar a Eneas, diciendo que todos los demás héroes que habían entrado vivos en el inframundo solo habían causado problemas. Pero la Sibila lo hace callar y lo tranquiliza (como hará Virgilio con Caronte en la *Divina comedia*): Eneas es diferente, no causará problemas. Solo quiere poder hablar con su padre. No es la gloria lo que lo empuja, sino la *pietas*. Y lleva consigo una rama de oro, que con el tiempo se convertirá en el símbolo del poder mágico, y en el título del famoso ensayo de James Frazer: *La rama dorada*.

En el infierno, Eneas ve a muchos muertos de la guerra de Troya: los aqueos lo evitan, los troyanos salen a su encuentro para hablar con él, quieren saber qué suerte han corrido los supervivientes. En los Campos Elíseos encuentra a su padre, Anquises, quien le enseña la procesión de almas que descienden a bañarse en el río Leteo, para purificarse, olvidar su existencia pasada y regresar a una nueva vida en la tierra. Eneas descubre así a los romanos del futuro, soberanos y soldados, que culminan obviamente con la *gens Iulia* y, en particular, con Augusto, quien conducirá a Roma a su edad de oro.

Por supuesto, este es el pasaje más abiertamente propagandístico de la *Eneida*. Virgilio ensalza a su emperador como descendiente de Eneas, y lo consuela por la prematura muerte de su tan querido sobrino Marcelo, al que había elegido sucesor. Pero no se trata solo de propaganda. Y el desfile no solamente sirve para recordar a los romanos su ilustre pasado, para mostrar a Eneas el futuro resultado de su empresa. Anquises describe lo que se espera de un ciudadano romano: rigor, constancia, firmeza moral. Y sostiene que los romanos tienen derecho a *regere imperio populos,* a gobernar a los pueblos. Hace la comparación con los griegos, y reconoce que de ellos es la excelencia en las artes y las ciencias; el gran talento y la gran misión de los romanos es gobernar, legislar, administrar. La carga del hombre romano.

Anquises también profetiza la conquista de Grecia; y entonces, cuando los descendientes de los troyanos sometan a los de los aqueos, Troya será vengada.

Una función similar se le asigna al escudo de Eneas, forjado por Vulcano y que le es entregado por Venus, al igual que Tetis le entregó las armas a Aquiles, su hijo, antes de su combate con Héctor. En el escudo aparecen imágenes que muestran los mitos de Roma, uniendo la leyenda y la historia: Rómulo y Remo amamantados por la loba, el rapto de las sabinas, los siete reyes y sus guerras por la conquista del Lacio. Luego, Porsena, que intenta restaurar en el trono al rey etrusco Tarquinio el Soberbio; Horacio Cocles, que cierra el paso al invasor defendiendo, él solo, el puente de entrada a la ciudad; Clelia, que logra escapar de Porsena con las demás muchachas romanas tomadas como rehenes. El escudo muestra luego las invasiones de los galos y los gansos del Capitolio, cuyos graznidos advierten a los ciudadanos dormidos de la llegada de los enemigos.

Son acontecimientos que conocemos. Los hemos estudiado en el colegio. Hablaremos de ellos en el próximo capítulo, para comprender lo que esos héroes y esas historias representaban para los romanos, quienes, al leerlos en un gran poema épico como la *Eneida,* sin duda se sentirían orgullosos. Pero Eneas no sabe nada de ellos. Ve imágenes que no puede comprender. Sin embargo, obtiene de ellas confirmación, seguridad, confianza. Va a la batalla protegido por su futuro.

En el escudo está grabada una visión del infierno, con la imagen de Catón, autor de leyes justas, acogido en los Campos Elíseos, mientras que el único personaje romano mencionado de forma negativa es Catilina, que atentó contra la solidez del Estado y por ello es castigado en el Tártaro, donde está colgando de un acantilado y es atormentado por las Furias. En cambio, la culminación del triunfo de Roma sigue siendo Augusto, representado en el centro del escudo como vencedor en la batalla de Accio.

Virgilio no habla de ella como de una guerra civil, sino como de un conflicto entre italianos y extranjeros. Marco Antonio se puso al frente de un ejército de bárbaros. En el escudo están representados los dioses de Roma luchando contra Anubis, el chacal, el dios egipcio protector del mundo de los muertos. La historia termina con el triunfo de Augusto y con el desfile de todos los pueblos sometidos a Roma: gobernarlos es un honor, pero también una responsabilidad.

La entrega del escudo es la señal de que también para Eneas la guerra es ahora inevitable; de hecho, está a punto de empezar. Los troyanos se ven de nuevo obligados a luchar. Vuelven a caer en la misma tragedia de la que habían huido.

Como en la *Ilíada,* el *casus belli* es una mujer, Lavinia, hija del rey Latino. Una profecía ha señalado que tendrá que unirse a un extranjero, así que se compromete con Eneas, despertando la ira de los demás mandatarios itálicos, en especial de Turno, jefe de los rútulos.

La guerra en el Lacio también está provocada por fuerzas mayores: es Juno quien azuza los ánimos de los pueblos locales contra los troyanos, no para obstaculizar la fundación de Roma —a estas alturas ya se ha resignado: nada ni nadie podrá impedirla—, sino solamente para infligir a los troyanos tantas pérdidas y sufrimientos como sea posible. Esta certeza hace que la guerra sea aún más insensata, ya que no tiene ningún propósito, solo sirve para provocar dolor. Para Virgilio, la guerra es el peor crimen de la humanidad. *Bella horrida bella...* («guerras, horribles guerras, y el Tíber espumoso de sangre»).

En definitiva, el mayor elogio que hace de Augusto no es haber vencido, sino haber restablecido la paz. Y sus héroes son fugitivos de una ciudad en llamas.

Esta vez los troyanos saben que están destinados a ganar esta nueva guerra. Lo han oído repetir muchas veces, pero después de tantos horrores vividos no tienen deseo alguno de celebrar un triunfo militar, y no solo porque saben que muchos de ellos tendrán que morir, sino porque saben que en la guerra no hay verdaderos vencedores. Así que no sienten ninguna alegría al infligir dolor, y se quedan sin fuerzas cuando se ven asediados de nuevo, esta vez por las tropas de Turno.

La prueba de la desesperación y, al mismo tiempo, de la perseverancia de los troyanos y, por tanto, de los romanos, es la historia de Euríalo y Niso: los dos héroes que se ofrecen como voluntarios para cruzar las líneas enemigas y avisar del asedio a Eneas, quien se ha marchado a pedir refuerzos a Evandro, rey de otro pueblo itálico, los arcadios.

Niso propone atravesar de noche el campamento enemigo; Euríalo, muy apegado a su amigo, se niega a dejarlo solo en una empresa tan peligrosa. Justamente su amistad, su recíproca lealtad, su sacrificio en la flor de la juventud los harán inmortales en la memoria de los romanos, puesto que ninguno de los dos jóvenes sobrevivirá a la misión.

Euríalo es descubierto y asesinado «como una flor púrpura cortada por el arado»; Niso, al no poder soportar la idea de abandonar a su compañero, vuelve tras sus pasos y va con él al encuentro con la muerte. Los dos amigos son el símbolo del carácter romano, pero al mismo tiempo la encarnación del dolor infligido por la guerra, que promete la gloria, pero que solo asegura la muerte. Euríalo y Niso han permanecido demasiado tiempo en el campamento de los latinos para masacrar a sus enemigos dormidos —un gesto poco valeroso— y saquear sus bienes, y es precisamente el reflejo sobre el yelmo cogido por Euríalo, que brilla en la noche, lo que hace que los descubran los caballeros enemigos. El pasaje que más nos conmueve no es la gloria imperecedera, es la madre de Euríalo, una de las pocas ancianas que ha seguido a los troyanos hasta el Lacio con tal de no abandonar a su hijo, que se tortura y llora desesperada ante la noticia de su muerte. Una Mater Dolorosa en la que muchas otras madres se reconocerán.

Los troyanos están destinados a mezclarse con los latinos, por lo que también son antepasados de los romanos. De hecho, son los troyanos los que resultan asimilados por los latinos, y no al revés: esta es la última petición de Juno a Júpiter, cuando la diosa se da cuenta de que la guerra está a punto de terminar con el triunfo de Eneas, e implora a su marido que, dado que no ha podido ser aniquilada la estirpe de los troyanos, al menos sea borrado su nombre. Por eso los héroes itálicos también merecen admiración, y los troyanos, en particular Eneas, expresan a menudo su pesar por haber tenido que luchar contra ellos y derramar su sangre.

Destaca sobre todos ellos la figura de Camila, una joven más audaz y fuerte en la batalla que los hombres: es una amazona, que se ha hecho amputar uno de los pechos para poder disparar el arco con más facilidad. De niña, fue confiada a la diosa Diana, cuando su padre, huyendo de los enemigos que lo habían expulsado de su ciudad, delante de un río ató a la niña a una lanza y la arrojó a la otra orilla. Camila ha vivido así una infancia salvaje en los bosques, donde ha aprendido a cazar y a luchar. Siembra el miedo entre los troyanos a medida que avanza entre ellos provocando una masacre. Virgilio describe su heroísmo, su fuerza y su agilidad con un fervor que no le dedica ni siquiera a Eneas. Es más, por mucho que sea un hábil guerrero, Eneas no se distingue por esta dote en particular; a menudo sus adversarios se burlan de él, Turno lo considera débil, lo llama «frigio afeminado» —*semiviri Phrygis*—, y reza para poder «ensuciar en el polvo ese pelo rebosante de mirra que Eneas riza con un hierro candente».

El único que consigue detener a Camila, la virgen guerrera, es el etrusco Arunte, quien la mata, guiado por Apolo, disparándole subrepticiamente una lanza mientras ella está distraída persiguiendo a un guerrero con una armadura brillante de la que quiere apoderarse; Diana la vengará, y Arunte morirá por el lanzamiento de una flecha. La muerte de Camila es también un ejemplo de heroísmo truncado por el ímpetu militar, por el deseo de obtener beneficios y honores por la senda de la guerra. Y es el preludio de la derrota de los pueblos del Lacio que han tomado partido contra los troyanos.

Turno es también un enemigo digno tanto de admiración como de compasión: un líder fuerte, valiente, orgulloso, portador de las cualidades de los latinos que los romanos reconocen en sí mismos. Turno es el principal antagonista de Eneas; al menos, su antagonista humano, porque la principal adversaria de Eneas es Juno. Aunque, tal vez, su auténtico antagonista sea el destino.

Ya antes del desembarco, a Eneas se le había profetizado que se toparía con un nuevo Aquiles, con quien, de hecho, el rey de los rútulos comparte muchos rasgos.

Turno es el auténtico héroe guerrero de la *Eneida,* el auténtico Aquiles, a quien también se parece en su exceso de combatividad; por ejemplo, cuando irrumpe solo en el campamento de los troyanos, antes de ser obligado a huir lanzándose al Tíber. Al principio parece astuto, incluso sabio. Parece haber aceptado la llegada de Eneas, el hecho de que vaya a casarse con Lavinia en su lugar. Pero Juno desata a un espíritu maligno, la furia Alecto, que trastorna la mente de Turno y lo induce a ver a los troyanos como una amenaza para su reino. Aquí Virgilio escribe uno de los versos más extraordinarios de toda la *Eneida: Flectere si nequeo Superos, Acheronta movebo,* dice Juno: «Si no logro mover a los dioses del cielo, moveré en mi favor al Aqueronte». Es la cita que Freud elige para abrir *La interpretación de los sueños.* Al fin y al cabo, la *Eneida* forma parte de nosotros más de lo que creemos. *Audentes fortuna iuvat* («la fortuna ayuda a los audaces») es una frase de la *Eneida,* aunque la pronuncie Turno para incitar a los suyos a desencadenar una guerra en la que hallará la muerte.

Sin embargo, Eneas a menudo siente piedad hacia Turno. Se muestra reacio a combatir contra él. Los pasajes en los que expresa remordimiento y tristeza por el sufrimiento que se causará a sus compañeros, a sus nuevos aliados, pero también a sus enemigos, son más densos y ciertamente más inspirados que aquellos en los que se relatan sus hazañas militares. Pero enfrentarse a Turno es su destino: ha sido establecido que el destino de la guerra se decidirá en un duelo entre los dos, que obviamente recuerda al que hubo entre Héctor y Aquiles.

El cansancio se apodera de Turno, quien siente que los dioses lo han abandonado, que el destino está en su contra.

Sabe que está a punto de morir. Cuando cae, herido en el muslo por Eneas, quien se dispone a asestarle el golpe de gracia, Turno ya ha perdido toda esperanza, pide piedad, al menos hacia sus restos mortales, e invoca a su padre. Ante esto, el héroe troyano, demasiado piadoso y compasivo, titubea, está a punto de ser conmovido por las palabras del enemigo, querría perdonarle la vida, hasta que ve en el cinturón del otro el tahalí de Palante, el joven hijo de Evandro al que Turno ha matado. Entonces, presa de la furia, descarga el golpe, poniendo fin a la vida del adversario y a la guerra.

Eneas ha consumado su empresa, pero la suya no es una victoria. En esos últimos momentos, al final del poema —tan rápido, repentino, impactante—, Eneas se desnaturaliza, se pierde a sí mismo y pierde los sentimientos de humanidad y de compasión que lo han guiado durante toda la obra. El héroe que reniega de la guerra y de la violencia realiza el sacrificio final, mata por rabia y no por necesidad. Intercambia su papel con Turno. Se convierte en Aquiles: no es por azar que el detalle del tahalí de Palante evoque el de la armadura de Patroclo que lleva Héctor, lo que había encendido la cólera del héroe griego. Y pierde el epíteto de pío, porque contraviene las recomendaciones de su padre, quien en el infierno, argumentándole las responsabilidades de quienes mandan sobre otros hombres, lo había exhortado a perdonar la vida a los vencidos.

La *Eneida* no tiene un final feliz, al menos no para su protagonista, porque termina con un gesto de violencia, no de paz, que era su objetivo. Y el último verso no es de triunfo, sino de muerte: *Vitaque cum gemitu fugit indignata sub umbras* («y la vida con un gemido huye indignada a lo más profundo de las sombras»).

Virgilio en Manhattan

Luego, por supuesto, los romanos se comportaron muchas veces más como el Eneas del duelo final que como el Eneas humano y piadoso. Conquistaron, mataron, saquearon. Virgilio describe a los romanos como él querría que fueran. Como los romanos querían ser, o pensaban que eran. No como eran.

Pero es precisamente aquí donde vemos la verdadera grandeza de la *Eneida*. Una obra considerada como la celebración del nacionalismo, del nuevo régimen imperial, en la que, no obstante, vislumbramos un personaje casi revolucionario: el hombre aplastado por el deber, obligado a no obedecer a sus propios instintos compasivos para poder convertirse en lo que el pueblo necesita que sea.

Para los romanos, la *Eneida* supone una historia gloriosa, que los conecta con Troya, demuestra su valor, justifica su hegemonía y convierte a Eneas en el modelo de una nueva figura, el emperador severo, pero justo. Pese a todo, la *Eneida* es una tragedia en el plano personal. El protagonista no tiene ni un solo momento de alivio, se ve obligado a sufrir por una empresa de cuyos frutos nunca podrá disfrutar. Se ve obligado a vagar, provocando dolor y sufrimiento a personas a las que no quiere hacer ningún daño o, mejor dicho, en el caso más desgarrador, a quienes ama, porque es eso lo que se le exige.

La historia de Dido, sobre todo, nos muestra la ambivalencia y las contradicciones del personaje de Eneas; de hecho, la crítica moderna la considera como un signo de disidencia con respecto al régimen de Augusto. Primero Eneas se muestra frío y leal a su deber, pero luego, al volver a verla en el infierno, se conmueve, llora desesperado, implora su perdón o, al menos, una palabra suya, una mirada suya, mientras ella permanece impasible.

Al final, la obra se cierra con lo que debería ser su triunfo y que, por el contrario, se convierte en una derrota. En definitiva, Eneas también es un héroe trágico, desgarrado por su naturaleza y por sus responsabilidades, demasiado humano.

Con él termina la época de los héroes; a partir de entonces solo nacerán más hombres.

Y es precisamente su ser tan humano lo que hace de Eneas un héroe cercano a todos los lectores de todos los siglos, lo que permite a cada generación reconocer sus propias vivencias y su propia aflicción en las suyas.

Como toda gran historia, la *Eneida* habla de nosotros.

No es casualidad que se trate de la única obra de la época clásica que, desde el momento en el que se escribió, nunca ha dejado de releerse y de comentarse. Y eso que Virgilio ni siquiera quería que se publicara. A punto de morir, su último deseo fue que le prendieran fuego al manuscrito, porque no había sido capaz de concluirlo, de dejarlo perfecto. Sin embargo, una vez creada, una obra semejante no puede dejar de existir; de hecho, no se respetó la voluntad del autor, por suerte para nosotros.

La *Eneida* está llena de versos cojos, de métrica imprecisa y de pasajes que se repiten o se contradicen. Pero precisamente su propia falta de finalización la convierte en una obra viva, cambiante, inquieta. Y nos permite intuir el alma dividida de Virgilio, que quiere honrar a Augusto y relatar la gloria de los romanos, pero acaba explicando el drama de los hombres de todos los tiempos: el de no poder elegir su propio destino.

Quizá si hubiera tenido tiempo de dejar la *Eneida* perfecta y completa, intocable y monolítica, no habría incitado a tantas generaciones a volver sobre ella, a lo largo de los siglos, para releerla siempre en clave diferente.

La *Eneida* se convirtió en un fenómeno cultural, un clásico, incluso antes de que se publicara, cuando los distintos libros se leían en voz alta. Se dice que Octavia, la hermana de Augusto, se desmayó, embargada por la emoción, al oír la dedicatoria a Marcelo, su hijo, en el libro sexto. Y los romanos —no se sabe con exactitud a partir de cuándo— empezaron a reescribir la *Eneida* precisamente debido a ese final tan repentino y desorientador.

Como la obra estaba inacabada, añadieron un ficticio libro decimotercero, en el que Eneas se casa con Lavinia y se instala en el Lacio, fundando su primera ciudad. En resumen, los romanos intentan darle un final feliz a su héroe, inventándose que ese era el verdadero deseo del autor.

Aquí se agiganta aún más la figura de Virgilio, un joven tímido, del que se burlan los poetas más cercanos a Augusto. El poeta más grande de toda la historia de Roma, que resume su vida en tres frases: aquí nací, aquí morí, aquí estoy enterrado, hablé de tres cosas. Sin embargo, la posteridad lo considerará un poderoso taumaturgo, un hechicero bueno, capaz de detener las erupciones del Vesubio y de curar a los animales enfermos.

Según la tradición, sus versos estaban tan henchidos de poder que se investían de dotes proféticas. Durante siglos se extendió la práctica de las «suertes virgilianas»: la creencia de que era posible abrir la *Eneida*, leer unos versos y ver el futuro de uno escrito en ellos. Es así como Adriano obtiene la certeza de que será elegido sucesor de Trajano, porque el libro le ofrece un verso en el que se habla de futuras glorias. Mientras que Carlos I de Inglaterra, al encontrar ante sus ojos la maldición lanzada por Dido, tiene el presentimiento de su propia muerte violenta y prematura y, en efecto, Cromwell hará que lo decapiten.

No solo eso. Virgilio es el vínculo entre el clasicismo y el cristianismo. Es el poeta que los seguidores de Jesús sienten más cercano a ellos. Tampoco la doctrina cristiana puede prescindir de Virgilio. En la Edad Media se lee en las escuelas para enseñar la gramática latina, la lengua de la liturgia, y también se le cita como ejemplo de retórica y de filosofía ética. Por eso Dante lo quiere a su lado en el Infierno, dado que era considerado el hombre más sabio de todos los tiempos.

La *Eneida* era contemplada como la suma de todo el saber humano, y por ello se pensaba que podía encontrarse en sus versos también la ética cristiana, la de la piedad y la compasión, creyendo que Virgilio ya la había intuido, al igual que había intuido el advenimiento de Cristo, profetizando en las *Bucólicas* la figura del *puer*, el niño que vendrá a cambiar la historia.

San Agustín confiesa que, al leer el libro de Dido, no ha podido contener las lágrimas, que la fuerza dramática de la historia ha logrado distraerlo de la misión que se había marcado, el desapego de las cosas terrenales. La carga trágica del episodio ha sido plasmada en decenas de obras de teatro y de óperas. En *Los troyanos,* de Berlioz, tras una noche de amor entre los dos protagonistas, atruena en el escenario la voz de Mercurio, que grita tres veces: «¡Italia!». Y el aria del lamento de Dido se considera la obra maestra de Purcell *(Dido y Eneas),* un final melancólico, más íntimo y doloroso que violento y enfático: *When I am laid in earth / May my wrongs create / No trouble in thy breast; / Remember me, but ah! / Forget my fate* («cuando yazca bajo tierra, que mis errores no turben tu alma. Recuérdame, pero olvida mi destino»).

Por eso, un viaje a la Roma antigua y a su legado debe comenzar por la *Eneida,* porque es una eterna fuente de inspiración, que habla a cada ser humano y puede revelarle algo sobre sí mismo.

Al llegar a América, se compara a Colón con un nuevo Eneas, que llega por mar desde lejanas tierras y somete a los pueblos locales para fundar una nueva y más grande civilización. Pero en otras épocas, los troyanos son considerados el símbolo del imperialismo. Hoy en día, en la era de las migraciones, se piensa en Eneas como en un refugiado, expulsado de su patria por la guerra, que busca desesperadamente una tierra que lo acoja, pero que es rechazado en todas las ocasiones; así, los troyanos se ven obligados a luchar una y otra vez por su lugar en el mundo.

No solo Dante, también Petrarca, Ariosto o Tasso miran a Virgilio. La *Eneida* es el modelo del *romanzo* y del poema caballeresco, desde los primeros versos: *Arma virumque cano* («canto a las armas y al hombre»); *le donne, i cavallier, l'arme, gli amori / le cortesie, l'audaci imprese io canto* («las damas, los caballeros, las armas, los amores, las galanterías, las audaces empresas canto»), así empieza el *Orlando furioso* de Ariosto. Pero la influencia de Virgilio es muy fuerte particularmente en el mundo anglosajón.

Los padres fundadores de los Estados Unidos citan a menudo la *Eneida* en sus cartas. Lo hacen Franklin, Jefferson o Hamilton; ellos también se ven en la tesitura de construir la unidad nacional tras un periodo de conflictos externos e internos, de crear una gran nación a partir de las adversidades. Tras la Primera Guerra Mundial, por el contrario, el énfasis se pondrá en la *Eneida* como epopeya contra la guerra.

Shakespeare recurre a Virgilio como fuente de la mitología clásica. Eneas y Dido son el modelo para su Antonio y Cleopatra. Eneas es la guía moral de todos los héroes romanos que pone en escena. Y Shakespeare define a Inglaterra *like little body with a mighty heart* («como un cuerpo pequeño con un corazón valeroso»), igual que Virgilio describe a las abejas: *Ingentes animos angusto in pectore versant.*

Tennyson se inspira en Virgilio para componer un poema sobre el mito de los orígenes de la monarquía británica, *Idilios del rey;* como Virgilio, se mantiene en equilibrio entre la celebración del imperio y la aceptación de los pesares que conlleva. Y le dedica un poema: «Tú, que eres majestuoso en tu tristeza / por el dudoso destino de la humanidad... Te saludo, Mantuano, / yo, que te he amado desde mis primeros días / poseedor de la obra más grandiosa / jamás plasmada por labios del hombre».

En *El paraíso perdido,* Milton se basa en la *Eneida* para contradecirla: cuestiona la concepción de imperio infinito de los romanos, su derecho a gobernar sobre los pueblos, para centrarse en cambio en el dominio de la religión cristiana.

Eliot define la *Eneida* como el clásico de Europa, el hilo conductor de la literatura occidental, porque varía tanto de registros, de temas, de tonos, que toca distintos géneros y, por tanto, influye en todos ellos. Por eso, la Sociedad Virgiliana surge de las ruinas del Londres devastado por los bombardeos de la Segunda Guerra Mundial, porque los literatos miran a su propio pasado, a la máxima expresión del alma europea, para reconstruir su propia identidad fragmentada y conmocionada por el conflicto.

Incluso cuando no se le cita, Virgilio está presente, porque está tan engastado en la cultura occidental que no se puede prescindir de él. Todo el mundo lo ha estudiado, forma parte del bagaje cultural de todas las épocas.

Pero lo que convierte a una obra en un clásico no es solo su importancia histórica o su impacto literario. Es su capacidad de hablar siempre a nuevos lectores, de emocionarlos, de representar sus sufrimientos y sus experiencias. Así pues, son el tormento y los contrastes del personaje de Eneas, su doble condición de refugiado y conquistador, lo que hace de la *Eneida* una obra universal, sujeta a constantes reinterpretaciones y, por tanto, eterna.

Y nuestra historia, también, solo podía comenzar partiendo de Virgilio.

Sobre todo, si tenemos en cuenta que un verso de la *Eneida,* tomado de la historia de Euríalo y Niso, fue elegido para aparecer en el monumento conmemorativo del 11-S en Nueva York: *No day shall erase you from the memory of time* («Ningún día os borrará de la memoria del tiempo»).

2

MORIR POR LA PATRIA
El mito de la república

La lista de los siete reyes de Roma resulta más difícil de aprender que la de los siete enanitos: Rómulo, Numa Pompilio, Tulo Hostilio, Anco Marcio, Tarquinio Prisco, Servio Tulio, Tarquinio el Soberbio... Para muchos de nosotros, son solo unos nombres.

En realidad, la genealogía de los reyes esconde varios enigmas, empezando por el más importante: ¿quién es el verdadero fundador de Roma? ¿Eneas? ¿Rómulo? ¿O bien algún otro?

La invención de la verdad no es prerrogativa de los poetas como Virgilio. A veces son los historiadores quienes crean la tradición, en particular Tito Livio.

La leyenda narrada en la *Eneida* debía ser integrada en un relato aparentemente creíble.

Para los romanos, Eneas era el abuelo, y Rómulo, el padre. Sin embargo, la historia del primer rey es cualquier cosa menos gloriosa. Comienza con una sacerdotisa virgen que se queda misteriosamente embarazada, prosigue con un fratricidio, y se alimenta de secuestros, violaciones y más asesinatos.

Pero a los romanos les gustaba esta historia.

La versión más conocida es, precisamente, la de Tito Livio, quien la escribe siete siglos más tarde. Cuenta una historia de la que no sabe nada con precisión. Más que una historia, la fundación de Roma es un mito.

El rey de Alba Longa, Numitor, es derrocado por su hermano, Amulio. Numitor tiene una hija, Rea Silvia. Para evitar que Rea Silvia dé a luz a un posible rival, el nuevo soberano la obliga a convertirse en sacerdotisa, pero de todos modos se queda embarazada. En su defensa, dice que el padre es el dios Marte en persona. Obviamente, se trata de una excusa, pero generaciones de romanos querrán creer que es verdad.

Nacen dos gemelos: Rómulo y Remo. El rey ordena a un fiel sirviente que se deshaga de ellos, pero el sirviente es más piadoso que leal: en lugar de ahogar a los recién nacidos en el Tíber, los abandona en la orilla del río; llega una loba, los alimenta con su leche y los salva. *Lupa* en latín significa 'prostituta'; al burdel, de hecho, se le llama lupanar. Animal feroz o mujer sin moral, poco importa: Rómulo y Remo siguen con vida y crecen duros y despiadados. Se deshacen del usurpador, reponen al abuelo Numitor en el trono de Alba Longa y fundan una nueva ciudad. Pero pronto se pelean.

Es una historia que el director Matteo Rovere contó en una interesante película con Alessandro Borghi, rodada en latín arcaico, *El primer rey*. Remo profana el perímetro sagrado trazado por su hermano Rómulo, quien lo mata.

Si el fundador es un fratricida, los primeros habitantes son criminales, desertores, deudores insolventes. Rómulo abre su ciudad a los perseguidos, a los expulsados, a los que carecen de patria…, que son casi todos hombres. Se necesitan mujeres. Para conseguirlas, Rómulo y los suyos invitan a una fiesta a un pueblo vecino, los sabinos, quienes aceptan ingenuamente.

El resto de la historia es conocido y ha inspirado a pintores y escultores: los romanos raptan a las sabinas y las convierten en sus esposas. Cuando los sabinos intentan recuperarlas, las mujeres se interponen entre sus padres (y hermanos) y sus maridos, rogándoles que fusionen las dos comunidades. Se celebraba así el primer matrimonio reparador.

Quedaban, no obstante, dos cosas por aclarar.

La primera se refiere a la fecha. Según la tradición, Roma se fundó el 21 de abril del tercer año después de la Sexta Olimpiada, que para nosotros es el 753 a. C. Sin embargo, Troya fue conquistada y Eneas desembarcó en el Lacio casi cinco siglos antes. Un vacío que los antiguos romanos llenaban imaginando que el hijo de Eneas, Julo, había fundado Alba Longa, donde había comenzado la historia. Y de Julo descendería la *gens Iulia:* la familia de Julio César.

La segunda cuestión se refiere al prestigio y la moralidad de los amos del mundo. Cabe preguntarse por qué, teniendo que inventarse una historia común, un gran pueblo como el de los romanos representaba a sus ancestros como unos asesinos y violadores. De todas formas, ocurre que en el origen de una gran historia suele haber un crimen; es así también en la Biblia, donde Caín mata a Abel. Y en la historia de Roma, el crimen, la guerra civil, la violencia, incluso la sexual, se repetirán de un modo inquietante.

Pero también forma parte del mito fundacional la idea de la acogida, de la integración, de un pueblo nacido de una mezcla de sangres, de credos, de etnias. Un mundo en el que, claro está, el poder y la riqueza se transmiten de padres a hijos, pero también un mundo en el que los esclavos liberados y los soldados de orígenes oscuros pueden convertirse en propietarios, cuando no en emperadores.

Roma guardó para siempre el recuerdo de Rómulo, incluida su cabaña, conservada o, mejor dicho, reconstruida sobre el Palatino como *memento,* para recordar a los gobernantes de dónde venían. En el Foro, en cambio, se custodiaba cuidadosamente el árbol —una higuera— bajo el que el pequeño Rómulo había sido abandonado junto a su hermano gemelo, y se podía visitar la gruta donde la loba los había alimentado; la misma loba, reproducida en bronce y conservada en los Museos Capitolinos, que se ha convertido en el símbolo del equipo de fútbol de Roma, al que los descendientes de Rómulo dedican sus más bellos pensamientos.

Una vez creado el mito del nacimiento y de la vida de Rómulo, había que encontrar también un modo para hacer que muriera. Según algunos, fue asesinado por los senadores que él mismo había inventado; el mismo destino que correría César más adelante. Livio, sin embargo, no podía avalar un final tan sangriento para el padre de la patria; de hecho, escribe que durante un temporal Rómulo fue oportunamente envuelto por una nube y desapareció, como ascendido a los cielos. Un final más propio de un dios que de un hombre.

Roma seguirá siendo politeísta durante mil años después de Rómulo. Las personas cultas solían creer en un único dios, o no creían en ninguno. Pero la frontera entre lo humano y lo divino era mucho más permeable de lo que llegaría a ser en la era cristiana. Uno podía convertirse en dios; de hecho, Rómulo llegó a serlo, incluso se le erigió un templo, se le dirigían plegarias, le dedicaban sacrificios, como ocurrirá también con muchos emperadores.

La alianza entre Roma y Alba Longa no duró mucho tiempo. Al contrario, las dos ciudades entraron en guerra: demasiado cerca para convivir sin que una impusiera su dominio sobre la otra. Pero tampoco podían combatir a muerte: seguían teniendo un antepasado en común, el para entonces dios Rómulo. Así que convinieron decidir el resultado del conflicto mediante un duelo entre campeones, tres por cada bando.

El episodio ha dado origen a novelas, tragedias, pinturas: Horacios y Curiacios. Pero está todo tan envuelto en las tinieblas del mito que aún no sabemos cuáles eran los campeones de Roma y cuáles los de Alba Longa. Livio manifiesta creer que los Horacios eran los romanos, aunque no está seguro del todo.

Al principio el duelo va bien para Alba Longa: dos romanos caen al suelo muertos; el superviviente no puede luchar solo contra tres, se da cuenta de que primero debe salvar su propia vida y, mientras tanto, dividir a sus enemigos, así que decide darse a la fuga. De los tres perseguidores, uno sigue ileso, mientras que los otros dos están heridos, uno más grave que el otro. Salen, pues, en su persecución, pero cada uno a su velocidad.

El Horacio superviviente se da cuenta de ello. Finge tropezar, cae. Deja que su único rival intacto lo alcance. Se levanta de golpe, lo pilla por sorpresa y lo atraviesa con su arma. Los otros dos, heridos, sangrantes, cansados, llegan cada uno por su lado; el romano puede así enfrentarse a ellos por separado y matarlos.

Roma ha ganado la guerra y gobernará Alba Longa. Al regresar a su casa, el victorioso Horacio, en lugar de ser recibido triunfalmente como cree merecer, es reprendido por su hermana, Camila Horacia, prometida de uno de los Curiacios caídos. Indignado, la mata, y será castigado por ello.

En realidad, la guerra fue larga y sangrienta, y terminó con la derrota del rey de Alba Longa, Mecio Fufecio, quien tuvo un final terrible: atado a dos carros lanzados en direcciones opuestas y, por tanto, descuartizado.

Siete reyes, y ya está

Los romanos nunca sintieron simpatía hacia los reyes. Siempre se enorgullecían de haber encadenado a los reyes enemigos y de exhibirlos por las calles de la ciudad. La monarquía en Roma duró poco tiempo y no tuvo mucha suerte: de siete reyes, dos o, tal vez, tres fueron asesinados, uno fue incinerado por Júpiter, y otro —el último— murió en el exilio.

Después de Rómulo, el Senado intentó consolidar su poder, transformando Roma en una oligarquía, pero el pueblo reclamaba un rey y se cumplieron sus deseos. El acuerdo fue que entre los senadores romanos propondrían un rey sabino, y los sabinos un rey romano; luego se decidiría. Según la tradición, los romanos propusieron al sabino Numa Pompilio, un hombre piadoso, nacido el 21 de abril, día de la fundación de la ciudad, y nadie puso objeciones.

Hombre de paz, en cuarenta y dos años de reinado no libró ni una sola guerra. Numa fue quien fundó la civilización religiosa latina; de hecho, instituyó el cargo de pontífice máximo, que pasó de los emperadores hasta el papa. También fue Numa quien creó el primer calendario dividido en doce meses (lunares, y por tanto, más breves que los nuestros: cada tres años había que añadir un mes, hasta la reforma de Julio César). Septiembre era el séptimo mes; octubre, el octavo, y así sucesivamente, porque el año empezaba en marzo, dedicado a Marte, el dios de la guerra.

Numa Pompilio murió tras una dilatada existencia, y fue muy llorado. Lo enterraron con los libros de sus leyes en la colina del Janículo. Se decía que se los había dictado la ninfa Egeria: tal vez un símbolo del matriarcado vigente entre los sabinos.

En realidad, Numa Pompilio probablemente nunca existió. Todo lo que concierne a su figura parece inventado, hasta su mismo nombre: Numa viene del griego *nomos,* 'ley'; Pompilio, de *pompé,* la túnica ceremonial sagrada. Después del rey guerrero Rómulo, era necesario un rey sacerdote, jurista, filósofo, para conformar la otra alma del *civis romanus,* la civil.

Según la tradición, Numa no tuvo hijos varones. Su hija Pompilia le había dado un nieto, Anco Marcio, quien, de todos modos, apenas tenía cinco años. El padre del niño, el marido de Pompilia, era un senador sabino que esperaba heredar la corona, pero prefirieron a otro hombre, Tulo Hostilio, y, decepcionado, se dejó morir de hambre.

Tulo Hostilio descendía de un compañero de armas de Rómulo, y su figura parece, según los historiadores modernos, calcada a la del primer rey. Gran soldado, extendió el territorio de Roma. Pero, centrado en las guerras, descuidó sus deberes religiosos. La ciudad sufrió una epidemia y Tulio Hostilio también enfermó. Solo entonces invocó la clemencia de Júpiter, quien indignado lo incineró con un rayo; al menos eso es lo que cuenta la leyenda. Según Dionisio de Halicarnaso, el rayo solo fue la forma de encubrir un asesinato, tramado por el nuevo soberano: Anco Marcio, el nieto de Numa Pompilio, por tanto, otro rey sabino.

Anco Marcio es el primero en construir un puerto en el Tíber, en tender un puente sobre el río, en conectar Roma con el mar: funda Ostia y traza la Via Ostiensis. Tras él, sin embargo, llegan los extranjeros: los etruscos, la dinastía de los Tarquinios, breve y violenta, a la que seguirá la república, nacida de la sangre y del sentimiento de redención.

Lucio Tarquinio era tal vez de origen griego, pero se había casado con una etrusca de Tarquinia, Tanaquil. De camino a Roma en un carruaje, un águila salió a su encuentro y le arrebató el sombrero, lo llevó al cielo y lo dejó caer justo sobre su cabeza. Tanaquil, que como etrusca sabía interpretar las señales divinas, aseguró a los romanos que su marido haría grandes cosas. Anco Marcio quedó muy impresionado. Se hizo su amigo y lo adoptó como hijo. De ahí la sucesión.

Pero una entrada en la ciudad tan legendaria fue probablemente una forma artificiosa de los romanos para ocultar la conquista etrusca.

A Tarquinio —llamado más tarde Prisco para distinguirlo del último rey, Tarquinio, conocido como el Soberbio— se le atribuyen el Circo Máximo, la primera cloaca, la Cloaca Máxima, y la invención de los fasces o haz de lictores, sin poder imaginar que se convertirían en el símbolo de un movimiento político, el fascismo, fundado en Roma veinticinco siglos más tarde y exportado a medio mundo.

Tarquinio fue asesinado por el hijo mayor de Anco Marcio, quien esperaba heredar la corona. Pero la reina Tanaquil, a la espera de que su hijo —también llamado Tarquinio— tuviera la edad necesaria para reinar, logró imponer en el trono a un hombre de oscuros orígenes y de extraordinarias cualidades: Servio Tulio.

Como su nombre indica, el nuevo gobernante era un esclavo liberado, tal vez un prisionero de guerra. No se conocía el nombre de su padre. A Servio Tulio le debe Roma el primer recinto amurallado y la organización del ejército, que coincide también con el primer embrión de democracia.

El ejército estaba dividido en ciento noventa y tres centurias, organizadas según el censo, es decir, la riqueza. Había dieciocho centurias de jinetes, ochenta y cinco de soldados con armas de bronce, otras de ingenieros y de músicos. Luego estaban las centurias de los pobres, que luchaban a pie, armados solo con hondas, como David. Los más pobres estaban exentos del servicio militar.

La asamblea de hombres de armas —los comicios centuriados— se convertirá en la base del Estado romano. Un Estado que nace con la guerra, y requiere al mismo tiempo fuerza y consenso. Debe saber decidir sobre la paz y sobre la guerra, e implicar a los hombres que deben financiar la guerra y combatir en ella. La asamblea elige a los cónsules y a otros magistrados, aprueba las leyes, declara las hostilidades. El poder de cada individuo y de cada clase social está relacionado con el dinero, y así será hasta la Edad Moderna y la llegada del sufragio universal. Y el censo será la primera forma de declaración de la renta.

Solo falta una revolución para el nacimiento de la república. La caída del rey. Y la expulsión de los etruscos.

La violencia es la matrona de la historia, al menos de la historia de Roma. Los pasos fundamentales están marcados por la fuerza, por la agresión, por una muerte dramática. Por un asesinato, o por una violación, o por un suicidio, o por todos estos crímenes simultáneos. Como siempre, no está claro dónde acaba la historia y dónde empieza la leyenda, dónde se encuentra la verdad y dónde el mito, y, en el fondo, tampoco es tan importante determinarlo. Los romanos estaban convencidos de ello porque les gustaba pensar en su pasado como algo grandioso y terrible.

Servio Tulio fue asesinado por el hijo de Tarquinio Prisco, Lucio Tarquinio, que será recordado como Tarquinio el Soberbio. Un día, el rey encontró a Tarquinio en el sitio que le correspondía en el Senado; se enfrentó a él, fue arrojado por las escaleras y atropellado por el carro conducido por su hija Tulia, que se había casado con Tarquinio. Un regicidio y un parricidio juntos.

El nuevo rey sería el último. Mientras el ejército romano asediaba la ciudad rival de Ardea, una noche los hijos del rey y otros nobles empezaron a discutir sobre mujeres: ¿cuál de sus esposas era la más fiel? Uno de los aristócratas, Lucio Tarquinio Colatino, propuso volver a Roma por la noche para ver cómo se estaban comportando. Mientras las nueras del rey disfrutaban celebrando un banquete, la esposa de Colatino, Lucrecia, estaba hilando lana con sus criadas, e inmediatamente se levantó para preparar la cena para su marido y sus invitados.

Pero uno de los hijos del rey, Sexto Tarquinio, se enamora de Lucrecia. No queda claro si está realmente impresionado por su virtud o si solo quiere mancillarla. Lo cierto es que unas noches más tarde, Sexto se presenta en casa de Lucrecia. Ella lo acoge sin sospechas, le da de comer, lo aloja en la habitación de invitados. Pero por la noche aparece ante Lucrecia empuñando una espada. Le declara su amor, alterna lisonjas y amenazas, pero ella es inflexible: no cederá, antes se dejará matar. Así que él cambia de táctica: además de a ella, matará a un criado y colocará su cuerpo junto al de ella, para que todos piensen que Lucrecia ha engañado a su marido. Ante la perspectiva de la deshonra, ella se rinde.

Sexto se marcha satisfecho, por esa perversión que lleva a algunos hombres a sentirse atraídos por el rechazo y no por la disponibilidad de las mujeres, a no respetar su libertad y su elección. Pero la tragedia no ha hecho más que empezar.

Lucrecia no tiene intención de fingir nada. Envía un mensajero a Ardea para rogarles a su padre y a su marido que vuelvan enseguida, acompañados de un amigo. Al lado de Colatino va entonces otro soldado: Lucio Junio Bruto.

Cuando llegan, Lucrecia rompe a llorar. Su marido le pregunta: «¿Qué ha pasado? ¿Está todo bien?». Y ella: «¿Cómo puede estar todo bien para una mujer que ha perdido su honor? En tu lecho, Colatino, están las huellas de otro hombre; solo mi cuerpo ha sido violado, mi corazón es puro y te lo demostraré con mi muerte. Pero júrame que el adúltero no quedará sin castigo». Su marido, su padre y Junio Bruto lo juran, aunque intentan calmar a Lucrecia: la culpa de lo ocurrido no es suya, es solo del violador, de Sexto Tarquinio.

Es este el elemento de modernidad en una historia con milenios de antigüedad. Los motivos de Lucrecia suenan injustos, cuando no absurdos, para la sensibilidad moderna. Pero durante siglos una mujer violada también ha sido vista como una mujer deshonrada. En Italia, hubo que esperar hasta los años sesenta del siglo pasado para que una joven siciliana, Franca Viola, se negara a casarse con el hombre que la había violado, con esta motivación: «El honor lo pierde quien hace estas cosas, no quien las sufre». Hoy todo esto nos parece obvio. Hasta hace poco no lo era. Y no lo era tampoco, obviamente, en la antigua Roma.

Lucrecia no se deja persuadir. En vano su marido le recuerda que ella no es culpable de nada, pues si el cuerpo ha sufrido violencia, la mente no tenía intención de someterse a ella. Tito Livio escribe: «Dicho esto, se clava en el corazón un cuchillo que llevaba oculto bajo la túnica, y cae moribunda, doblada sobre la herida. Su marido y su padre prorrumpen en fuertes gritos».

Colatino mantendrá su juramento de castigar al violador y vengar a su esposa. Será él, con Junio Bruto, quien encabece la revuelta de los romanos, cansados de guerras, de los trabajos forzados y extenuantes para construir la Cloaca Máxima y, en general, de la dominación etrusca.

Tarquinio el Soberbio, su hijo violador Sexto y su clan son expulsados de Roma. Nace la república: los primeros cónsules son Colatino, viudo de Lucrecia, y su amigo Junio

Bruto; muchos siglos después, su homónimo, el asesino de Julio César, afirmará descender de él.

Comienza la guerra. Tarquinio pide ayuda a otro rey etrusco: Porsena, soberano de Chiusi, una ciudad a ciento cincuenta kilómetros al norte. El ejército etrusco asedia Roma. Los defensores intentan cerrarles el paso derribando el puente Sublicio, pero el enemigo sigue presionando. Horacio Cocles, descendiente de los heroicos Horacios, detiene a los etruscos, flanqueado por otros dos soldados, para dar tiempo a sus compañeros a derribar el puente. Cuando solo queda el último tablón, ordena a los otros dos que se retiren y se queda solo para hacer frente a los invasores. Al final, mientras lo que queda del puente se está derrumbando, Horacio Cocles se arroja al Tíber, con su armadura y todo. Según Polibio, se ahoga. Pero según Tito Livio, llega a la orilla nadando, y será recompensado por sus compatriotas con la riqueza más preciada, la tierra: tendrá tanta como pueda arar en un solo día. Y en el imaginario de los pueblos, Horacio Cocles es visto como un ejemplo de resistencia cuando todo parece perdido; no es casualidad que se le mencione en la maravillosa película sobre Winston Churchill, *La hora más oscura,* donde se relata la soledad, pero también la fuerza moral del *premier* británico en un momento en el que el mundo parecía estar arrodillado ante el nazismo. Además, la batalla del abismo de Helm en *El señor de los anillos* está inspirada en la versión de Tito Livio de la hazaña de Horacio Cocles.

Por otra parte, fue un escritor inglés, Thomas Babington Macaulay, quien en sus *Baladas de la antigua Roma* dio voz al héroe solitario:

Entonces habló el valiente Horacio,
capitán de la puerta:
«A todo hombre sobre esta tierra
la muerte le llega tarde o temprano.
Entonces, ¿cómo puede el hombre morir mejor
que enfrentándose a aterradores peligros
por las cenizas de sus padres
y por los templos de sus dioses?».

La idea de que no había muerte más gloriosa y sensata que la muerte por la patria es la idea fundacional de la república romana.

Los héroes de la república no son grandes conquistadores. Son símbolos de resistencia. De obstinación. De sacrificio. Y también de lealtad.

Porsena no consiguió tomar Roma y aceptó retirarse a cambio de un grupo de rehenes, elegidos entre los jóvenes romanos como garantía de la tregua. Entre ellos se encontraba Clelia, una muchacha rebelde, decidida a huir para salvaguardar su dignidad y su libertad.

Existen dos versiones de la historia. En la primera, Clelia es entregada al rey etrusco con otras nueve compañeras, pero ella las anima a escaparse: aprovecharán el momento en el que los enemigos bajarán a abrevar sus caballos en el Tíber, y escondidas entre los animales se lanzarán al río y lo cruzarán a nado. Las compañeras se salvan, Clelia se queda en la orilla etrusca para cubrir su huida, los guardias de Porsena la capturan, pero el rey, admirado por su valor, la libera.

Tito Livio, sin embargo, cuenta otra historia. Clelia consigue escapar, nada bajo una lluvia de flechas, regresa a Roma, pero Porsena exige que le sea devuelta. Los romanos se la entregan; sin embargo, en señal de aprecio, el rey etrusco le regala un caballo y le permite regresar a su patria.

Esta versión es quizá más significativa, porque no solo relata la hazaña de una heroína, sino también la cultura de un Estado que cumple con su palabra y con los compromisos adoptados, sin pararse a considerar el interés del individuo. Por algo los romanos erigieron una estatua ecuestre a Clelia en la parte más alta del Foro, al inicio de la Vía Sacra, y con un comentario que hoy nos parece insoportablemente machista, pero que en aquella época pretendía ser el máximo cumplido: Séneca señaló que a Clelia solo le faltaba ser considerada un hombre.

Las desventuras del pobre Porsena aún no habían terminado. Un noble romano, Cayo Mucio Cordo, se ofrece a internarse en el campamento enemigo para matar al rey. El Senado lo aprueba. Mucio se mezcla con los soldados que esperan recibir su paga y apuñala al que cree que es Porsena, sin darse cuenta de que está matando a su escriba. Apresado y conducido ante el monarca, le dice: «Era a ti a quien quería matar. Mi mano ha fallado, y ahora la castigo». Entonces introduce la mano derecha en el brasero ardiente y la deja hasta que se carboniza, con un chisporroteo horroroso. Porsena se queda impresionado y ordena liberar al valiente joven. Mucio se da cuenta de que su gesto desesperado le da una ventaja psicológica. Mira al rey a los ojos y le susurra: «Para agradecerte tu clemencia, te revelaré que trescientos jóvenes nobles romanos han jurado solemnemente matarte. La suerte quiso que yo fuera el primero. He fallado, pero tarde o temprano uno de los otros lo conseguirá». En ese momento Porsena juzga que no vale la pena arriesgarse con esa manada de locos. Renuncia de forma definitiva a seguir en guerra contra Roma y abandona a los Tarquinios a su suerte.

Mucio adoptará el apellido de Escévola, que significa zurdo. Tarquinio el Soberbio, que se ha quedado solo, lanzará a sus tropas a la batalla final, pero en el momento decisivo, los romanos ven o creen ver a Cástor y Pólux, los Dioscuros, hijos de Zeus, irrumpiendo a caballo en el campo de batalla y luchar, evidentemente de su parte. Del mismo modo que, quince siglos después, los castellanos, en la batalla de Clavijo, verán intervenir a Santiago apóstol a caballo para masacrar a los soldados musulmanes, y se lo agradecerán llenando las iglesias de España de estatuas y retratos de Santiago Matamoros.

En Roma, Cástor y Pólux siguen siendo hoy en día honrados con estatuas de la época clásica que adornan la fuente del Quirinal, que fue residencia del papa y del rey, y que ahora es la morada del presidente de la república.

Si la historia de Mucio Escévola puede parecer terrible, otros héroes romanos tendrán un destino aún más amargo que el suyo. Pero, en la construcción del mito, el sacrificio de uno mismo y el valor de la palabra dada son tanto más valiosos cuando la historia acaba mal.

En la Tate Britain, tesoro del arte y orgullo británico, entre los varios cuadros de William Turner hay uno que llama la atención por la ausencia total de figuras en el centro de la escena. Puede considerarse un cuadro abstracto, pintado casi un siglo antes que Kandinski. Es un lienzo en el que todo es luz. Una luz deslumbrante, que hiere los ojos de quien la mira. El título del cuadro es el nombre de un antiguo romano: Régulo. Pero el espectador no ve al protagonista; ve con los ojos —heridos por la luz— del protagonista.

A Atilio Régulo le cortaron los párpados para impedir que cerrara los ojos. Luego lo ataron y lo expusieron al sol, que lo deslumbró y lo cegó. Por último, fue encerrado en un barril erizado de clavos y arrojado colina abajo. Es difícil imaginar un final más aterrador, que parece pensado para reunir todos los miedos del hombre: la claustrofobia, el dolor físico y moral, la certeza del inevitable final y la imposibilidad de acortarlo.

La figura de Atilio Régulo también pertenece más a la leyenda que a la historia, por eso resulta aún más significativa. Sabemos que Régulo era cónsul en la época de la primera guerra púnica, un enfrentamiento que duró veintitrés años entre Roma y Cartago por el control de Sicilia (no en vano, los romanos lograron la victoria decisiva mar adentro, ante las islas Egadas, en el 241 a. C.) y la supremacía en el Mediterráneo. Régulo lleva la lucha a África y derrota a los cartagineses —también llamados en latín *puni*—, pero a la larga no recibe los suministros adecuados de Italia, es derrotado y hecho prisionero. En ese momento, sus carceleros le piden que vaya a Roma para defender la causa de la paz, para luego regresar a Cartago e informar del resultado de la misión.

Régulo regresa a su patria, pero allí aconseja a los senadores que continúen la guerra: los cartagineses están aterrorizados por los romanos, no es el momento de entablar negociaciones, sino, en todo caso, de atacar. En ese momento, el sentido común le aconsejaría quedarse, su familia le suplica que no se marche; en cambio, Régulo vuelve a Cartago para que lo maten, para no faltar al compromiso adquirido con el enemigo. Estos no tienen ningún reparo en matarlo, del modo más cruel posible.

No hay pruebas fehacientes de que las cosas sucedieran realmente así, aunque san Agustín, que era un norteafricano de Hipona (hoy en día, Argelia), da muestras de creer en esa tradición. Sin duda, era así como pensaban los romanos de sus héroes: valientes, resueltos, dedicados al interés público, dispuestos a morir no solo por la patria, sino también por el respeto a sus enemigos, que es, al fin y al cabo, respeto por uno mismo.

La historia de la Roma republicana está llena de figuras que simbolizan la prevalencia del interés público sobre el privado. Hombres incorruptibles.

Como Lucio Quincio Cincinato ('el de los rizos'), que abandonaba la escena con cada victoria para volver a ser llamado después: los senadores que fueron a ofrecerle los poderes absolutos de la dictadura —un cargo al que se recurría solo en casos de emergencia— lo encontraron arando sus campos en persona. Cincinato se enjugó el sudor, se vistió la toga, aceptó el encargo, derrotó al pueblo enemigo de los ecuos, repartió el botín entre sus soldados y, al cabo de dieciséis días, renunció a la dictadura y regresó a sus campos.

La posteridad lo admiró muchísimo: Dante lo menciona dos veces en el Paraíso; Petrarca lo incluye en su catálogo de hombres ilustres; la ciudad americana de Cincinnati, Ohio, se llama así en su honor, y tiene un lema en latín: *Iuncta iuvant* («La unión hace la fuerza»).

Incorruptible también lo es Cayo Fabricio Luscinio, quien rechaza dos veces el oro que le ofrecen sus enemigos: primero los samnitas, la belicosa tribu de Samnio (entre Campania y Molise); después Pirro, el rey de Epiro (Albania), aquel cuyas victorias costaban más que sus derrotas. Fabricio, que regresaba triunfante de todas las batallas, no poseía nada cuando murió, y la república tuvo que sufragar sus funerales. Un ejemplo de virtud alabado por Virgilio, Horacio, Rousseau, Robespierre e incluso Dante, en cuyo Purgatorio recuerda al «buen Fabricio», que prefirió ser virtuoso y pobre «a poseer gran riqueza con vicio».

Los samnitas lo habían intentado también con el jefe militar Manio Curio Dentato (se llamaba así porque había nacido con todos los dientes). Derrotado Pirro en la batalla de Maleventum, más tarde rebautizada como Beneventum, Dentato rechazó los honores del triunfo y se retiró al campo. Para congraciarse con él, los samnitas —enemigos tradicionales de Roma— fueron a verle cargados de oro y objetos de valor, y se encontraron con una negativa: «No me interesa poseer oro, sino mandar a quienes lo poseen». Eso es al menos lo que refiere Cicerón, quien dos siglos más tarde se alegraba de tener casa cerca de aquella en la que había vivido Dentato. Y es Dante también quien lo menciona, en el *Convivio,* entre los antiguos romanos inspirados por Dios en su amor a la patria: Dentato habría respondido a los samnitas que «los ciudadanos romanos no querían poseer el oro, sino a quienes lo poseían», como si dijera que la virtud individual se convertía en la virtud de todo un pueblo.

Aparte, como en toda historia, no podía faltar el villano. El traidor. Él también, sin embargo, es incapaz de resistirse a la llamada de la patria. Cneo Marcio había derrotado a los volscos, arrebatándoles la ciudad de Corioli, por lo que se le llamó Coriolano. Pero entonces se enfrentó a la plebe, distribuyendo el botín entre sus soldados en lugar de ingresarlo en el tesoro público, así como oponiéndose a la bajada del precio del trigo. Un tribuno de la plebe propuso arrojarlo desde el acantilado de Tarpeya, desde donde los romanos despeñaban a los enemigos del Estado y —al menos según la tradición— a los niños nacidos con deformidades. En cambio, decidieron enviarlo al exilio perpetuo.

Convertido en adversario de Roma, Coriolano se alió con los volscos y derrotó varias veces a sus compatriotas. Al llegar a las puertas de Roma, se halló frente a cinco embajadores que le imploraron que desistiera, sin lograr convencerlo.

Sin embargo, cuando vio llegar a su campamento a su madre, Veturia, y a su esposa, Volumnia, con sus dos hijos pequeños en brazos, el traidor se derrumbó emocionalmente y corrió «como una furia» hacia sus mujeres para abrazarlas. Su madre, indignada, lo recibió gélidamente: «¡Alto ahí! ¡Espera a abrazarme! Primero quiero saber si tenemos delante a un enemigo o a un hijo, y si en tu campamento he de considerarme una prisionera o una madre».

Coriolano rompió a llorar, disolvió su ejército y renunció a luchar contra Roma. Según Cicerón se suicidó; según Tito Livio, fue asesinado por los volscos, y será esta versión la que inspire la tragedia de Shakespeare, Coriolano («Quien ya está decidido a morir por su propia mano no teme morir por mano ajena…»). Seguramente la madre era ya muy importante también para los héroes romanos, exactamente como para nosotros. Como lo era la patria o, si se prefiere, la «matria»: la tierra de las madres.

En la entrada de la Galería Borghese —no la entrada actual para los visitantes, sino aquella por la que se recibió durante siglos a los invitados de los príncipes y de los cardenales de la familia Borghese— hay una gran estatua de un caballo y de un caballero que se lanzan al vacío.

Es un tema misterioso, una obra fascinante, que esconde una historia dentro de otra historia.

A mediados del siglo XV, en pleno Renacimiento, es decir, en el momento álgido del redescubrimiento del mundo clásico, durante unas excavaciones en la Villa Adriana de

Tívoli, se desenterró este caballo que parece caer por un acantilado: las cuatro patas suspendidas en el aire, la boca abierta de par en par, los ojos dilatados por el terror, la crin agitada, incluso las orejas dobladas por el viento.

La Roma del siglo XVI era una ciudad rica, pero débil. El pontífice era un soberano temporal, una autoridad política también, pero que dependía de los ejércitos de otros, y cuando daba un paso en falso, como le ocurrió en 1527 a Clemente VII, el papa Médici amante de las artes, podía ver la Ciudad Eterna invadida y asolada por los lansquenetes. Aquella estatua evocaba una historia gloriosa, de otros tiempos, que sabía a sacrificio, pero también a redención y a salvación. Así que se decidió completarla.

A principios del siglo XVII, Pietro Bernini, padre del más conocido Gian Lorenzo, esculpió al caballero: un joven imberbe pero resuelto, la mirada febril que pertenece no a una víctima, sino a alguien que ha hecho una elección.

La estatua causa una profunda impresión, y no es casual que siempre haya estado expuesta en posición dominante: al principio, en la fachada; desde 1776, en el vestíbulo. Se dice que conmemora el gesto de generosidad de Scipione Borghese, quien en 1606 recorrió Roma a lomos de una mula para distribuir ayuda a la población afectada por las inundaciones del Tíber. Pero es más probable que quisiera recordarles a los visitantes la virtud romana, de la que eran herederos los aristócratas de la Urbe; tampoco resulta casual que tenga delante un fresco que representa a Marco Furio Camilo, el jefe militar que puso en fuga a los galos invasores del Capitolio.

La estatua del caballo y del caballero cayendo al vacío celebra, en cambio, un episodio ocurrido en el Foro. Corría el año 362 a. C. cuando en pleno corazón de Roma se abrió una sima. Los arúspices lo interpretaron como una señal funesta y predijeron que se ensancharía hasta tragarse la ciudad, a menos que los romanos arrojaran en su interior sus posesiones más valiosas.

Otro pueblo habría echado mano al oro, la plata, las joyas. Un joven soldado, Marco Curcio, consideró que el bien más valioso que poseía era el coraje, así que inmoló su virtud, y con ello a sí mismo, arrojándose a la sima con su armadura y su caballo. Superado el peligro, en el lugar de la sima se creó un pequeño lago. Se erigieron monumentos ecuestres a Marco Curcio, e incluso dos mil trescientos años después, el cómico más famoso del cine italiano, Antonio de Curtis, alias Totò, afirmaba un poco en broma, otro poco en serio, que descendía de él.

Es evidente que se trata de una leyenda. Tito Livio es a la historia lo que Virgilio a la poesía: un cantor de mitos. Sus historias, sin embargo, son ficticias, no falsas.

Los historiadores modernos sostienen que el propio Coriolano nunca existió: para justificar sus derrotas ante los volscos, los romanos necesitaban imaginar a un general romano traidor, el único que podría haberlos vencido. El *civis,* el ciudadano virtuoso, desinteresado, incorruptible, insensible a la fama y la riqueza, probablemente nunca existió.

Sin embargo, algo especial debían de tener estos habitantes de una pequeña ciudad como tantas otras que se convirtieron en amos del mundo conocido sin un rey, sin una dinastía, sin una casa reinante.

La historia de la república está marcada por derrotas y calamidades desastrosas.

La tenaz resistencia de los etruscos y de los itálicos: sabinos y picenos, ecuos y volscos.

Los samnitas que derrotan a los legionarios y, en lugar de exterminarlos, como habrían hecho los romanos, se limitan a humillarlos, obligándolos a pasar bajo las Horcas Caudinas (que, sin embargo, podrían ser solo una metáfora que oculta una violencia sexual), y acaban estimulando su sed de venganza.

El orgullo de las ciudades griegas, que van siendo sometidas una tras otra, de Taranto a Siracusa, a pesar de los espejos ardientes inventados por Arquímedes para quemar las naves romanas.

La lista de enemigos sigue siendo larga.

Los piratas que infestan los mares e incluso hacen prisionero al joven Julio César (para luego arrepentirse amargamente, como veremos).

Los galos que ponen en fuga al ejército, profanan el Capitolio, se burlan y tiran de las barbas a los ancianos notables romanos, exigen un rescate en oro, engañan en el peso y hasta arrojan la espada sobre la balanza: «¡Ay de los vencidos!», habría gritado su jefe, Breno, antes de que llegara Furio Camilo para ponerlos en fuga: «Con hierro, y no con oro, se rescata a la patria».

Los pueblos del norte de Italia, inicialmente considerados bárbaros, celtas a los que había que colonizar y no aliados con los que federarse.

Y luego, obviamente, los cartagineses. Aníbal *ad portas:* Aníbal, que conduce a su ejército victorioso hasta las puertas de Roma, y luego se echa misteriosamente atrás. El enemigo implacable. El hombre del saco con el que durante siglos las madres romanas han asustado a los niños demasiado movidos: «¡Pórtate bien, que si no vendrá Aníbal!».

Tras la victoria en las islas Egadas, durante la segunda guerra púnica Roma tuvo que hacer frente a la amenaza más terrible para su propia supervivencia. Aníbal cruza los Alpes con sus elefantes y derrota a todos los ejércitos romanos que se le ponen por delante, en el río Tesino, en el Trebia, en el lago Trasimeno. Pero la carnicería se produce en la llanura de Cannas, en Apulia: es el 2 de agosto del año 216 a. C.; los cartagineses atraen a los legionarios hacia el centro de su formación, los rodean y comienzan una matanza que dura todo el día.

El número de muertos se calcula a partir de los anillos de oro arrancados a los senadores y a los caballeros caídos en batalla: los vencedores recogen (Dante también lo recuerda en el Infierno) tres modios llenos. El modio era un cilindro de madera que se utilizaba para medir el trigo, y podía contener casi nueve litros; Aníbal envió a Cartago cincuenta kilos de oro (y a saber con cuántos se quedó para sí mismo). Se calcula que fueron unas veinticinco mil bajas, pero algunos hablan de cincuenta mil. El terror es tan considerable que en Roma se celebra un macabro rito, que no pertenece a las costumbres de la ciudad: se entierran vivos cuatro esclavos, dos griegos y dos galos, para aplacar a las deidades hostiles.

Sin embargo, Aníbal no ataca.

Durante siglos se ha especulado sobre las razones que llevaron al genio de la estrategia a no sacar provecho de la victoria. La dulzura del ocio de Capua. El miedo a un largo asedio. La espera de unos refuerzos que no llegarían: los romanos derrotan a su hermano Asdrúbal, le cortan la cabeza, la arrojan al campamento enemigo. La astuta táctica del cónsul Quinto Fabio Máximo, *Cunctator,* es decir, 'el que retrasa', que evita el enfrentamiento en campo abierto para desgastar a un enemigo obligado a una larga guerra en Italia.

En su honor, los reformistas británicos fundarán a finales del siglo XIX la Sociedad Fabiana, para decir que, al igual que el Cunctator, los socialistas también tenían que saber esperar las circunstancias propicias y tomarse su tiempo para preparar a la clase obrera a gestionar los medios de producción: «Hay que esperar el momento oportuno, como hizo Fabio con paciencia, mientras se enfrentaba a Aníbal…». En la Sociedad Fabiana militarán algunos de los mayores exponentes de la cultura británica: George Bernard Shaw, Virginia Woolf y su marido, la feminista Emmeline Pankhurst y, durante un tiempo, Bertrand Russell y John Maynard Keynes.

Al final, Escipión, al que por algo se le llama el Africano, lleva la guerra a casa de Aníbal, y la gana. Pero no menos digno de mención es el sacrificio de los ricos romanos, que aceptan pagar tasas extraordinarias —un auténtico impuesto sobre el patrimonio— para financiar la flota que transporta las tropas ante las murallas de Cartago, dándole la vuelta a la iniciativa y la suerte de la larga guerra.

Una vez derrotado Aníbal, destruida Cartago, saqueada Corinto —la ciudad más grande de Grecia—, se despliega ante Roma el inmenso teatro soleado del Mediterráneo. Desde Oriente llegan nuevos cultos religiosos y nuevas formas de vida.

La conquista de Grecia coincide con el descubrimiento de la filosofía y de la literatura; a Roma llegan grandes historiadores griegos como Polibio; dramaturgos latinos como Plauto y Terencio adaptan el teatro griego a la sensibilidad romana. Todo el mundo recuerda la parte inicial del verso de Horacio: *Graecia capta ferum victorem cepit* («la Grecia conquistada conquistó al fiero vencedor»), pero pocos recuerdan cómo prosigue: *Et artes intulit agresti Latio* («y Grecia introdujo las artes en el agreste Lacio»).

En vano, Catón el Censor advierte de que los afeminados griegos serán la ruina de los viriles romanos, con aquellos ejercicios gimnásticos que debían realizarse desnudos al aire libre, los cuerpos depilados y ungidos con aceite, el culto a los filósofos, empezando por Sócrates, ese «terrible charlatán» y corruptor de la juventud. Es otra la carcoma que empieza a corroer ese cuerpo ya inmenso de Roma.

El territorio de la república para entonces es demasiado vasto; no puede ser gobernado por una asamblea ciudadana, entre otras cosas porque la ciudad se está volviendo enorme. Y su vientre sin fondo genera sufrimientos atroces y ambiciones desmedidas.

Es el inicio de las guerras civiles. Y es el nacimiento de los dos partidos que lucharán entre sí durante más de un siglo: los populares de Cayo Mario y los optimates, los patricios, de Lucio Cornelio Sila.

Sila es precisamente el primer dictador auténtico de la historia, capaz de confeccionar listas de proscripción con los nombres de los enemigos que deben ser eliminados. Se cierra así la edad mítica de la fundación y de la expansión, y se abre la terrible era de las revueltas, de las conspiraciones, de las guerras civiles.

3

REVOLUCIONARIOS Y GOLPISTAS
El sueño de Espartaco y la pesadilla de Catilina

El verdadero agujero negro del mundo romano son los esclavos. No son personas, son cosas. Son bienes de su propiedad, de los que el amo dispone libremente. Los compra y los vende. Puede violarlos y matarlos, e incluso darles la orden de que lo maten a él.

Vive cum servo clementer, escribe Séneca («trata a tu esclavo con clemencia»), considera que ha nacido de la misma semilla, disfruta del mismo cielo, respira del mismo modo que tú, vive del mismo modo y muere del mismo modo; «vive con tu inferior como querrías que tu superior viviera contigo». Palabras que en su momento debían de parecer progresistas, generosas, nobles, pero ni siquiera el alma sensible del filósofo cuestiona el principio de que existen los esclavos, de que los hombres no nacen libres e iguales y de que la sociedad está dividida entre seres superiores e inferiores.

La esclavitud no empieza ni termina con Roma. Recorre toda la historia de la humanidad. La idea de la igualdad entre los hombres se asoma el 4 de julio de 1776, con la Declaración de Independencia de los Estados Unidos de América: «Todos los hombres son creados iguales; están dotados por el Creador de ciertos derechos inalienables; entre estos derechos están la Vida, la Libertad y la búsqueda de la Felicidad», pero para abolir la esclavitud serán necesarios otro siglo y una sangrienta guerra civil.

«Los hombres nacen y permanecen libres e iguales en derechos», establecen el 26 de agosto de 1789 los revolucionarios franceses, pero pronto llegará la Restauración y el camino será todavía muy largo. Los italianos tuvieron que esperar hasta la Constitución de 1948 para establecer que todos los ciudadanos son iguales sin distinción de raza, sexo, lengua, religión, opiniones políticas, pero no será hasta 1975 cuando se derogue la «potestad marital» y la obligación de la esposa de trasladarse al lugar donde se estableciera su marido. Ese mismo año cae en España la dictadura de Franco, abriendo para las mujeres nuevos espacios de libertad.

Hoy en día, parece obvio para los occidentales que todos los seres humanos tienen los mismos derechos y deberes. Están, por supuesto, los ricos y los pobres, pero nadie vale más o menos que otro por el color de su piel, la condición de sus padres, el lugar de donde procede, el nombre que lleva, el dios en el que cree. Sin embargo, es una idea muy reciente que muchos países aún no reconocen.

En resumen, si la historia de la humanidad durara un día, la de la igualdad de derechos entre los seres humanos equivaldría solo a unos minutos.

En Roma, la inferioridad del esclavo queda establecida desde el principio de la república. Por el mismo delito, un hombre libre se marcha con unos bastonazos y a un esclavo se le condena a muerte. Golpear a un esclavo cuesta la mitad que golpear a un hombre libre. El testimonio de un esclavo solo tiene valor si se ha hecho bajo tortura.

El esclavo puede reclamar el derecho de asilo abrazando la estatua de una deidad o, más tarde, de un emperador. Pero en tiempos de Nerón, cuando un alto magistrado, Lucio Pedanio Secundo, fue asesinado tal vez por un esclavo, sus cuatrocientos esclavos fueron ejecutados en su totalidad; el pueblo protestó, exigiendo que solo se castigara al culpable, pero el emperador ordenó que se desplegara el ejército para proteger a los verdugos.

A menudo, se convertían en esclavos los bebés deformes o los no deseados que eran expuestos, o que sobrevivían al cruel ritual del acantilado de Tarpeya (incluso en las familias patricias, la mortalidad infantil era horrible: la mitad de los niños no sobrevivían a la infancia. La principal causa de muerte, como en todo el mundo antiguo y, en general, en la historia previa al descubrimiento de los antibióticos, eran las infecciones; incluso una herida insignificante podía resultar mortal).

Por supuesto, el esclavo podía ser liberado: la historia de Roma también está escrita por libertos, a menudo griegos o extranjeros de gran cultura. Pero a cambio de unos pocos nombres salvados por la historia, hay millones que han pasado y se han perdido en la nada sin dejar huella. Excepto uno: un nombre destinado a permanecer a lo largo de los siglos, como el eco de una esperanza o de una amenaza.

«Yo soy Espartaco»

Lo único que se sabe con certeza sobre Espartaco es que era un esclavo. Tal vez un soldado de Mitrídates, rey del Ponto, que fue derrotado por los romanos. Lo más probable es que Espartaco fuera él mismo un legionario, condenado a la servidumbre por haber desertado. Sin duda conocía bien las tácticas de las legiones, y las utilizó para derrotarlas, una y otra vez.

Sus hazañas están en parte envueltas en la leyenda. Muchos historiadores antiguos han hablado de ellas, cada uno añadiendo un hecho concreto, una anécdota, un detalle curioso o aterrador. Porque los romanos se sintieron inmensamente aterrados por Espartaco. Al fin y al cabo, la libertad a menudo provoca miedo.

Nació en Tracia, en la periferia oriental de Europa, una tierra hoy en día repartida entre Grecia, Bulgaria y Turquía. Estuvo preso en Capua, en Campania, donde había un gran estadio, y donde luchó contra otros seres humanos por su condición de gladiador. Hombres entrenados y mantenidos para la muerte, sin otro horizonte que matar. Su mujer también había sido vendida como esclava con él, y este agravio sufrido también encendió en su alma un espíritu de rebeldía.

Espartaco se rebela contra un destino ya escrito. Lo acompañan otros desesperados que no tienen nada que perder. Los rebeldes matan a los soldados romanos que intentan detenerlos, se apoderan de sus armas, forjan otras con el hierro de sus propias cadenas rotas, fabrican escudos tejiendo mimbres recubiertos con pieles de oveja y se atrincheran en el Vesubio. Estamos en el año 73 a. C.

Al principio, los romanos cometen un grave error: subestiman a su adversario. Espartaco y los suyos no son más que esclavos: no poseen nada y valen poco más que nada. Derrotarlos no comporta ningún botín, ninguna gloria. Así que el primer ejército que se enfrenta a ellos está compuesto por tres mil soldados harapientos y desmotivados.

Inicialmente, los esclavos rehúyen el asedio, fabricando cuerdas con las viñas salvajes del Vesubio, con las que descienden durante la noche por una pared rocosa; luego, atacan por sorpresa a los legionarios y los masacran.

Corre la voz: un ejército de hombres libres ha derrotado al ejército de la potencia que ya domina el Mediterráneo. Otros esclavos se rebelan y se unen a Espartaco. Itálicos libres, cansados de ser explotados por los terratenientes romanos, también piden unirse a él. Y él acoge a todo el mundo, incluso a mujeres y niños. En el pasado ya había habido otras revueltas, pero nunca se había visto nada parecido con un plan político detrás.

Incluso hoy en día se sigue debatiendo sobre cuáles eran los planes de Espartaco. ¿Huir? Pero, entonces, ¿por qué no hacerlo de forma subrepticia, con la ayuda de los piratas y de otros enemigos de los romanos? ¿Por qué reunir a toda esa gente? ¿Por qué desafiar a Roma de un modo tan abierto y rotundo?

Algunos han pensado que Espartaco quería cambiar el mundo, derrocar el poder de los cónsules y de los patricios, ocupar su lugar, refundar la sociedad. Pero esto habría sido demasiado, incluso para una mente revolucionaria como la suya.

Probablemente, Espartaco se encuentra en el centro de unos acontecimientos que son más grandes que él. No se atreve a decir que no a quienes le confían sus vidas y sus esperanzas. Así que su pueblo crece cada día. Y lo mismo ocurre con su ejército.

Nueve veces atacan las legiones romanas a Espartaco, y nueve veces son derrotadas. Incluso los dos cónsules, Gelio Publícola y Léntulo Clodiano, tienen que batirse en retirada. Los rebeldes encuentran por casualidad una manada de caballos, los doman y se dotan así de una caballería. El ejército de esclavos se desplaza a lo largo de toda la península, primero hacia el sur, luego hacia el norte, a la Galia cisalpina.

Toda Italia está sublevada. Galos y germanos se alían con Espartaco, pero contra su voluntad asolan y saquean los latifundios. Los terratenientes, hoy diríamos la burguesía, están aterrorizados. Y exigen el restablecimiento de la ley y el orden.

Sin embargo, cada vez que se enfrenta a un ejército romano, Espartaco lo derrota. Y se venga cruelmente: un día —o al menos eso es lo que cuenta el historiador Apiano— obliga a trescientos prisioneros a luchar entre sí, exactamente igual que hacían los gladiadores.

La victoria más clamorosa es la de Mutina, hoy Módena, donde Espartaco derrota a un ejército de diez mil hombres.

Entonces, en lugar de dirigirse hacia el norte, hacia la libertad, da media vuelta, hacia Roma. Y Roma ya no puede aceptar lo que ahora es un auténtico desafío a su poder.

Un gran jefe militar se mueve contra Espartaco: Marco Licinio Craso, el hombre más rico de la Urbe, que arma ocho legiones a sus expensas. Su lugarteniente, Mummio, es derrotado en Piceno: loco de rabia por la humillación, ordena que sus tropas sean castigadas con la *decimatio.* Cuatro mil soldados son asesinados por sus camaradas con la *verberatio:* la 'flagelación'. Los demás se dan cuenta de que deben vencer o morir. Y, como es inevitable, acabarán venciendo.

El otro hombre fuerte de Roma es Cneo Pompeyo, aún no llamado Magno. En ese momento, está inmerso en una campaña militar en España. Craso no le tiene gran estima, pero se ve obligado a pedirle refuerzos.

Perseguido, Espartaco intenta en vano escapar a Sicilia. Luego piensa en refugiarse en Oriente y se dirige a Apulia, quizá para embarcarse hacia Tracia, su patria, con la ayuda de los piratas. Pero a esas alturas casi todos lo han abandonado.

No se sabe exactamente dónde se libró la batalla final entre las legiones y los esclavos rebeldes. Quizá en la actual Calabria, quizá en el nacimiento del río Silaro, en Irpinia. Se cuenta que Espartaco sacrificó su caballo al comienzo del combate, proclamando: «Si venzo, me llevaré los de mis enemigos; si pierdo, ya no necesitaré ningún caballo». Luego se lanzó a luchar a pie, en busca de Craso. Lo hirieron en la ingle. Cayó de rodillas, sin dejar de blandir su espada hasta el final. Estamos en el año 71 a. C.

Su cuerpo, mezclado con los de sesenta mil caídos, nunca será encontrado, y eso alimentará su leyenda. Según algunos, el líder de la revuelta cayó en combate y nunca fue reconocido, desfigurado por los golpes. Según otros, fue crucificado con seis mil compañeros a lo largo de la Via Apia, entre Capua y Roma. Según otra versión, más consoladora, Espartaco logró escapar.

En la escena final de la película *Espartaco,* de Stanley Kubrick, se imagina a Craso ofreciendo la salvación a los vencidos, a condición de que Espartaco revele su identidad. Él está a punto de levantarse, cuando un camarada se le adelanta y grita: «¡Yo soy Espartaco!». De inmediato otro se levanta y dice: «¡No, el verdadero Espartaco soy yo!». Decenas afirman ser Espartaco; el verdadero permanece en silencio, se conmueve y afronta el martirio confundido entre la multitud anónima de sus hermanos de armas.

Una escena memorable, nacida de la imaginación del guionista, Dalton Trumbo, uno de los artistas de Hollywood perseguidos por el macartismo por ser comunistas o amigos de los comunistas. De hecho, *Espartaco* no debería haberse rodado nunca. Pero al actor protagonista —el gran Kirk Douglas, padre de Michael— le gustó tanto esa escena que exigió y logró que la película se rodara de todos modos, asumiendo financiarla él mismo, y que el nombre maldito de Dalton Trumbo apareciera en los títulos de crédito.

Cuando el príncipe Harry fue como soldado a Afganistán, y los talibanes amenazaron con identificarlo y eliminarlo, alguien en Inglaterra se acordó de esa historia, y estampó con gran éxito camisetas con la inscripción «Yo soy Harry». Pero no fue lo mismo.

Por supuesto, no podemos saber si realmente sucedió como Trumbo, Kubrick y Douglas imaginaron. Pompeyo llegó con sus soldados al final de la batalla y masacró a los supervivientes, logrando el triunfo, también por sus victorias en España. Craso tuvo que contentarse con la «ovación», una celebración menor, pero consiguió que lo coronaran con laurel, en lugar de mirto, como exigía el ritual. Para demostrar que no era menos grande que Pompeyo, mandó crucificar a seis mil esclavos rebeldes, y confirmó así —además de su crueldad personal— la crueldad con la que Roma mantenía el orden establecido, y también la dureza con la que por regla general los regímenes imponen la jerarquía sobre la que están construidos.

Craso tampoco tendrá un buen final. Los partos, el pueblo heredero del Imperio persa, los terribles guerreros que durante siglos mantienen en jaque a los romanos en sus fronteras orientales, vengarán de forma inconsciente a Espartaco, masacrando en Carras a las legiones y a su propio jefe. Se cuenta que Craso fue decapitado y que, para burlarse de su avaricia, el rey de los partos, Orodes, hizo que le vertieran oro fundido en la boca, diciendo: *Aurum sitisti, aurum bibe* («tenías sed de oro, bebe oro»). Un relato que impresionó a Dante. En el Purgatorio, las almas gritan: «Craso, dinos, pues lo sabes: ¿qué sabor tiene el oro?».

La paradoja es que hoy hemos empezado a comer oro de verdad. El chef Gualtiero Marchesi fue el primero en adornar su *risotto* con pan de oro; el carnicero turco Nusret Gökçe, que se ha convertido en una estrella de Internet con el nombre de Salt Bae, cobra hasta 1800 dólares por sus filetes laminados de oro (el ingrediente más importante en sus restaurantes es la cuenta).

Pero el mayor legado de esta historia es el propio nombre de Espartaco, que resonará siempre como un grito de rebelión, una petición de justicia, una esperanza de redención. Aunque en su nombre se cometerán errores, a veces crímenes.

Espartaco era la cabecera de un periódico comunista-anarquista en la Italia de principios de los años veinte, y quienes lo vendían en las calles eran agredidos regularmente por los fascistas, que rompían los ejemplares y los quemaban.

Spartaco Perini, comunista, fue el jefe de uno de los primeros grupos de partisanos, del que formaban parte príncipes, farmacéuticos, obreros, carniceros, parados, zapateros, maestros. Y carabineros, entre ellos un joven suboficial: Carlo Alberto Dalla Chiesa, que llegará a general y será asesinado por la mafia. Los hombres de Spartaco Perini, activos en la región de Las Marcas, ayudan a los prisioneros británicos fugados a cruzar las líneas, los transportan en lancha neumática por el Adriático y los dejan en manos de sus camaradas. Cuando comienza la redada alemana, Perini y Dalla Chiesa logran escapar y embarcarse a su vez hacia el sur, donde se ponen a las órdenes del rey para seguir luchando contra los nazis.

Spartaco será el nombre de batalla elegido por Carlo Salinari, uno de los partisanos que atacarán a los nazis en Via Rasella y se convertirá en un gran estudioso de la literatura.

Pero los más famosos son los espartaquistas alemanes, que bajo el liderazgo de Karl Liebknecht y Rosa Luxemburgo intentaron hacer la revolución en un Berlín sacudido por la derrota en la Primera Guerra Mundial. Con la oposición tanto de los socialdemócratas como de los derechistas de los Freikorps, los espartaquistas tendrán un final terrible, como sus mentores: Karl, torturado y asesinado; Rosa, maltratada y arrojada al Spree.

El nombre de Espartaco está destinado a resucitar en la Unión Soviética. En 1923, la URSS rechaza la invitación a participar en los Juegos Olímpicos, que debían celebrarse al año siguiente en París, y crea las Espartaquiadas, destinadas al proletariado internacional. Los primeros Juegos dedicados a Espartaco se celebran en Moscú en 1928: la inauguración tiene lugar el día de la clausura de las Olimpiadas de Ámsterdam, pero los participantes de la versión comunista son más del doble, siete mil frente a tres mil.

La Unión Soviética está presente en los Juegos de Helsinki de 1952. Pero las Espartaquiadas continúan durante años, atrayendo a millones de deportistas: a los campeones se unen los aficionados. Otras Espartaquiadas nacionales se celebran en Checoslovaquia y en Albania. Y el Spartak de Moscú no es solo un equipo de fútbol, sino también de *hockey,* de baloncesto e incluso de fútbol americano.

MATAD A LOS GRACOS

Aunque las ideas de justicia social y de lucha de clases son conceptos modernos, eso no significa que la sociedad y la política de la antigua Roma deban considerarse eternas e inmutables. Alguna forma de conflicto existía.

A veces, la plebe organizaba las secesiones, antepasadas de las huelgas modernas: se retiraban de la ciudad, subían al monte Aventino y se negaban a cooperar. Luego, quizá Agripa Menenio los persuadía con su apólogo, según el cual los plebeyos eran los brazos y los patricios el estómago: si los brazos no trabajan, el estómago no recibe comida, pero a la larga, los brazos también se debilitan. En resumen, cada uno a su sitio.

Pero también entonces, junto a los conservadores, existían los reformistas, los progresistas, los «liberales»: a menudo pertenecientes a las clases acomodadas, pero dispuestos a luchar por los pobres.

La primera gran reforma de la época republicana, 494 años antes del nacimiento de Jesús —justo el año de la secesión y del apólogo de los brazos y del estómago—, fue la introducción del tribuno de la plebe: el defensor del pueblo, con derecho a veto sobre las leyes impopulares. En el año 367 a. C. se estableció que uno de los dos cónsules podía ser plebeyo, y veinticinco años más tarde que podían serlo ambos. Dos hombres del pueblo podían dirigir el Estado, independientemente de su riqueza. ¿En qué democracia occidental ocurre esto realmente hoy en día?

Cada generación daba un paso adelante. Las decisiones de la asamblea del pueblo —los comicios tributos— adquirieron rango de ley y pasaron a ser vinculantes también para los patricios. Se derogó la prohibición de los matrimonios entre patricios y plebeyos. Se abolió la esclavitud por deudas: ningún ciudadano romano, por ningún motivo, podía perder su libertad.

Por supuesto, se compraban y vendían votos, como también ocurre, en el fondo, en muchas democracias modernas. Para dedicarse a la política se requería una gran riqueza. La auténtica diferencia respecto a nuestros días es otra. Ahora tenemos una gran deuda pública y un gran ahorro privado: el convento es pobre, pero los frailes son ricos. En la antigua Roma, en cambio, el erario —otra palabra latina— rebosaba de oro, hasta el punto de que en el año 167 a. C. la ciudad quedó exenta de casi todos los impuestos. Es decir, Roma se convirtió en un paraíso fiscal, como Montecarlo o las Islas Caimán.

El sistema político tenía su propio equilibrio. Los cónsules representaban el elemento monárquico. El Senado representaba a la aristocracia. Pero era el pueblo reunido en asamblea el que elegía a los magistrados, juzgaba los delitos, decidía la paz y la guerra. Ningún político, ni siquiera el más rico y poderoso, podía actuar por sí solo: todos debían responder ante el pueblo de alguna forma. Y en el año

139 a. C., para reforzar la libertad de los electores, se introdujo el voto secreto.

Pero cuando se mermaban los privilegios, se desafiaban los equilibrios de poder y los notables se sentían en peligro, entonces estaban dispuestos a hacer cualquier cosa con tal de truncar lo que eran nobles aspiraciones, y que a ellos les parecían amenazas intolerables. Y la reacción podía ser sangrienta y despiadada.

Cuando Tiberio Graco, tribuno de la plebe, impulsó la reforma agraria para limitar los latifundios y redistribuir las tierras entre los campesinos pobres, los optimates hicieron que un escuadrón armado lo asesinara. Tiberio era hijo de un plebeyo y de Cornelia (para quien sus hijos eran sus joyas), hija de Escipión, el vencedor de Aníbal, pero esto no valía nada a los ojos de quienes temían por sus privilegios.

En plena defensa de su ley y de su vida, Tiberio rompió a llorar en la asamblea, provocando la emoción del pueblo: cientos de ellos se ofrecieron para pasar la noche frente a su casa, para protegerlo. En vano. A la mañana siguiente, Tiberio fue golpeado hasta la muerte, junto con trescientos de sus seguidores, y su cadáver arrojado al Tíber. Sin embargo, su figura ha trascendido los siglos, como signo de audacia y modernidad.

De Tiberio Graco fue la idea de que un magistrado pueda ser destituido si no sirve a los intereses del pueblo o, simplemente, ya no cuenta con su confianza; con este motivo hizo que la asamblea votara la destitución de un tribuno de la plebe que se oponía a su reforma agraria. Lo mismo le ocurrirá más de veintiún siglos después, en 2003, a Gray Davis, gobernador de California, destituido por votación popular (tras él será elegido un exactor nacido en Austria, Arnold Schwarzenegger, conocido por interpretar el personaje de Conan el Bárbaro).

Quien continúa la obra de Tiberio es su hermano, Cayo Graco. El Senado lo envía como cuestor a Cerdeña para evitar que cause daños, pero él regresa, se hace elegir dos veces tribuno de la plebe e intenta imponer una reforma aún más audaz, con auténticas expropiaciones de tierras. Consigue que se apruebe otra ley que permite a cualquiera, incluso a los habitantes de las provincias, demandar y ser indemnizado por el dinero que se le haya arrebatado injustamente por medio de los funcionarios romanos: el embrión de la acción popular. Si los ricos hacen construir un palco de madera en el Foro, con el fin de alquilar asientos para ver una lucha de gladiadores, por la noche Cayo hace que lo desmonten: todo el mundo debe poder ver el espectáculo gratis. Es un visionario: le gustaría conceder la ciudadanía romana a todos los itálicos. Pero esta vez la plebe de Roma no lo apoya.

Abandonado por los suyos, Cayo Graco hace que un esclavo lo mate. Dado que los optimates han prometido pagar el peso de su cabeza en oro, alguien se la corta y la llena de plomo fundido. Miles de sus partidarios son asesinados en prisión. Uno de ellos es condenado a un castigo atroz: lo meten dentro de un saco lleno de escorpiones.

El nombre de los Graco está condenado a *damnatio*

memoriae: no podrá ser grabado ni pronunciado, y su madre Cornelia ni siquiera podrá vestirse de luto por la muerte de sus hijos.

Pero no terminará así. El nombre de los Graco será para siempre un símbolo de redención social. Conocido como «Gracchus», François-Noël Babeuf fue un líder jacobino que luchó contra los excesos de Robespierre y, tras el giro moderado del Termidor, animó la Conspiración de los Iguales; condenados a muerte, él y su compañero de lucha, Augustin Darthé, intentaron suicidarse como los antiguos romanos, clavándose sus propias dagas; no lo lograron y fueron conducidos sangrando a la guillotina.

Gran admirador de los Gracos será también el poeta Ugo Foscolo, quien en los albores del Risorgimento inflamará las almas de los milaneses con este discurso: «Que se despierte la antigua virtud, el antiguo valor; que resurjan los antiguos héroes republicanos; que vuelvan los hermosos días de Roma, Atenas y Esparta; que se extingan todos los tiranos y que el mundo se libere. ¡Viva la República del Universo!».

En realidad, con los Gracos no solo desaparecía una esperanza de justicia, también empezaba a desvanecerse la vieja república, fundada sobre el soldado campesino, sobre los pequeños propietarios dispuestos a tomar las armas para defender su patria, que coincidía con la ciudad. Para entonces, los senadores poseían fincas, tan grandes como provincias, que hacían cultivar a los esclavos. Y al final fue inevitable conceder la ciudadanía a casi todos los habitantes de la península, entre otras cosas para frenar la revuelta: los no romanos fantaseaban con fundar un Estado llamado Italia, con una ciudad llamada Itálica como capital, el toro como animal totémico, y en la moneda, la imagen de un toro corneando a una loba, el símbolo de Roma. Una vez que los itálicos fueron acogidos en la república, no se volverá a hablar del proyecto de unidad nacional italiana durante dos mil años. Todos los que querían votar, sin embargo, tenían que ir a Roma, no había otros colegios electorales.

Pero había carreteras. Un tribuno aliado de César, Curión, propondrá que los ricos financien el mantenimiento de las vías: cuanto más lujoso fuera su medio de transporte, más tendrían que pagar; algo parecido a lo que ocurre ahora con el impuesto de circulación.

No obstante, si para detener a los reformistas fue necesario derramar su sangre, si los esclavos rebeldes habían cosechado grandes triunfos, tenía que haber un motivo para todo ello. Roma atravesaba una crisis no tanto política y militar como moral. Era la época de las guerras civiles. Y fue en esa era de conspiraciones y de sangre cuando apareció como un meteoro una figura enigmática, fascinante también por las grandes y terribles cosas que se escribieron sobre él.

El retrato que Salustio nos dejó de Lucio Sergio Catilina es a la literatura lo que la Gioconda a la pintura. Supone tal vez el retrato más bello jamás escrito, y el modelo de cómo debería escribirse un retrato. Permitidme recordar al menos el principio: «Catilina, nacido en una familia noble, fue un hombre de gran fortaleza de ánimo y de cuerpo, pero de inclinación malvada y depravada. Desde su juventud fue amigo de las guerras civiles, las masacres, los robos, la discordia, y a esto dedicó su vida. Cuerpo resistente al hambre, al frío intenso, a la falta de sueño más de lo que se pueda creer. Espíritu audaz, taimado, veleidoso, capaz de fingir y de disimular cualquier cosa; codicioso de lo ajeno, pródigo de lo suyo, vehemente en las pasiones; bastante elocuencia, pero escasa sabiduría. Su alma insaciable deseaba siempre cosas desmedidas, increíbles, demasiado elevadas».

No es, ciertamente, un hombre a quien confiar un Estado, pero sí un hombre a quien dedicar un libro, o al menos un párrafo.

¿Y si Catilina hubiera tenido razón?

Por desgracia, lo que sabemos de él procede de Salustio o de Cicerón, dos de sus grandes enemigos. Salustio, por ejemplo, escribe que Catilina había asesinado a su primera esposa, Gratidia, sobrina de Cayo Mario, y a su propio hijo, para casarse con otra mujer, Aurelia. También habría violado o, en cualquier caso, seducido a una sacerdotisa consagrada a la virginidad. Por si fuera poco, decían que él y sus secuaces habían bebido vino mezclado con sangre humana para sellar el pacto por el que pretendían subvertir la república, y no contentos con ello, habrían jurado sobre el cuerpo de un niño sacrificado, antes de comérselo. Pero, como es bien sabido, eso de matar y comerse a los niños es una acusación recurrente en la historia, lanzada en varias ocasiones contra comunidades acusadas de las peores vilezas, desde los judíos —las llamadas Pascuas de sangre— hasta los comunistas.

Según la *Eneida,* su linaje, la *gens Sergia,* descendía de Sergesto, desembarcado en Italia con Eneas; Catilina habría sido, por tanto, heredero de una dinastía que había ayudado a la fundación de Roma, pero tampoco Virgilio lo trata bien; es más, como ya hemos dicho, lo condena a una tortura eterna en el Hades, es decir, el infierno.

Su bisabuelo había sido un héroe en las guerras contra los cartagineses: había perdido una mano en la batalla y la había reemplazado por una garra de metal, como el capitán Garfio.

Catilina, por su parte, había luchado en Oriente con Sila, y en la guerra civil se había distinguido por su crueldad, siempre según sus enemigos: había torturado y matado a su cuñado, Marco Mario Gratidiano, hermano de su desventurada primera esposa; luego le cortó la cabeza y la arrojó en el Foro a los pies de Sila.

Sin embargo, cuando se presenta a cónsul, en lugar de dirigirse a los aristócratas como él, busca el favor del pueblo. Promete cancelar las deudas, redistribuir las tierras, abolir los privilegios hereditarios. Siempre según sus adversarios, asegura que echará a todos los viejos líderes políticos. En realidad, habla vagamente de un renacimiento, de una refundación. Parece que se declara dispuesto a prender fuego a toda la ciudad, aunque esta es la acusación recurrente que se dirige contra los malvados a los que se quiere deslegitimar, por algo esto también se dice de Nerón. Ciertamente, termina sus discursos con una frase efectista: «El pueblo romano es un cuerpo robusto, pero sin cabeza. Yo seré la cabeza».

Catilina, sin embargo, es derrotado en las elecciones del año 64 a. C., y también en las del año siguiente. Los romanos prefieren a otro candidato al que no le falta oratoria: Cicerón.

Ambos están separados no solo por la rivalidad, sino también por la enemistad. Cicerón logra la confianza de Fulvia, amante de uno de los hombres más cercanos a Catilina. Dos conjurados le piden a Cicerón una cita: con el pretexto de saludarlo, quieren asesinarlo, pero, gracias al chivatazo de Fulvia, el cónsul no deja que lo encuentren en casa. Hace acopio entonces de numerosas cartas comprometedoras: Catilina ha reunido tropas al norte de Roma y está listo para atacar la ciudad y tomar así, por la fuerza, el poder que no es capaz de conquistar mediante los votos. Está en marcha un auténtico golpe de Estado en toda regla.

El 8 de noviembre del 63, Cicerón habla en el Senado, frente a su enemigo, y comienza así, con un *incipit* que será citado miles de veces: «¿Hasta cuándo, Catilina, abusarás de nuestra paciencia?». Luego lo entierra bajo una avalancha de injurias y de acusaciones, incluida la del incesto. Los senadores están con Cicerón, quien concluye: «Puesto que uno de nosotros administra el Estado con las palabras y el otro con las armas, es necesario que un muro nos separe». Por la noche, Catilina huye de Roma con trescientos leales.

Cicerón se da cuenta de que tiene la partida en sus manos. Hace detener a los conjurados que han quedado. Un destacado líder de la facción de los populares, Cayo Julio César, intenta salvarles la vida con un argumento un tanto capcioso: la muerte es un castigo ineficaz porque coincide con el fin de los sufrimientos humanos; la cárcel sí que sería un castigo apropiado. Pero Cicerón ordena estrangular a los conspiradores en sus celdas, sin juicio. Una violación de la ley que le costará cara: cinco años más tarde será condenado al exilio precisamente por esto. Pero en ese momento Cicerón ha triunfado. Difunde la noticia de la ejecución a la multitud con una única palabra: *Vixerunt* ('vivieron'); por tanto, están muertos.

Mientras en el Senado se discute, César recibe una nota. Su gran enemigo, Catón, lo señala como cómplice de Catilina: «¡Mirad, César recibe instrucciones de los conspiradores!». Sonriendo, César muestra el mensaje a su acusador: es de la hermana de Catón, la menos virtuosa Servilia, que, enamorada de César, se le ofrece con palabras explícitas. Catón le responde: «¡Apártala, loco borracho!». Fuera de la Curia, un grupo de jóvenes optimates quiere despedazar a César; es Cicerón quien lo defiende. Faltan aún dieciocho intensísimos años para los idus de marzo.

Se emite un bando: el conjurado que desenmascare a un cómplice recibirá, si es un hombre libre, la impunidad y doscientos mil sestercios; si es un esclavo, la libertad y cien mil sestercios. Pero nadie habla. Los supervivientes permanecen fieles al líder.

Catilina se reúne con sus tropas y marcha hacia la Galia. Por el camino, intenta reclutar a los pobres, que han visto sus tierras requisadas por los veteranos de Sila, y a los ladrones, «de los que hay gran abundancia en aquellas regiones», escribe Salustio, quien añade: «No había degenerado, adúltero, derrochador, no había condenado o persona en espera de juicio que no fuera uno de los suyos». Se le une, como antes a Espartaco, quien no tiene nada que perder. Catilina también tiene de su parte a los senadores que han acabado arruinados, a los que no les disgusta la idea de la extinción de todas las deudas.

En Pistoya, los rebeldes se ven obligados a detenerse: un ejército romano los persigue desde el sur, otro les cierra el paso hacia el norte. No queda más remedio que aceptar una batalla desesperada. Cicerón se ha quedado en Roma. Las tropas leales a la república están bajo el mando del otro cónsul, Cayo Antonio Híbrida, quien, sin embargo, se declara enfermo, aquejado de un ataque de gota; tal vez esté implicado en la conspiración y no quiera luchar contra sus viejos amigos.

Catilina se dirige a sus tropas y pronuncia un discurso memorable. Comienza sin retórica: «Soldados, sé muy bien que las palabras no dan valor, y que un ejército no pasa de cobarde a valiente, ni a fuerte de temeroso, por un discurso de su general». Pero hay algo importante que decir: «Tenemos una ventaja sobre nuestros enemigos. A ellos no les interesa luchar por el poder de unos pocos, por la gloria de los oligarcas. Nosotros luchamos por la patria, por la libertad, por la vida». Ellos, insiste Catilina, han tomado las armas por cosas fatuas, nosotros por cosas de las que no se puede prescindir: *pro patria, pro libertate, pro vita certamus* («luchamos por la patria, por la libertad, por la vida»). Y concluye con palabras sangrientas: «Si la fortuna se opone a vuestro valor, no os dejéis morir sin ser vengados. Y si os capturan, no dejéis que os sacrifiquen como a ovejas, sino conceded a vuestros enemigos una victoria sangrienta y luctuosa, luchando como héroes».

Y como héroes lucharon los soldados de Catilina. Cuando dieron con él, aún respiraba, junto al águila de plata que había sido el estandarte de Mario en la llanura de Raudine contra los cimbrios. Lo cortaron en pedazos y los echaron al río. Solo se salvó su cabeza, que fue llevada a Roma ante el cónsul Antonio Híbrida; para entonces Catilina ya no podía acusarlo de complicidad. Salustio escribe que, incluso muerto, el rebelde conservaba el indomable orgullo que lo distinguía en vida.

Años más tarde, Cicerón admitirá que al lado de Catilina también había gente buena, sobre todo jóvenes, y que él mismo, en el fondo, no era tan malo después de todo. «Había en este hombre características singulares: la capacidad de atraer hacia sí el ánimo de muchos con la amistad, de conservarlos con la deferencia, de compartir con todos lo que poseía, de ayudar a cualquiera con dinero, adhesiones, acciones».

Dicho de un modo más sencillo: el enemigo de los optimates tenía ideas progresistas, igual que los Gracos. Una parte de la plebe había creído en Catilina porque, según escribe Salustio, «los pobres siempre envidian a los ricos y exaltan a los malvados; odian las cosas antiguas, desean vivamente las novedades; en el odio de su propia situación aspiran a subvertirlo todo; se alimentan de altercados y de desórdenes, en parte porque, siendo pobres, no tienen nada que perder».

Tampoco Salustio carecía de interés por el dinero y el poder. No solo era un escritor, sino también un político. Amigo de César, había sido gobernador en África, de donde había tenido que huir perseguido por acusaciones de robo y extorsión. Y es posible que, cuando escribía sobre un hombre de grandes intrigas y de ambición desmesurada, codicioso de los demás y capaz de fingir o de disimular cualquier cosa, no estuviera pensando en Catilina, sino en sí mismo.

La posteridad será más generosa con el joven rebelde. Alejandro Dumas, en su tragedia *Catilina,* habla de él como víctima de su esposa, quien mata por celos al hijo que tuvo con la vestal. Otro escritor francés, Prosper de Crébillon, imagina en cambio que Catilina se vengó de Cicerón seduciendo a su hija Tulia; y de parte de Cicerón, sin embargo, se pone Voltaire, en su tragedia *Roma salvada.*

Henrik Ibsen retrata a Catilina como un revolucionario. Los admiradores románticos inventaron para él un hijo llamado Uberto, del que descendería Farinata degli Uberti, uno de los personajes más fascinantes de Dante, tan orgulloso que parece despreciar el Infierno: «Fijado en él había ya mi vista; y aquel se erguía con el pecho y frente cual si al infierno mismo despreciase».

Muchos años después, durante una clase de latín en el instituto Hot Springs de Arkansas, se simulará un juicio contra Catilina. El joven estudiante encargado de su defensa se apasionará por la causa, decidirá estudiar Derecho y se interesará por la política. Se llamaba William, pero ya lo llamaban Bill: Bill Clinton.

La conjura de Catilina puede interpretarse de muchas maneras. Sin duda, es una señal de que las instituciones republicanas son inestables. Roma es disputable. Ya no puede ser gobernada por una clase social privilegiada, ni por la asamblea de ciudadanos. Ha llegado el momento para un dueño y señor.

Si se trata de un tirano sin cualidades, podrá arrastrarla a la ruina. Pero si es un genio, podrá convertirla en la potencia más importante de la historia.

4

CÉSAR
EL MITO DE LA VICTORIA

Aunque solo hubiera sido un escritor, un comandante militar o un líder político, Cayo Julio César, de cualquier modo, habría pasado a la historia. Al haber sido esas tres cosas juntas, podemos considerarlo como uno de los hombres más grandes que han existido, en cualquier lugar y en cualquier época.

Un carácter a la vez jovial y sagaz, un espíritu audaz y ambicioso, una mente maravillosa. Capaz de escribir el capítulo de un libro en vísperas de una batalla decisiva, mientras dicta a un escriba una carta destinada a cambiar la política de Roma.

Además, a diferencia de Napoleón, su gran admirador, era alto y guapo, lo que siempre puede ser de gran ayuda en la vida. Sin embargo, al igual que Napoleón, perdía el pelo, y sufría por ello; y en aquella época uno no podía irse a Turquía para hacerse un trasplante, como mucho se podía ocultar la calvicie con coronas de laurel. También por esa razón obtuvo muchas.

Hay que decir que fue despiadado, sin perder nunca, si no la ternura, al menos la calma. Se manchó con espantosas crueldades, con masacres inauditas: los historiadores modernos le atribuyen casi un millón de muertos, en una época en la que a los hombres se los mataba uno a uno. Por otro lado, su sagacidad y su sensibilidad podían inspirarle gestos nobles y generosos, o incluso reacciones inesperadas.

Cuando los egipcios, para congraciarse con él, le mostraron la cabeza cortada de su gran enemigo, Pompeyo, César lloró. Sin embargo, acababa de llegar a Egipto precisamente para matar a Pompeyo.

Pero su verdadera y gran contradicción es otra. A lo largo de su vida, César oscilará entre la orientación popular y la ambición autocrática, digamos imperial; entre las políticas sociales a favor de los pobres y la abolición de las libertades republicanas. Era amigo del pueblo, pero mucho más aún era amigo de sí mismo. Lo mataron por haber matado a la república en la que había crecido. Sentó las bases del imperio, pero nunca llegó a ser emperador.

Paradójicamente, quien defenderá la república no será tanto el pueblo como la aristocracia. En vano. Después de Cayo Julio César, Roma y el mundo serán irremediablemente diferentes. Y todos nosotros les debemos algo de lo que somos.

EL TÍO MARIO Y LA ABUELA VENUS

Al principio, era un *outsider*. Su familia, la *gens Iulia,* sin duda era importante, pero llevaba tiempo en decadencia.

Su padre, también llamado Cayo Julio César, era uno de los pretores vinculados a Mario. Murió repentinamente, en Pisa, mientras se ponía los zapatos, cuando su hijo apenas tenía quince años.

César había nacido en Roma el 12 de julio del año 100 a. C., en pleno verano, un verano especialmente caluroso, en el barrio popular de la Suburra. En lengua cartaginesa, *Caesar* significa 'elefante': uno de sus ancestros había matado uno en batalla, en los tiempos de las guerras púnicas. Otro antepasado suyo había venido al mundo con la *sectio caesarea,* 'el corte cesáreo', una expresión que, sin embargo, no parece tener nada que ver con nuestro héroe.

Su tía por parte de padre, Julia, se había casado con Mario, el gran jefe militar que había derrotado a todos los enemigos de Roma: en África, al rey de Numidia, Yugurta; en Provenza y en Vercelli, a las hordas bárbaras de los cimbrios y los teutones. Mario, sin embargo, había caído en desgracia y murió cuando César tenía trece años. En Roma gobernaba su histórico rival, Sila, líder del partido de los optimates, es decir, de los aristócratas. Pero César se sentía unido al partido de Mario —hombre de origen humilde—, los populares.

Ya de niño mostró cualidades excepcionales, empezando por una memoria prodigiosa. Aprendió perfectamente el griego, que se convirtió en su segunda lengua. El hecho de pertenecer a la nobleza, pero haber nacido en el vientre de Roma, fue desde el principio una ventaja para él: sabía escuchar, hasta el punto de que recogía las expresiones populares que oía en las calles y las transcribía en verso.

Casi nunca recorría las calles de la ciudad en litera, como hacían los de su rango: prefería ir a pie y hablar con la gente, mostrándose siempre a disposición de todo el mundo.

Los historiadores de la antigüedad están, por supuesto, divididos en su juicio sobre él, pero coinciden en una cosa: César era un hombre fascinante, tanto porque nunca perdía el control y poseía el don de la ironía —que a veces ejercía incluso sobre sí mismo—, como por su aspecto. Delgado, fuerte, resistente, capaz de cabalgar sin sujetar las riendas, solo con la fuerza de sus piernas. Y, sin embargo, había en él algo femenino: llevaba una suave toga, casi desabrochada, entreabierta; se depilaba con regularidad las piernas y el pecho; se rascaba la nuca con un solo dedo, para no despeinarse, levantando el meñique de forma coqueta. Esto le supuso más de una burla, de sus enemigos y también de sus soldados, en aquellas fiestas de camaradería que seguían a sus muchas victorias. Pero de alguna manera contribuyó también a su aura, que no podía explicarse con palabras, sino que emanaba de su persona como la de un ser carismático, la de un predestinado, la de un hombre elegido por el destino, aunque minado por una misteriosa enfermedad, considerada sagrada, la epilepsia, que apareció pocas veces, en días de intensa emoción, en el momento de presentar batalla.

Su construcción, a pesar de sus muchas cualidades, fue lenta.

Su madre, Aurelia, le buscó una prometida, Cosucia, de familia plebeya pero muy rica. Hubiera sido un matrimonio por dinero, pero César quería un matrimonio político y se casó con Cornelia, hija de Cinna, quien había ocupado el lugar de Mario al frente de los populares.

Era la época de las listas de proscritos: Sila recopilaba los nombres de los enemigos del Estado, es decir, los suyos, y cualquiera podía matarlos y confiscar sus bienes. Sila llegó incluso a desenterrar las cenizas de Mario y dispersarlas por el Aniene. Intentó obligar a César a divorciarse de Cornelia, porque era hija de uno de sus adversarios. Lo mismo hizo con otro joven ambicioso, Pompeyo, que obedeció y repudió a su esposa para casarse con la hijastra de Sila, embarazada de otro.

Pero César amaba a Cornelia, de quien tenía una hija, Julia, y se negó. Así que Sila añadió en persona su nombre a la lista de los proscritos, asegurando una recompensa a quien lo capturara, vivo o muerto.

César huyó vestido de campesino y se escondió en los bosques de la Sabinia. Allí enfermó de malaria, y en las noches llenas de pesadillas soñaba con que Sila lo miraba con ojos ardientes. Sus perseguidores iban pisándole los talones y lograron capturarlo, pero César mantuvo la sangre fría y convenció a su jefe, Cornelio Fagita, para que aceptara que le diera él la recompensa que le ofrecían y lo dejara marchar. Solo tenía diecinueve años. Y esa calma absoluta en los momentos cruciales ya no lo abandonaría durante el resto de su vida.

Mientras tanto, en Roma, su madre conspiraba para protegerlo. Aurelia tenía un primo al que estaba muy unida,

Cayo Aurelio Cota, seguidor de Sila. Cota, que era un gran orador, le insistió mucho a Sila para que perdonara al joven. Al final, el amo de Roma accedió de mala gana, con palabras proféticas: «Que así sea, quedaos con este muchacho. Os arrepentiréis. Queréis salvarlo a toda costa, pero tarde o temprano será la ruina del patriciado que hemos defendido juntos. Porque yo en César no veo a uno, sino a muchos Marios».

César regresó y empezó a intrigar para que se le concediera una misión militar donde poder demostrar su valor. Sila no quería ni oír hablar del tema y seguía alertando a los hombres de su partido: «Guardaos de ese joven que lleva la toga de forma indecorosa, como si fuera una muchacha». Y poco después su primera aventura bélica despertaría las murmuraciones de sus adversarios.

César siguió a las tropas de Marco Minucio Termo hasta Asia, y participó en la toma de Mitilene, la capital de Lesbos, la isla griega que había pertenecido a la poetisa Safo. Al comandante le cayó bien y le confió una misión: ir a Bitinia a reclamar al rey Nicomedes IV, aliado de los romanos, los barcos que le había prometido.

Nicomedes enseguida se entendió con ese joven fascinante. Le confió la flota, y César la llevó hasta Mitilene, pero inmediatamente después partió hacia Bitinia, con la excusa de un préstamo que debía cobrar. Se decía que la misión de César había tenido éxito tan rápido porque se había entregado a Nicomedes; de ahí el apodo de «reina de Bitinia».

Sus soldados recordarán esto cuando, para burlarse de él durante su triunfo sobre los galos, canten: «César ha sometido a la Galia, pero Nicomedes lo ha metido debajo de él», y también: *Aperite portas regi calvo et reginae Bitiniae* («abrid de par en par las puertas al rey calvo y a la reina de Bitinia»).

También lo recordará Cicerón, cuando escriba en una carta que, en Bitinia, César «había perdido la flor de su juventud», e incluso se atreverá a echárselo en cara en el Senado. Cuando César, para apoyar la causa de la hija de Nicomedes, Nisa, recuerde los beneficios recibidos del rey de Bitinia, Cicerón lo interrumpirá: «No sigas, pues nadie ignora lo que él te ha dado a ti, y lo que tú le has dado a él».

Y lo recuerda incluso Dante, que, en el Purgatorio, para indicar las almas de los sodomitas, escribe que eran culpables del mismo pecado por el que César fue llamado «reina»: «La gente que no viene con nosotros / pecó de aquello por lo que en su triunfo / oyó César que "reina" lo llamaban: / pero al marchar "Sodoma" van gritando». Hay que señalar que Dante no daba crédito a la acusación, de lo contrario habría colocado a César precisamente entre los sodomitas, y no en el limbo, entre los espíritus magnos. Lo creía, en cambio, un adversario suyo, Curión, quien para mofarse de su vida erótica libre y desordenada lo definió como «marido de todas las esposas y esposa de todos los maridos».

De regreso a Roma, César no se sentía seguro. Por un lado, tenía a Sila como enemigo. Por otro, lo acuciaba una inquietud, un deseo de aventura, un ardor —habría dicho Dante— de convertirse en un experto del mundo y del alma humana. No es casualidad que César viva casi siempre lejos de casa, y pocos hombres han conocido el mundo y a los hombres como los ha conocido él.

Así que partió hacia Rodas, donde enseñaban grandes maestros, en cuyas escuelas había estado también Cicerón. Pero durante el viaje fue hecho prisionero por piratas, que exigieron por él un rescate de veinte talentos. César, en modo alguno asustado, consideró el secuestro como una etapa de su formación. Desafiante, se echó a reír: «Vosotros no sabéis quién soy yo. Valgo mucho más que veinte talentos. Yo os daré cincuenta». Luego envió a sus mensajeros a recoger el dinero. Mientras tanto, había pasado de prisionero a capitán del barco: ordenaba silencio cuando quería dormir, obligaba a los corsarios a asistir a la declamación de sus versos y, cuando los encontraba distraídos, los acusaba de ser bárbaros incapaces de entender la poesía. Cuando llegó el dinero, fue liberado. De regreso a la costa, en Mileto, convenció a las autoridades para que le proporcionaran barcos y soldados, con los que barrió a los piratas que lo habían hecho prisionero y que creían haberse convertido en sus amigos; y los supervivientes fueron primero degollados y luego ahorcados.

En Roma lo aguardaba un destino que no era de primera fila: administrador de justicia en España. Recorrió España entera y, al llegar a Cádiz, allí donde terminaba el mundo conocido, quiso visitar el templo de Hércules, quien, según la tradición, había erigido en ese lugar sus columnas para que ningún hombre fuera más allá, y allí había sido enterrado. Un lugar sagrado y fatal, ya visitado por Aníbal y por

Escipión, donde se había erigido una gran estatua de Alejandro Magno. Allí César tuvo un colapso emocional. Lloró. Y a sus compañeros de viaje, estupefactos, les explicó: «¿No os parece digno de pena que a mi edad Alejandro ya reinara sobre tantos pueblos, mientras que yo aún no he hecho nada glorioso?».

César tenía entonces treinta y dos años. Más de dos siglos lo separaban de la muerte de Alejandro, más tiempo que el que nos separa a nosotros de la muerte de Napoleón. El hecho de tener como referencia al rey macedonio que había conquistado casi todas las tierras conocidas podía parecer, a un romano de la época, una locura: Roma no era un reino ni un imperio, era una república. Lo cierto era que el sistema por el cual los magistrados más importantes, los cónsules, eran dos y permanecían en el cargo solo un año, ya no funcionaba para un territorio tan vasto: el poder se concentraba en otra parte. En aquella época se asentaba sólidamente en manos de los optimates, en particular de los riquísimos Craso y Pompeyo, llamado Magno, justo igual que Alejandro.

Sin embargo, César manifestó enseguida su ambición desmedida. Y lo demostrará un día, en la Galia, al pasar por una aldea desgarrada por las luchas entre clanes. Sus lugartenientes se rieron del afán con el que los jefes se disputaban el control de aquellas miserables chozas, pero César los dejó petrificados: «Sabed que preferiría ser el primero en esta aldea que el segundo en Roma».

En Cádiz, turbado por la visita al templo de Hércules y la estatua de Alejandro, César tuvo un extraño sueño. Le pareció que se unía incestuosamente a su madre, Aurelia. Freud habría sacado otras conclusiones al respecto, pero los adivinos del templo de Hércules no se sintieron capaces de satisfacer a ese romano tan ambicioso, y le explicaron que la madre con la que había soñado era en realidad la Tierra: César se convertiría en su señor.

La ocasión para su verdadera entrada en la vida pública lo esperaba a su regreso de España. Había muerto su tía paterna, Julia, la viuda de Mario, y César convirtió su discurso fúnebre en una exaltación de sí mismo, de su familia y de su proyecto político. Recordó que la difunta descendía de Anco Marcio, el más sabio de entre los reyes de Roma, mientras que él, Julio César, pertenecía a la *gens Iulia,* descendientes de Julo, hijo de Eneas, a su vez hijo de Venus. Por las venas de César corría, pues, sangre de reyes y dioses, casi igual que por las de Alejandro, quien se proclamaba hijo de Zeus.

A partir de ese día, César siempre llevaría en el dedo un anillo con la imagen de Venus armada, sosteniendo en la mano derecha una estatuilla de la Victoria. Pero el funeral contemplaba otro golpe de efecto.

De repente, César hizo que descubrieran una estatua, oculta por unas telas: era una efigie de Mario, vestida con la túnica ribeteada de púrpura del triunfo, y montada sobre un soporte que permitía girarla en todas las direcciones. El líder de los populares llevaba muerto casi veinte años, y su nombre había sido condenado a la *damnatio memoriae.*

Mostrar su imagen era un abierto desafío a los optimates que dominaban Roma, y de hecho se levantaron gritos de protesta entre la multitud, pero muchos más fueron los aplausos, y los veteranos de las guerras de Mario besaron llorando las ropas de su comandante.

Un escándalo inesperado, no obstante, amenazó el buen nombre y también las grandes esperanzas del descendiente de Venus. Su esposa Cornelia había muerto a los treinta años, y César se había vuelto a casar con Pompeya: hermosa, rica y emparentada con Pompeyo, un detalle que no molestaba. Pero, al cabo de cinco años, un auténtico misterio rompió el matrimonio y puso en peligro la imagen y la carrera de César.

LA MUJER DE CÉSAR

Pompeya tenía un amante, el hombre más guapo de Roma, incluso más que su marido: Publio Clodio, llamado, no por casualidad, *Pulcher,* Pulcro, 'el bello'. Era un aliado político de César, pero eso no le impedía amar a su esposa. Aquel año, el 62 a. C., los ritos de la *Bona Dea,* que se celebraban cada vez en la casa de un magistrado de la república, iban a tener lugar en la *domus* de César. La *Bona Dea* era el símbolo de las virtudes femeninas, y la celebraban exclusivamente las mujeres. Todos los hombres estaban vetados. Jóvenes y matronas aprovechaban esta circunstancia para desmelenarse en rituales que recuerdan a nuestras despedidas de soltero: música, bailes, cantos y bebida en vasijas que oficialmente contenían leche, pero que en realidad eran de vino, como en América en los tiempos de la Ley Seca.

El bello Clodio intentó aprovecharse de la situación disfrazándose de mujer para visitar a Pompeya, pero una esclava lo descubrió e informó de todo a la dueña de la casa, la despiadada Aurelia, madre de César y suegra de la adúltera.

El escándalo fue enorme. Se acusó a Clodio de sacrilegio, por haber profanado no tanto la casa de su amigo como una ceremonia religiosa. Siendo patricio y magistrado, sus jueces naturales eran los senadores, que obviamente interrogaron también al marido cornudo, quien entretanto había repudiado a su esposa.

César declaró que no sabía nada de Clodio, y que no consideraba culpable a Pompeya. «Entonces, ¿por qué la has repudiado?», le preguntaron. «Porque quiero que de los miembros de mi familia ni siquiera se sospeche», fue la respuesta, que, con el tiempo, a fuerza de ser citada y deformada, se convirtió en «la mujer de César debe estar por encima de toda sospecha» (casi todas las frases históricas, por otra parte, nunca fueron pronunciadas realmente, o en cualquier caso no en la forma en que las recordamos).

Clodio el Bello fue absuelto y César fue elegido edil curul, una especie de ministro de Obras Públicas, responsable del mantenimiento de la ciudad. Organizó un gran espectáculo de gladiadores y aprovechó la ocasión para reafirmar su orientación política, exhibiendo en el Capitolio las estatuas y los trofeos de Mario, con inscripciones conmemorativas de sus triunfos. Los aristócratas protestaron, pero el pueblo lo valoró. No es de extrañar que, al llegar el momento de elegir al nuevo pontífice máximo —la autoridad religiosa más importante—, César venciera por sorpresa; entre otras cosas, porque los partidarios de Sila estaban divididos entre dos candidatos.

Las celebraciones fueron generosas. Todo se pagó a crédito: él aún no era tan rico, y constantemente pedía préstamos para mantener su tren de vida. El banquete fue memorable: gallinas hervidas, pollos asados, becadas, tordos, patos, liebres, espárragos, venado, jabalí, erizos de mar y pescados cuyos nombres hoy desconocemos. (Por otra parte, tampoco sabemos mucho sobre la gastronomía romana. Como de cualquier pueblo antiguo, solo se puede decir con certeza lo que no comían: tomates, patatas, maíz, chocolate, judías, pimientos, calabazas, pavo y todo lo demás que aún tardará en llegar quince siglos, procedente de América).

Lo que devolvió a César a la realidad fue el retorno de Pompeyo. En el año 62 a. C., el hombre fuerte de la república, el verdadero heredero de Sila, regresa a Roma victorioso desde Oriente. Ha derrotado y obligado a suicidarse al rey del Ponto, Mitrídates VI; ha conquistado Siria, Fenicia, Cilicia. Ha entrado en Jerusalén. Por miedo, Licinio Craso ha huido de Italia a Macedonia. También César tiene algo que temer: entre sus amantes se encuentra Mucia, la esposa de Pompeyo, quien, de hecho, se apresura a repudiarla, por carta (como Daniel Day-Lewis, que dejará a la espléndida Isabelle Adjani vía fax; hoy en día, hay quien utiliza incluso solo un wasap).

Además, el hombre fuerte se presenta como clemente. Pompeyo renuncia a las listas de proscripción. Tiende la mano a sus enemigos. Se conforma con un triunfo nunca visto desde sus victorias sobre Aníbal.

Craso puede regresar a Roma. César es nombrado gobernador de España. En el momento de su partida, se encuentra rodeado de sus acreedores; Craso lo salva, asegurando que pagará en persona una quinta parte de sus deudas. Sin embargo, César también mantiene una relación con su esposa, Tértula, ya no tan joven, pero de legendaria belleza.

En España se mueve por todas partes para cubrirse de gloria. Derrota a los lusitanos, antepasados de los portugueses, que buscan refugio en la isla de Berlenga, pero César los persigue y de nuevo los derrota allí. Después, también con su flota, se dirige al norte y somete a los rebeldes gallegos. Era la primera vez que los romanos surcaban las aguas oceánicas.

Pompeyo intuye sus cualidades y acepta un pacto a tres bandas, que incluye también a Craso: es el primer triunvirato. Las instituciones republicanas sobreviven nominalmente: César, por ejemplo, se hace elegir cónsul, pero la gestión del poder es ahora a título personal. La inmensa riqueza de Craso y la fuerza militar de Pompeyo, que controla las legiones, representan un punto de inflexión respecto al pasado: la república tal y como se conocía ya no existe.

También para distinguirse de los demás, César intenta presentarse como el defensor del pueblo. Lleva al Senado una ambiciosa reforma agraria para distribuir las tierras entre los pequeños campesinos: es la *lex Iulia* agraria. A los optimates no les entusiasma en absoluto, y hacen lo que hoy se denomina filibusterismo parlamentario: hablan sin parar, durante horas y horas.

El más tenaz de la época, o al menos el más locuaz, es Catón, quien no para durante casi un día, hasta que César, exasperado, hace que lo apresen. Indignados, los senadores se levantan y se marchan. Uno de ellos, Marco Petreyo, adversario acérrimo de César, le reprocha de este modo: «Prefiero compartir la cárcel con Catón que esta sala contigo». Catón es liberado, pero al salir se encuentra con una plebe enfurecida que lo golpea; otros senadores se refugian en el templo de Júpiter Estator. Se aprueba la ley.

Para sellar el triunvirato, Pompeyo se casa con la única hija de César, Julia, que tuvo con Cornelia. La muchacha apenas tiene diecisiete años, treinta menos que su esposo, pero este detalle no representa ningún problema. César, que tras repudiar a Pompeya se ha quedado soltero, se casa por cuarta y última vez. La elección recae en Calpurnia, hija de uno de sus aliados políticos.

Sin embargo, parece evidente que el triunvirato no puede durar. Es un acuerdo provisional, entre hombres que se temen y que se han puesto de acuerdo para evitar luchar entre sí. Como Pompeyo domina *de facto* Oriente, donde ha obtenido sus grandes victorias, César ha puesto sus ojos en Occidente.

Los romanos controlan las orillas del Mediterráneo, las rutas que desde Italia llevan a España a través de la Galia Narbonense, lo que en la actualidad llamamos con una palabra latina Provenza, 'provincia'. La tierra del aceite y de la lavanda, del cálido mar Mediterráneo y del clima templado. Queda por conquistar el norte de la Galia, ventoso y lluvioso, habitado por pueblos bárbaros completamente extraños y hostiles.

César intuye que su espacio político está allí, en esa zona de Europa que aún se escapa al control romano. Allí es donde va a decidirse el futuro de la república, y su propio futuro personal, que es lo que más le importa.

DE BRETAÑA AL RIN

Gallia est omnis divisa in partes tres («Toda la Galia está dividida en tres partes»). Así comienza uno de los libros más famosos de todos los tiempos, los *Commentarii de bello Gallico (Comentarios de la guerra de las Galias),* el diario de guerra de Julio César. Y esa frase lapidaria sigue siendo válida hoy en día: al sur del Garona está Aquitania; entre el Garona y la confluencia del Sena y el Marne está la Galia propiamente dicha, el corazón de Francia; al este viven los belgas (un nombre recuperado de la historia romana para denominar a una nación surgida en 1830).

Sin embargo, donde hoy hay ciudades y Estados, para los romanos se extendía una tierra desconocida, surcada por ríos cuyo alcance y longitud eran desconocidos para los itálicos, y habitada por gentes que asustaban a los ejércitos romanos. César, en cambio, parecía sentir curiosidad por ellas.

Tras someter a los helvéticos, que habitaban lo que hoy llamamos Suiza, las legiones se toparon con un pueblo germánico, los suevos, a cuyo frente se encontraba el temido rey Ariovisto. Nadie los había visto nunca, pero mercaderes y viajeros hablaban de hombres inmensos y de una crueldad insaciable. Incluso los centuriones y los veteranos temblaban de miedo. El único que se moría de ganas de luchar contra ellos era César. Recordó a los suyos las grandes victorias de Mario contra los cimbrios y los teutones, y condujo a las tropas a la batalla.

En realidad, Ariovisto, más que un gran guerrero, resultó ser un diplomático, o aspirante a ello. Pidió a César un encuentro, pactando que ambos irían desarmados, pero cuando se vio acribillado por las piedras lanzadas desde las filas suevas, César evitó la provocación, interrumpió la negociación y ordenó atacar. Las legiones, con su ordenado despliegue, superaron fácilmente a la horda bárbara y la masacraron. César hizo retroceder a los suevos a la otra orilla del Rin, que durante los cuatro siglos siguientes sería la frontera del mundo romano.

Al menos en dos ocasiones, él mismo cruzó el gran río para hacer retroceder a los germanos —y fue el primer ejército romano que rebasó el Rin—, pero pronto retrocedió. Mucho tiempo después, Napoleón —quien siempre tendrá a César como punto de referencia— escribirá que había salvado a los galos: al rechazar a los germanos y poner una frontera entre el mundo germano y la futura Francia, había sentado las bases de la civilización galorromana. No obstante, antes de que aquellas tierras fueran pacificadas, aún tendrían que correr ríos de sangre.

De entrada, los romanos se encontraron con grandes dificultades frente a los belgas, y solo el valor físico de César consiguió detener la retirada: desmontó de su caballo, aferró el escudo de un soldado que huía y empujó a su ejército al ataque y a la victoria. Una escena vista por primera vez, y destinada a repetirse en otros momentos clave de su extraordinaria vida.

En el libro, César se demora explicando cómo son los galos, sus costumbres, sus largas melenas, los misteriosos rituales de los druidas en el corazón del bosque. Se sorprende de que los jóvenes eviten el amor: están convencidos de que, si permanecen vírgenes al menos hasta los veinte años, crecerán más. Y también logra transmitirnos el estupor de los galos ante los romanos, esos hombres tan pequeños, de «cuerpo breve», pero terriblemente organizados, convencidos como estaban de que luchaban no solo por sí mismos o por sus compañeros o por su tribu, sino por una idea superior, por una comunidad cuyo brazo armado representaban, por un Estado que los recompensaría.

Ante las torres de asedio, las catapultas, la tecnología de los invasores, los galos sentían la misma consternación que un romano podía sentir ante las inmensas llanuras que se abrían delante de él. Los galos luchaban en sus tierras, pero estaban irremediablemente divididos, y se enfrentaban a un hombre, César, convencido de su superioridad, como lo estarán los conquistadores que derribarán los imperios de los aztecas y de los incas.

Los conquistadores eran muy diferentes entre sí. Cortés era un hombre de cultura; Pizarro, un rudo soldado. César era ambas cosas. Y, al igual que los conquistadores, a veces mostrará una crueldad insaciable. No debe extrañarnos que Napoleón, dividido entre sus orígenes italianos y su amor por su nueva patria francesa, comente con amargas palabras: «César abusó atrozmente de su victoria».

Además, estas hazañas, aunque suscitaban el orgullo del pueblo, eran vividas por el Senado como derrotas. César libraba una especie de guerra privada. Mientras él ganaba, también ganaba Roma; si era derrotado, sería abandonado a su suerte. Catón proponía entregarlo como criminal de guerra a los galos y a los germanos, porque no era de ellos de donde provenían los peligros para la república, sino de él.

Pero en Roma, César tenía ojos y oídos. Pedía y recibía noticias. Y, mientras tanto, seguía anexionando nuevas tierras para la república.

Los galos le hablaron de una isla situada frente a su costa septentrional, y César quiso llevar la guerra allí también. Le fascinaban los hombres que vivían «en los confines del mundo», así que invadió la tierra a la que los romanos llamaron Britannia, y que hoy en día aún seguimos llamando Gran Bretaña.

Era una isla inexplorada, de la que no se sabía nada. Se decía que las noches duraban tres meses y que el suelo estaba cubierto de hielos perennes, como el planeta donde aterriza la nave espacial en la película *Interstellar*. César afirmaba que quería explorar los confines del mundo. En realidad, detrás de su decisión de atacar a los britanos estaba la exigencia de reforzar la retaguardia de la guerra en la Galia y hacer que los nativos experimentaran la dureza romana, como les había ocurrido a los germanos.

César atravesó el canal de la Mancha con el mismo espíritu con el que había atravesado el Rin: no para quedarse allí, sino para probar otro mundo, otros pueblos. Y la idea de ser el primer romano en pisar aquella isla desconocida debió de encantarle sobremanera.

Para sorprender a todo el mundo, no solo a los britanos, sino también al Senado, atravesó la Galia en seis días, sin dejar de dictar cartas incluso a caballo, y durmiendo solo unas pocas horas en un carro en marcha. También escribió un libro, *De analogia,* sobre cuestiones lingüísticas, dedicado a un hombre al que apreciaba mucho, aunque fuera uno de sus adversarios: Cicerón.

Pasó el canal de la Mancha con ochenta naves para sus hombres y dieciocho para los caballos; estas últimas, sin embargo, tomaron un rumbo equivocado, y los soldados, tras desembarcar en los acantilados de Dover y derrotar a los britanos, no pudieron perseguirlos.

César quedó muy impresionado por sus nuevos enemigos: se pintaban la cara, los brazos e incluso el pecho de azul, después de haberse depilado; compartían a sus esposas y se alimentaban sobre todo de leche. Prometió volver pronto y, efectivamente, diez meses más tarde, una flota romana mucho más poderosa, con más de ochocientas naves, desembarcó en Britania.

Esta vez los enemigos fueron puestos en fuga hasta la otra orilla del río Támesis, en una zona que los romanos llamaron *Londinium:* Londres también es un nombre de origen latino. Luego César regresó a la Galia, cargado de trigo, de tributos, de rehenes y de esclavos. Los britanos ya no serían enemigos. Y a esas alturas él se había convertido en el hombre más rico de Roma y, por tanto, del mundo.

VERCINGÉTORIX ENCADENADO

César trataba como aliadas a las tribus galas que se rendían y se mostraban dispuestas a colaborar, pero era despiadado hasta el límite de la crueldad con quienes no aceptaban someterse. Hizo que les cortaran las manos a los cadurcos derrotados. Cuando los eburones a las órdenes de Ambiórix tendieron una trampa a sus tropas, César juró dejarse crecer el pelo y la barba hasta que lograra vengarse. Los eburones fueron perseguidos durante meses y literalmente masacrados: los jefes supervivientes se suicidaron con veneno.

La dureza de la ocupación romana acabó por desesperar a los galos, decididos a intentar el todo por el todo, a vencer o a morir.

En el invierno del 52 a. C. todo el país está al borde de la rebelión. Para César comienza la batalla decisiva.

En febrero, los primeros en sublevarse son los carnutos, la tribu que vive en la zona donde se construirá Orleans; los mercaderes y los funcionarios romanos son asesinados. Es la chispa que enciende el fuego. César está lejos, más allá de los Alpes, y los galos consideran que no podrá intervenir. Aún no han aprendido a conocerlo; reúne a sus legiones y, paleando nieve y atravesando los desfiladeros de la Provenza, las despliega para la batalla.

Los galos necesitan un líder y lo encuentran en el príncipe de los arvernos, Vercingétorix. Hijo de un gran druida asesinado por tribus rivales por intentar convertirse en rey de todos los galos, Vercingétorix tiene apenas treinta años. El historiador latino Floro lo describe como *corpore, armis spirituque terribilis* («terrible de cuerpo, armas y ánimo»). Ha estado al mando de un escuadrón de caballería al servicio de los romanos, conoce por tanto las tácticas de las legiones, pero a los ojos de César esto lo convierte en un traidor.

La guerra será larga y terrible.

César ataca la ciudad rebelde de Avárico, hoy Bourges, masacrando a cuarenta mil personas, incluidos mujeres y niños. Cuando a continuación asedia Gergovia, la capital de los arvernos, las madres se suben a las murallas pidiendo clemencia para sus hijos y ofreciéndose a los soldados. Pero esa vez Vercingétorix interviene para defender su ciudad, y los romanos son duramente derrotados. César pierde a cuarenta y seis centuriones y setecientos soldados, y su vida corre peligro. Según Plutarco, los galos le arrebatan la espada para colgarla en un templo como trofeo. Años más tarde, César la encontrará, pero a sus hombres, que le invitan a recuperarla, les dirá que es mejor dejarla allí, ya que a esas alturas se ha convertido en sagrada.

Alentado por su victoria en Gergovia, Vercingétorix se atrinchera en otra ciudad-fortaleza, Alesia. Si Gergovia era su bastión, Alesia es la ciudad sagrada para todos los galos, pues custodia los templos más antiguos. Nunca se ha llegado a entender por qué motivo el jefe de los rebeldes, que podía contar con el control del territorio, se mete directo en una trampa. Tal vez piensa en repetir la táctica defensiva que ha funcionado en Gergovia. Tal vez quiere reafirmar su hegemonía ocupando un lugar representativo para todas las tribus.

Pero César responde a las fortificaciones de Alesia construyendo otra fortaleza, hecha de torres y de empalizadas. Comienza una guerra de desgaste, un doble asedio, que a la larga solo puede recompensar a los más poderosos y a los mejor organizados.

Vercingétorix espera refuerzos. Cuando llegan, sale de la ciudad para presentar batalla. César se encuentra entre dos fuegos. La batalla dura cuatro días y termina con una gran victoria para los romanos. Se lucha hasta medianoche, a la luz de la luna. César, reconocible por su túnica color púrpura, parece estar en todas partes. A su lado, destaca un joven lugarteniente, rudo y gordo, valiente y cruel: Marco Antonio. (Aún hoy en Italia nos referimos como «un marcantonio» a un hombre de gran complexión).

La masacre es espantosa. Vercingétorix se rinde. Sale del campamento a caballo, da una vuelta alrededor de César, quien está sentado en su taburete, desmonta, tiene en vilo al vencedor durante un instante; luego se despoja de sus armas y se sienta a sus pies, esperando conocer su destino.

César no decide de inmediato qué hacer. Durante años llevará a Vercingétorix encadenado de aldea en aldea, como advertencia a los galos que siguen en rebeldía. Luego lo obligará a seguirlo hasta Roma y asistir a su triunfo, antes de hacer que lo estrangulen.

La victoria se celebra con una proclama a los romanos: «En la Galia solo poseíamos un camino. Ahora, más allá de los Alpes y hasta el océano, ya no hay nada que Italia pueda temer». Es quizá la primera vez que la palabra Italia aparece en un texto político importante. En Italia, sin embargo, no todos se alegran.

ALEA IACTA EST: O TODO O NADA

Sin duda, la gran victoria en la Galia no podía alegrar ni al Senado ni a Pompeyo. Tras la trágica muerte de Craso y de su hijo en el campo de batalla contra los partos, el triunvirato ya no existía. Quedaban César y Pompeyo, y Roma era demasiado pequeña para los dos.

Pompeyo había puesto a Oriente a sus pies, sometiendo a Roma un territorio que se extendía desde el mar Negro hasta Judea. César había conquistado la Galia y había sido el primero en internarse en Alemania y en Britania. En teoría, cada uno tenía su propia área de influencia. Pero ¿quién prevalecería en la capital?

Fue Pompeyo quien rompió la alianza. Cuando su esposa Julia, hija de César, murió de parto a los veintinueve años, el propio César le ofreció como esposa a Octavia, sobrina nieta suya, y se mostró dispuesto a divorciarse de nuevo para casarse con la hija de Pompeyo, pero Pompeyo se negó a establecer una nueva alianza matrimonial con él. Prefirió volver a casarse con la viuda del hijo de Craso, que pertenecía a la gran familia de los Escipión, los salvadores de Roma. La señal política no podía ser más clara: Pompeyo estrechaba sus lazos con los aristócratas, los patricios, los optimates, rechazando cualquier compromiso con los populares de César, quien, a esas alturas, ya podía considerarse su enemigo.

La mayoría de los senadores estaban con Pompeyo, pero tenían miedo debido a su debilidad militar. «No os preocupéis: en el momento apropiado, me bastará con dar un pisotón en el suelo y aparecerán dos legiones», los tranquilizaba él, convencido de que su ascendiente político le proporcionaría las tropas necesarias. César era más fuerte, pero sabía que si obedecía al Senado y desarmaba y disolvía sus legiones, tendría el mismo final que los Graco.

Su campamento estaba en Ravena, en la frontera entre la Galia Cisalpina e Italia. La ley le prohibía cruzarla con armas: se habría convertido en enemigo de Roma, habría desencadenado una guerra civil como insurgente.

Una noche decidió dejarse ver en público. Asistió a una lucha de gladiadores. Luego ofreció una cena a magistrados y mandos militares. Se levantó del triclinio, invitando a todo el mundo a continuar el banquete: «Vuelvo enseguida». Pero, en realidad, partió hacia el sur con la vanguardia de su ejército.

Al amanecer llegó a la orilla de un riachuelo al que llamaban Rubicón *(Rubico),* por el color rojizo de sus aguas. Al otro lado estaba Italia. El momento era solemne, y no debe extrañarnos que cada escritor lo haya reconstruido a su manera. Lucano imagina que a César se le apareció el fantasma de la Patria. Pero quien lo convenció fue un amigo, Escribonio Curión, que supuestamente le dijo: «No puedes dividir el mundo; debe ser tuyo y de nadie más».

En realidad, fue una decisión tomada en soledad. César sentía que era militarmente invencible. Pompeyo, que solo tenía seis años más que él, le parecía un anciano, que aún vivía de las glorias de sus fáciles triunfos en Oriente, donde no se había enfrentado a gigantescos bárbaros como los que él había sometido. Ciertamente, Pompeyo tenía de su parte a las grandes familias y al Senado, pero los notables valían poco en la batalla. Los veteranos adoraban a César. Y el pueblo también.

Sin embargo, cruzar el Rubicón significaba declarar la guerra civil y enfrentarse a las incógnitas que siempre presenta un conflicto. Por eso, César confió más en la suerte que en la razón. Y pronunció aquella famosa frase —*alea iacta est*— que en el instituto nos hacían traducir como «la suerte está echada»: una expresión que no significa gran cosa. Más que un desafío, César pretendía expresar el sentido de un riesgo, de un azar, al ponerse en manos del destino: algo así como «o todo o nada», o «a quien Dios se la dé, san Pedro se la bendiga». Pero César era un hombre de pensamientos elevados, se creía de verdad descendiente de Venus, y Venus era la diosa de la fortuna.

A la mañana siguiente entró en Rímini, la primera ciudad de Italia. Era el 12 de enero del año 49 a. C.

En Roma, y a lo largo de la Via Flaminia, que unía Rímini con la capital, cundió el pánico. Se pensaba que César iba al mando de un ejército de bárbaros que masacrarían a los romanos. En cambio, no ocurrió nada de eso. Al contrario, los soldados de Pompeyo se unieron a los de César, que entraron en Ascoli Piceno, Camerino, Fermo, Gubbio.

En Roma, los aristócratas estaban desesperados. En el Senado, el pretor Favonio se permitió burlarse de Pompeyo: «Bueno, estamos esperando ahora a que des un pisotón en el suelo». Pompeyo huyó a Brindisi, con la esperanza de embarcarse hacia el Epiro.

La única ciudad que resistió fue Corfinio, en los Abruzos, donde se había atrincherado Lucio Domicio, gran enemigo de César. Abandonado por sus soldados, ordenó a su esclavo que lo matara con un veneno. Cuando le advirtieron que César lo había perdonado, se desesperó, pero por suerte el esclavo solo le había dado un somnífero. César le dio paternalmente una palmada en el hombro.

El nuevo señor de Roma quería demostrar que pretendía restaurar la república, no derribarla. También hizo las paces con Cicerón, a quien escribió una hermosísima carta: «Ven a verme con tus consejos, tu nombre, tu gloria». Pero se apoderó de los fondos del tesoro público. Los pompeyanos habían escapado con las llaves, él hizo que derribaran las puertas. Y a un adversario que intentaba resistirse le hizo ver con claridad que lo mataría: «Sabes que me cuesta más decirlo que hacerlo». Una frase donde estaba todo César: brevedad, falta de escrúpulos y la idea de que parecer piadoso era más importante que serlo. Acuñó monedas con su rostro y su título militar: *imperator,* 'comandante'.

Luego abandonó una vez más la ciudad para seguir las huellas de Pompeyo.

Esta es una constante de su existencia: cada vez que César entra triunfante en Roma, enseguida encuentra un motivo para abandonarla. Como si la vida cómoda no fuera para él. O como si presintiera que en la ciudad algo terrible podría sucederle.

Antes de partir, ordenó sacrificios a los dioses. Un toro consiguió escapar del templo de la Fortuna, se lanzó a un tramo pantanoso del Tíber y lo cruzó a nado. Los arúspices adivinaron que, si César se quedaba, sería asesinado; si cruzaba el mar, obtendría la gloria y la victoria.

La guerra civil resultó ser más incierta y dolorosa de lo previsto. Al principio, los dos ejércitos dudaban en dar los primeros golpes: se enfrentaban lanzándose insultos y amenazas, pero eran capaces de confraternizar. Al fin y al cabo, seguían siendo romanos, aunque en los dos bandos hubiera hombres llegados de todas partes: César tenía consigo belgas, hispanos, germanos, galos e incluso gladiadores a los que había salvado de la muerte. También se hicieron algunos intentos de conciliación, aunque no podían tener éxito.

César y Pompeyo no eran solo dos rivales; representaban dos visiones de Roma y del mundo. Pompeyo era un hombre del pasado. Vinculado al partido aristocrático que había sido de Sila y era de Cicerón. Pero si Sila había sido formidable con la espada y Cicerón lo era con la pluma, todo esto no resultaba suficiente para hacer frente a las novedades de aquel tiempo: la presión de la plebe y de los provinciales, la inclusión en el sistema romano de nuevos pueblos, la complejidad de gobernar un territorio gigantesco con las antiguas reglas dictadas por una oligarquía.

César iba por delante. Había concedido la ciudadanía romana a los habitantes de la Galia Cisalpina: todos los que vivían al sur de los Alpes eran ahora romanos. Y, en el fondo, ni siquiera él mismo creía en la posibilidad de reconciliarse con Pompeyo.

Para no darle tregua, cruzó el Adriático y llegó a Durrës, en Epiro —la tierra que hoy llamamos Albania—, con unas pocas tropas. El grueso de su ejército, al mando de Marco Antonio, permanecía en Brindisi. Temiendo que estuviera esperando el resultado de la guerra civil para ponerse del lado del vencedor, César decidió ir en persona a recoger a sus tropas. De nuevo se movió por sorpresa, sin decirle nada a nadie, embarcando de noche disfrazado de esclavo en un barco. Pero aquella noche el mar estaba agitado y los vientos eran contrarios. El timonel dio la orden de regresar a tierra y César se puso en pie y descubrió su identidad: «Ánimo, oh, hombre valiente, llevas a César y su destino».

Una escena grandiosa, pero inútil: el timonel volvió atrás de todos modos. En ese momento, César escribió a Marco Antonio una carta durísima —*ad suos severius scripsit*—; el lugarteniente se dio cuenta de que no podía seguir con evasivas.

En Durrës, César fue duramente derrotado, perdió mil hombres en un día, y tuvo que retirarse hacia el sur, a Tesalia. Sin embargo, en el combate decisivo, en Farsalo, se impuso su genio militar. Aunque contaba con menos de la mitad de los soldados de infantería de Pompeyo —22 000 frente a 45 000—, confundió al adversario con una serie de maniobras y de estratagemas: por ejemplo, ordenó a sus hombres que apuntaran a las caras de los jinetes, todos ellos jóvenes aristócratas, que sin duda no estaban dispuestos a arriesgar sus hermosos ojos, mientras que al menos cuatro centuriones de César quedaron ciegos en la batalla.

Pompeyo se sintió incapaz de reaccionar. Derrotado, se encerró aturdido en su tienda. Tuvieron que llevarlo casi a rastras, arrancarle el manto de general, obligarlo a subir al primer caballo disponible, esconderlo en un barco cargado de trigo.

César había ordenado a sus hombres que no se ensañaran: «Os pido, soldados, que no ataquéis al enemigo por la espalda. Cualquiera que huya ante vosotros sea considerado un ciudadano, un amigo. Pero si se enfrentan a vosotros, no tengáis piedad, ni siquiera si os enfrentáis a vuestros padres, a quienes sin duda amáis; que la espada del hijo golpee entonces el rostro del padre». Quince mil pompeyanos cayeron en el campo de batalla, de los que seis mil eran ciudadanos romanos. Se hicieron veinticuatro mil prisioneros: César ordenó que se les perdonara la vida y resolvió que cada uno de sus soldados pudiera elegir a un enemigo-amigo para liberarlo.

Para evitar la tentación de venganzas, hizo quemar el archivo secreto de Pompeyo, sin leer las cartas de los notables que le juraban fidelidad y maldecían a César.

Entre los aristócratas que apoyaban a Pompeyo había un joven especialmente querido por César. Se llamaba Marco Junio Bruto, y era hijo de una de sus amantes, Servilia: precisamente la hermana de Catón, la mujer que había enviado una nota a César al Senado en los días de la conjuración de Catilina, engañando a su austero hermano. Había quien murmuraba que el verdadero padre de Bruto era él. De espíritu sensible e inseguro, no había tomado parte en la batalla y había preferido permanecer encerrado en su tienda. Entonces escribió una carta a César, quien lo mandó llamar y lo perdonó. Los vieron conversar largo rato. El vencedor preguntó a dónde se dirigía el vencido, y Bruto no dudó en traicionar a Pompeyo: «El plan en caso de derrota era guarecerse en Egipto», dijo.

No sería su última traición.

Crucero por el Nilo con Cleopatra

En lugar de zarpar enseguida hacia Egipto, César quiere permitirse una pausa insólita, un viaje de turismo religioso. Al fin y al cabo, además de ser un gran general, escritor y político, César es también un gran viajero, ha recorrido el mundo conocido de un confín al otro, aunque por ahora conoce mejor Occidente que Oriente, que desde siempre ha sido el centro de gravedad de la civilización antigua.

Así que, antes de llegar a Alejandría, visita las ruinas de Troya. Y en Troya hace algo inusual para él: reza. Esparce incienso. Se encomienda a los dioses, en particular a una diosa, Venus, a la que como madre de Eneas y abuela de Julo considera como su progenitora. Su transporte místico es tal que promete hacer reconstruir Troya. Luego se marcha para acabar la partida con Pompeyo.

La campaña de Egipto no es especialmente gloriosa. Más que una contienda militar, es un duelo político y diplomático con la casta sacerdotal que gobierna el país, poniendo en el trono a reyes y reinas cuando aún son niños y casándolos entre ellos. En aquella época, precisamente, el rey era un niño, Ptolomeo, quien, siguiendo el testamento de su padre, compartía el trono con su hermana mayor, una muchacha de gran belleza e inteligencia: Cleopatra. Obviamente, ambos se habían peleado. Ptolomeo y sus consejeros habían expulsado a Cleopatra, que se marchaba hacia Alejandría con su ejército. Para complicar aquella disputa familiar, Pompeyo y César, su perseguidor, estaban llegando a Egipto.

Pompeyo pide asilo a Ptolomeo, pero la corte egipcia —o más bien griega— no quiere arriesgarse a defender la causa de un derrotado. Como lo temen, le dicen que sí, y envían una chalupa a recogerlo; él se despide de su esposa, quien le ruega que no se fíe; sube a bordo y es herido por la espalda con una espada. Su cabeza es ofrecida a César como prenda de alianza contra la rebelde Cleopatra. Y aquí se produce un hecho extraño, que revela la profundidad, pero, al mismo tiempo también, la naturaleza contradictoria de su alma.

Un cortesano de Ptolomeo va al encuentro de César con una bandeja, llevándole un plato cubierto por un velo. Debajo están la cabeza de Pompeyo y el anillo con su sello, un león armado con una espada. Lucano atribuye al cortesano una pomposa proclama: «Tal es el precio, oh, César, con que pagamos la amistad contigo… Si se trata de un crimen, reconoce que nos debes más: no debiste cometerlo tú». Pero César rompe a llorar, y no es la emoción de un momento: empieza a lamentarse, a recordar que Pompeyo era un compatriota, que había sido pariente y aliado suyo, y su asesinato lo priva del «único premio posible en una guerra civil: otorgar la salvación a los vencidos».

Solo se le olvida decir que, si los egipcios no le hubieran cortado antes la cabeza, se la habría cortado él mismo.

En Alejandría, César se vio involucrado en la guerra civil. Se puso del lado de Cleopatra, que tenía sus buenos argumentos. El hermano pequeño, Ptolomeo, cayó en combate a los catorce años: lo reconocieron por la armadura de oro que llevaba, creyéndose un pequeño Alejandro Magno.

Gracias a las armas romanas, Cleopatra recuperó el poder, aunque obligada aún por el testamento de su padre a casarse con otro hermanito, de apenas diez años, al que llamaron Ptolomeo XIV. César se recompensó con otro viaje, que conciliaba su afán de explorar el mundo y la pulsión erótica que lo animaba.

Una barca dorada, con un dormitorio a bordo, remontó el gran río desde Alejandría hasta las fronteras de Etiopía. Cocodrilos, hipopótamos, palmeras, templos y pueblos de piel cada vez más oscura. Cleopatra parecía enamorada de verdad, y siempre estaba de buen humor: una característica que César valoraba.

Fue el primer crucero por el Nilo de la historia.

Al cabo de sesenta días, César regresó a Alejandría. Llevaba nueve meses en Egipto y, entretanto, el rey del Ponto, Farnaces, se había rebelado contra Roma. El Ponto, región situada en las orillas meridionales del mar Negro, era la ruta natural de enlace entre el Mediterráneo y Asia Central y, por tanto, resultaba estratégica: Roma no podía perderla en modo alguno. César partió, derrotó a Farnaces en cuatro horas, saqueó sus ciudades, envió a Roma oro, joyas, columnas y otros tesoros para exponerlos en el Capitolio, con un letrero: *Veni vidi vici* («llegué, vi, vencí»). Tres palabras, seis sílabas, doce letras que lo decían todo.

A los romanos les gustó muchísimo. *Veni vidi vici* se convirtió en un eslogan, una forma de decir, un lema de orgullo destinado a ser repetido innumerables veces, y que ha llegado hasta nuestros días. Un lema en el que estaba todo César: la inteligencia, la rapidez, la síntesis, y también la habilidad de propagandista, hoy diríamos de *self promoter,* esto es, 'promotor de uno mismo'. Ahora las redes sociales nos obligan a todos cada día a la síntesis y a la velocidad, pero no se me ocurre ningún *post,* ningún tuit, tan eficaz como *Veni vidi vici.*

Pompeyo había muerto, pero la guerra civil no había terminado. Quedaba claro ahora que César estaba imponiendo un régimen personalista y toda la oligarquía que había gobernado Roma durante décadas estaba en contra. Los ejércitos de Pompeyo seguían desplegados en África, en España, en Oriente, a menudo aliados con gobernantes locales que se rebelaban contra Roma. Había que derrotarlos uno a uno. Pero primero César, tras regresar a la capital, tuvo que enfrentarse a un motín.

Muchos de sus legionarios estaban cansados de luchar. Reclamaban su parte del botín y tierras para cultivar. Fue enviado a parlamentar Salustio, un hombre con facilidad de palabra que no en vano se convertiría en un famoso historiador. Salustio se presentó con las manos vacías, creyendo que podría ablandar a los soldados con promesas, pero estos lo persiguieron hasta las murallas de Roma. Querían hablar con César, y con nadie más.

El comandante aceptó de buen grado, poniendo como única condición que dejaran sus armas fuera de la ciudad. Él mismo se presentó en el Campo Marcio desarmado. Los legionarios mostraron las marcas de sus heridas, lamentaron las penalidades soportadas, pidieron recibir de inmediato las recompensas prometidas y ser licenciados. César mantuvo la calma, como siempre. Y respondió: «Tendréis vuestras recompensas cuando haya celebrado mi triunfo con soldados que no sois vosotros. ¿Pedís ser licenciados? Pues bien, estáis licenciados, oh, *quirites*». César los llamó *quirites*, es decir, 'ciudadanos', y ya no *milites*, 'soldados'. Aquello les sentó muy mal: «¡Somos *milites*! ¡Llévanos contigo a África, a España, a Oriente, a donde sea!». La situación se había invertido: ahora eran ellos los que necesitaban a César, y no al revés.

La primera etapa de la última cruzada es África, donde gobierna el irreductible Catón. Empieza fatal: César desembarca en las costas tunecinas, pero al bajar del barco tropieza y cae todo lo largo que es. Los soldados enmudecen, creyendo que se trata de un mal presagio. Pero él no tarda en gritar: *Teneo te, Africa* («te tengo, África»), casi como si se hubiera agachado para besar la tierra, como haría con frecuencia dos milenios más tarde otro gran viajero y conquistador de pueblos, el papa Juan Pablo II. Los legionarios lo creen, o fingen creerlo, y estallan en gritos de triunfo.

Al fin y al cabo, César se divierte jugando con el destino. Una profecía sostiene que los Escipiones en África serán imbatibles, y al mando del enemigo está Metelo Escipión, suegro de Pompeyo. César no se desanima y pregunta: «¿No tenemos también un Escipión entre nosotros?». Y entre sus hombres se encuentra un Escipión, sí, pero tan insulso que no cuenta para nada. César lo pone simbólicamente al frente de las tropas y obtiene una gran victoria en Tapso.

Junto con los pompeyanos, luchaba Juba, rey de Numidia, con sus elefantes. Pero un corneta de César, al observar un momento de desorientación entre los poderosos animales, dio la señal de carga; así, de repente, sin esperar órdenes. Los elefantes, asustados, se dieron la vuelta y arrollaron a las tropas de Juba. Fue un triunfo. Exagerando, sin lugar a duda, Plutarco escribe que en Tapso murieron cincuenta mil rebeldes, mientras que César solo había perdido cincuenta hombres. Lo que está claro es que, también en su ejército, como en el de Napoleón, un simple soldado —en este caso un corneta— podía llevar en su zurrón el bastón de mariscal.

Plutarco sostiene que César no participó en la batalla de Tapso debido a un ataque de su «enfermedad habitual», la epilepsia, que ya le había afectado dos veces en España, y que se manifestaría la víspera de su muerte. Pero si, como parece, un hombre cuyos éxitos eran inmensos se vio minado por la enfermedad, esto no hizo más que acrecentar su dimensión histórica.

Juba eligió una extraña forma de suicidarse: celebró un banquete fúnebre en vida, se emborrachó y retó a un duelo a muerte a uno de sus comandantes romanos aliados, Marco Petreyo, que también estaba decidido a acabar con su vida. Ganó Petreyo, que mató a Juba; luego, al no encontrar el valor para hacerse el *harakiri,* ordenó a un esclavo que lo apuñalara.

Mucho más noble fue el destino de Catón, atrincherado en la capital del África romana, Útica. Invitó a todos a la resistencia extrema, pero los mercaderes no tenían intención alguna de sacrificarse en defensa del sueño de la república, al contrario, estaban deseosos de arrojarse a los pies de César y reanudar sus actividades comerciales.

Catón se retiró a sus habitaciones. Tomó un largo baño caliente. Invitó a sus amigos a cenar, sin avisarlos de que había decidido suicidarse. Salió a pasear por el jardín. Después se encerró en su habitación para leer el *Fedón,* el diálogo platónico en el que Sócrates, antes de beber la cicuta, reflexiona sobre la inmortalidad del alma (hay que decir que no se trata del diálogo más apasionante: cuando Platón lo leyó en público, todos los atenienses, aburridos, se marcharon; solo se quedó a escuchar un extranjero, que había llegado de Macedonia: se llamaba Aristóteles). Catón encontró en el libro consuelo para su elección: mejor morir como hombre libre que vivir en la esclavitud.

Así que aferró la espada y se la clavó en el vientre. Acudieron su hijo y el médico Cleantes, quien le cosió la herida. Pero Catón volvió a abrírsela y se arrancó las entrañas, muriendo entre atroces dolores.

En Roma la emoción fue grande y duradera, hasta el punto de que inspiró algunas de las frases más efectivas de la literatura latina. Séneca escribirá espléndidamente: *generosum illum contemptoremque omnis potentiae spiritum non emisit sed eiecit* («aquel espíritu generoso y desdeñoso de todo poder no lo exhaló, se lo arrancó»). Lucano anotará: *victrix causa diis placuit, sed victa Catoni* («a los dioses les gustó la causa de los vencedores; a Catón, la de los vencidos»).

Al saber la noticia, Cicerón comentó que Catón había preferido suicidarse antes que ver la cara del tirano. En efecto, César estaba a punto de llegar a Útica. Dijo en griego, la lengua que utilizaba en los momentos de mayor emoción: «Catón, estoy celoso de esta muerte tuya, que me arrebata la gloria de salvarte». Pero en esa ocasión no lloró, es más, para celebrar su triunfo levantará en las calles de Roma la imagen de Catón hundiendo las manos en sus propias entrañas.

Al pueblo no le gustará. Una cosa era celebrar las victorias contra los bárbaros y otra las victorias sobre los compatriotas. A partir de entonces, Catón será llamado el Uticense, también para distinguirlo de Catón el Censor. San Agustín tendrá palabras de admiración hacia él. Y Dante lo pondrá a custodiar el Purgatorio, el mayor honor posible para un pagano.

EL DUEÑO DEL TIEMPO

César regresó a Roma el 25 de julio del año 46 a. C. A su regreso de África, su inquietud de viajero lo había llevado a Cerdeña, donde se quedó tres meses y fundó una ciudad a orillas del mar, cerca de Turris (Porto Torres), una especie de Costa Esmeralda de la época.

La recepción en la capital fue memorable. En el Capitolio le erigieron una estatua ecuestre, con una inscripción —«semidiós»— que pudorosamente hizo retirar.

Se organizaron no uno, sino cuatro triunfos. El primero celebró la victoria sobre Vercingétorix, encadenado al carro de César. Había pasado seis años cautivo, salió de la cárcel Mamertina y recibió el suplicio como una liberación.

Sin embargo, tuvo que soportar los insultos y escupitajos de la multitud. El vencedor vestía una toga escarlata y había colgado de su carro un amuleto contra la envidia: un falo en erección. A pesar de ello, el carro dio un bandazo y César a punto estuvo de caer. El pueblo lo interpretó como una señal nefasta, y él tuvo que subir las escaleras del Capitolio de rodillas, en señal de humildad y recuperada sintonía con los dioses. Curiosamente, durante siglos generaciones de cristianos harán lo mismo, en Roma, en la Escalera Santa de Letrán.

El segundo triunfo celebró la victoria en Egipto. Cleopatra, sin embargo, no fue encadenada, sino alojada en la villa de César cerca del Tíber, junto con su hijito, al que astutamente había puesto el nombre de Cesarión, indicando así a todos que su padre era precisamente el nuevo amo del mundo. Pero como ningún triunfo era tal sin un derrotado, la humillada fue la hermana pequeña de Cleopatra, Arsínoe, por haber intentado arrebatarle el trono de Alejandría.

Cuando César celebró el triunfo por su campaña contra Farnaces, volvieron a verse los carteles con lo que ya se había convertido en su lema y en un grito de victoria para todos los romanos: *Veni vidi vici.* También se celebró la victoria sobre Juba, aunque este ya había muerto; en su lugar desfiló un niño llorando, su hijo de cinco años. Los romanos aclamaron el paso de cuarenta elefantes, que servían además para recordar el origen del nombre de César y del antepasado que muchos años atrás había matado a un elefante de Aníbal. Por primera vez se vio en las calles de la Urbe un animal que parecía salido de la prehistoria: la jirafa.

Fue durante este cuarto y último triunfo cuando el pueblo se quejó, al ver la representación de la trágica muerte de Catón en Útica; sabiamente, César había renunciado a evocar la decapitación de Pompeyo, que sin duda era más amado que él entre las clases dirigentes. Cicerón escribió *Catón,* un elogio del difunto y una defensa a ultranza de la república; César, que tenía en gran estima literaria a su adversario, le respondió con los *Anticatones,* una invectiva para sostener que Catón no era ese santo que se creía. Por ejemplo, había prestado por dinero a su esposa Marcia al multimillonario Quinto Hortensio. En efecto, Catón había cedido a su propia esposa a un amigo que no lograba tener hijos.

Los triunfos de César entrarán en la iconografía del arte occidental, inspirando frescos y tapices desde Rafael a Mantegna, coleccionados más tarde por la corona británica y conservados ahora en Hampton Court. Obviamente, la posteridad fue añadiendo elementos de su cosecha; por ejemplo, se escribió que ya nadie se atrevía a tutear a César, sino que se dirigían a él con el «vos», como Mussolini pretenderá que se haga también con él (y casi todo el mundo obedeció, salvo Italo Balbo y muy pocos más).

Esto, sin embargo, es falso. Más que los honores, a César le preocupaba el consenso. Hizo repartir cinco mil denarios a cada legionario, y también ciento cincuenta denarios a todos los ciudadanos, incluso a los que no habían empuñado un arma en toda su vida. Se organizaron espectáculos teatrales, incluido uno ideado y representado por Décimo Laberio, autor y actor, hecho por el que había sido expulsado de las filas de los caballeros. Del mismo modo que Shakespeare no pudo ser enterrado en tierra consagrada, los romanos consideraban gente despreciable a quienes se dedicaban al teatro, pero a César le gustó la representación y restituyó a Laberio a su rango. Para concluir los festejos, se ofreció un banquete para doscientas mil personas, que duró tres días.

En el Circo Máximo, los gladiadores lucharon contra cuatrocientos leones, en memoria de Julia, la hija de César, que había sido esposa de Pompeyo. Una señal política. El vencedor renunció a las purgas. Permitió el regreso de los exiliados, siempre que se arrepintieran. Recordó que había quemado todas las cartas del archivo de Pompeyo, sin leerlas, precisamente para descartar los proyectos de venganza: demasiada sangre romana había sido ya derramada por otros romanos. Hizo que colocaran de nuevo en su sitio las estatuas de Pompeyo, que algún fanático había derribado. Logró que la tiranía fuera contrarrestada con su carácter. César se consideraba bueno o, al menos, se esforzaba en presentarse como tal.

Tampoco perdió su ironía, que a veces rozaba el sarcasmo. Mientras desfilaba por el Foro, uno de los dignatarios se negó a ponerse en pie y saludarlo. Era Poncio Aquila, tribuno de la plebe. César lo consideró una afrenta, y durante varios días, cada vez que anunciaba una decisión, añadía: «Siempre que Poncio Aquila esté de acuerdo», «eso si a Poncio Aquila no le parece mal», «naturalmente, no sin habérselo consultado a Poncio Aquila…».

En realidad, como señaló Cicerón, «ahora todo depende de uno solo. César ni siquiera escucha a los suyos. Solo acepta consejos de sí mismo».

Su afán por cambiar el mundo se concentró en un aspecto que afectaba a todos y en todo el imperio: el tiempo. Roma se servía del calendario lunar, por lo que el año se componía de 354 días y 8 horas, a los que cada tres años había que añadir un mes. Pero en aquella época se había llegado a una confusión total, de modo que la fiesta de la vendimia se celebraba en verano y la de la cosecha en invierno. César había estado en Alejandría, había visto el trabajo de los astrónomos egipcios y griegos, y rediseñó el calendario.

El año 46 a. C. fue el año más largo de la historia: duró quince meses. Las agujas del tiempo se recolocaron en su sitio. A partir de entonces el año duraría 365 días, y cada cuatro años se añadiría un día: el *bis sextus dies ante kalendas martias,* de ahí el año bisiesto. Al nuevo calendario se le llamó juliano, y *quintilis,* el mes del nacimiento del dictador, fue rebautizado como *iulius* ('julio'). El pueblo se quedó impresionado. Pero seguían oyéndose quejas.

César también tomó medidas impopulares. Se redujo a la mitad el número de pobres que tenían derecho a la *frumentatio,* la distribución gratuita de trigo: era como abolir la renta básica. Hizo expulsar de Roma a los extranjeros que habían ido allí en busca de fortuna y que no habían encontrado trabajo: una especie de repatriación forzosa.

También impuso la austeridad, prohibiendo la importación de sedas y piedras preciosas del extranjero, requisando joyas y cuberterías de oro, limitando las literas solo para los ricos de una cierta edad. Sin embargo, ofreció dinero a las familias numerosas para levantar la curva demográfica. Estableció que ningún vehículo pesado pudiera circular por Roma durante el día; en esto iba muy por delante de muchos de nuestros alcaldes. E incluso reformó la escritura: en Egipto había visto escribir en papiros que no se enrollaban, como en Roma, sino que se encuadernaban, e impuso el mismo sistema. Después del calendario solar, también se inventaron los libros.

CÉSAR YA NO LLORA

Las guerras no habían terminado. Los pompeyanos supervivientes habían abandonado África y se habían refugiado en España. Los lideraban los dos hijos de Pompeyo, Cneo y Sexto, que odiaban a César de un modo feroz. El acto final del conflicto civil se libró sin ese espíritu caballeresco ni ese pesar por derramar sangre romana que había caracterizado los primeros combates. De un lado estaban los irreductibles, decididos a vencer o morir. De otro, hombres decididos a erradicar para siempre la mala hierba de la rebelión. Los cesarianos cautivos eran estrangulados; a los pompeyanos, les cortaban las manos. Los civiles que se negaban a abrir las puertas de sus ciudades a los dos ejércitos eran arrojados desde las murallas.

En Munda, en lo que hoy llamamos Andalucía, no lejos de Cádiz, se libró una batalla cruel y silenciosa. No se oyeron las trompetas de guerra, la música de ataque, los cantos de intimidación y de triunfo. Solo se oía gritar: *laede, occide, neca* («hiere, mata, asesina»).

César corría serio peligro de perder y arruinarlo todo. Además, él se jugaba el tipo en cada batalla. Para sorprender al enemigo, partió con solo dos legiones, a las que se unieron las seis que tenía en España, pero los pompeyanos eran casi el doble.

Cuando la derrota parecía inminente, César desmontó una vez más de su caballo, arrebató el escudo a un legionario y empezó a correr contra el enemigo, agarrando a los abanderados que huían y obligándolos a seguirlo. A algunos les pareció que buscaba la muerte; en realidad, intentaba evitar la derrota, que para él equivalía al final. Gritó: «¿Quién demonios son Cneo y Sexto? Dos chiquillos al mando de un ejército de rebeldes. ¡Debería daros vergüenza dejaros vencer por dos chiquillos! ¡Tengo cincuenta y cinco años y prefiero morir a que me capturen con vida!».

Él también llevaba consigo a un crío, incluso más joven que los hijos de Pompeyo. Se llamaba Octavio y era su sobrino nieto: su madre, Acia, era hija de la hermana de César. Tenía diecisiete años: la batalla de Munda fue su bautismo de fuego, aunque asistió a ella más como espectador que como actor.

Los pompeyanos perdieron treinta mil hombres. César, que no disponía de torres de asedio, dio la orden de amontonar sus cuerpos para escalar las murallas de Munda (algunos dicen, en cambio, que fue para bloquear sus puertas) y exterminar a los últimos resistentes: una escena nunca vista ni siquiera en las guerras contra los bárbaros.

Luego volvió a Cádiz para visitar el templo de Hércules, aquel donde veintitrés años antes se había conmovido al pensar que aún no había hecho nada; lo celebró robando el tesoro. Le trajeron la cabeza de Cneo Pompeyo, y esta vez no lloró.

Roma era suya, quedaba saber qué iba a hacer con ella. Al cabo de cuatro años, había ganado la guerra civil. Sin embargo, no debemos pensar que César ya no tenía enemigos. El socavamiento de las instituciones fue demasiado brusco; el giro que había dado al sistema, demasiado violento. Familias que se habían transmitido el poder durante siglos sentían que ahora ya no contaban para nada. Y el pueblo oscilaba: amaba a César, le estaba agradecido por sus victorias y por sus repartos de comida y de dinero, pero le inquietaba la perspectiva de tener un líder absoluto, como en los días no añorados de los reyes.

Casi de inmediato comenzaron a urdirse planes para eliminarlo. Ya en el viaje de regreso de España uno de sus lugartenientes, Cayo Trebonio, propuso a Marco Antonio una alianza para matar a César. Antonio era la mano derecha del dictador, y se negó; sin embargo, curiosamente, no sintió la necesidad de advertirle de ello.

En Roma, César se permitió otro triunfo, violando el enésimo tabú: esta vez se celebraba abiertamente una victoria sobre otros romanos. Cicerón fingió que no pasaba nada y lo recibió en su villa junto al mar, en Pozzuoli, cerca de Nápoles. La cena fue agradable, entre otras cosas porque no se habló de política, sino de literatura.

En sus cartas, Cicerón no se queja del huésped, sino de su séquito: se encontró su casa llena de oficiales hambrientos, con dos mil soldados acampados fuera. Pero la pasión de César por la oratoria y la poesía era auténtica: invitó a cenar a Catulo, pese a que lo había insultado en versos que hoy calificaríamos de homófobos.

Le erigieron una estatua en el Capitolio, otra en el templo de Rómulo; y se dedicó un templo a *Iuppiter Iulius* (Júpiter Julio). El Senado lo proclamó dictador vitalicio e *imperator,* título transmisible a sus herederos. Se declararon festivos todos los días en los que había obtenido una victoria. Sin embargo, a pesar de la introducción de tantas festividades, el pueblo estaba perplejo. Para exacerbar el descontento, los pompeyanos competían proponiendo nuevos títulos y honores a su enemigo.

El propio César dudaba. Por un lado, le había cogido gusto al poder personal, hasta el punto de enviar a uno de sus amantes, Rufio, hijo de un liberto, a dirigir las tres legiones que mantenían en Egipto. Por otro, temía que la formalización de su control del imperio pudiera comportar un peligro mayor que los beneficios. En la duda, se comportaba con arrogancia. Parecía haber perdido ese estilo informal y cercano que lo había hecho tan querido.

Un día convocó al Senado en el templo de Venus Genetrix, la diosa a la que consideraba su antepasada. Recibió a los senadores sentado en un trono dorado y, en contra de lo previsto por la tradición, no se levantó a su entrada. Los senadores se ofendieron muchísimo, César se dio cuenta de que se había equivocado y se sintió obligado a justificarse: había tenido un ataque de epilepsia; pero otros hicieron correr el rumor de que había sido una dolencia que no tenía nada de sagrada, la diarrea. De camino a casa, César se señalaba la garganta delante de los transeúntes, diciendo en un tono a medio camino entre la expiación y el desafío: «¿A qué esperáis para degollarme?».

Eran muchos los que no esperaban otra cosa.

LOS IDUS DE MARZO AÚN NO HAN TERMINADO

Lo cierto era que Roma siempre había estado cerca de César, y seguía estándolo. Ya estaba planeando una campaña en Oriente, contra los partos, para ampliar las fronteras del imperio y vengar la derrota de Craso. Fantaseaba con volver pasando por Germania, para someter también a los pueblos que vivían al este del Rin. Ya había empezado a acumular tropas al otro lado del Adriático, en Iliria (hoy diríamos en los Balcanes), y había enviado allí a su protegido, Octavio.

En la mente de César estaba muy clara la idea de un imperio. El modelo seguía siendo Alejandro Magno. Y el verdadero enemigo —según escribe Plutarco— era él mismo.

César estaba celoso de lo que había sido, como si fuera un extraño. Siempre quería más y más.

La Galia Cisalpina, es decir, el valle del Po, pasó a formar parte de Italia. Los notables de España y de la Galia entraron en el Senado, para indignación de los optimates romanos. César refundó Cartago y Corinto, que sus antepasados habían destruido, y planeó cortar el istmo del Peloponeso y desecar las lagunas pontinas, como haría Mussolini dos milenios después. Acogió en Roma a los exiliados judíos de Jerusalén. También planeó reunir todos los grandes libros griegos y latinos en una inmensa biblioteca pública, según el modelo de la de Alejandría, que se había perdido en la misma guerra que él había llevado a Egipto. Tanto en la paz como en la guerra, César mostraba un espíritu grandioso, una visión superior. Pero seguía enfrentándose a fuerzas poderosas.

Alguien hizo colocar una diadema en la cabeza de una de sus estatuas, una corona de laurel con una faja blanca, pero él hizo que se la quitaran. Le aclamaron rey, pero él respondió: *Caesarem se, non regem esse* («él era César, no rey»); ya era César, y no podía ser nada más, prefería ser él mismo antes que rey. Y ningún título habría podido añadirle nada.

Parecía una demostración de humildad; en cambio, era una notable muestra de orgullo. Paradójicamente, acabaría de ese modo: sus sucesores tendrían el título de césar, que luego reclamarían muchos emperadores de la historia, pero César, el verdadero, nunca tendría el título de rey o de emperador.

Se corrió la voz de que estaba a punto de dictar testamento. En realidad, ya lo había hecho, designando a Octavio como su heredero. Pero Marco Antonio no lo sabía, e intentó aprovechar la fiesta de las lupercales para coronar a César y proponerse así como su sucesor natural.

Las lupercales eran un rito antiguo. Hombres desnudos, embadurnados con aceite, recorrían las calles de Roma azotando a los transeúntes con una piel de cabra, igual que los pastores azotaban a los lobos para proteger a sus rebaños; y los transeúntes se prestaban de buen grado a ese rito augural, en especial las mujeres, que tenían la esperanza de quedarse embarazadas. Era el 15 de febrero del año 44 a. C. Excitados por aquel ambiente festivo impregnado de sensualidad, los romanos vieron cómo uno de los lupercos se arrodillaba ante César y le ofrecía de nuevo la corona; él, sin embargo, la rechazó, entre los aplausos de la multitud. Marco Antonio insistió, pero César cogió la diadema y la arrojó al pueblo: «Llevadla al Capitolio, porque vuestro rey es Júpiter».

A los asesinos aspirantes de César no les faltaba una motivación, sino un líder. Pompeyo y sus hijos habían sido asesinados. Catón, el líder moral de los republicanos, había elegido la muerte. Eso solo dejaba a su sobrino, Marco Junio Bruto, que también era su yerno. Bruto se había casado con la hija de Catón, Porcia, y era hijo de la hermana de Catón, Servilia. Pero Servilia era también una de las amantes históricas de Julio César. Y Bruto, tras haber seguido y traicionado a Pompeyo, había sido perdonado y acogido por su nuevo señor.

De Bruto nos han quedado retratos contradictorios. Era un hombre culto, que había estudiado en Atenas. Según Plutarco, lo movía un amor verdadero a la república, y se sentía como Harmodio y Aristogitón, quienes, despreciando sus propias vidas, mataron al tirano ateniense Hiparco para salvar la libertad de todos. Se decía que descendía de aquel Junio Bruto que había expulsado a los Tarquinios de Roma, y eso aumentaba el peso de la responsabilidad que sentía sobre él.

Otros, sin embargo, lo consideraban un hombre codicioso y corrupto —Cicerón lo describe como un usurero—, cruel y, al mismo tiempo, cobarde, inquieto y sobre todo indeciso. En aquellos días se había encerrado en sí mismo para meditar, sin confiar en nadie, ni siquiera en su esposa. Así que Porcia, con un auténtico gesto de antigua romana, se hirió en el muslo con un hierro, para mostrar su propia resistencia al dolor y, al mismo tiempo, estremecer a su marido: «No soy una ramera con la que compartir solo el triclinio, soy una esposa a la que abrirle el corazón». Fue así como Bruto le reveló sus planes.

La conspiración empezaba a tomar forma. ¿Dónde matar a César? Unos proponían esperarlo a la entrada del teatro de Pompeyo; otros, en la Via Sacra que cruzaba el Foro, y otros, arrojarlo desde un puente.

Increíblemente, César había renunciado a la seguridad personal. Había despedido a sus guardaespaldas. Alguien lo avisó del complot, mencionando incluso el nombre de

Bruto, pero él sonrió: «Bruto sabrá esperar el final de este cuerpo enfermizo». En el fondo, se consideraba intocable. Su supervivencia era la garantía de la paz: sin él, empezarían de nuevo las guerras civiles. Por eso decía: «Mi vida es más útil para el Estado que para mí mismo». Él ya no podía tener nada más, pero su muerte llevaría al Estado a la ruina.

Los presagios que se manifestaron al final del invierno del 44 a. C. fueron tan numerosos y de tal magnitud que parecen haber sido inventados *a posteriori*. Todo indicaba que algo terrible estaba a punto de suceder.

Los caballos en los que César y sus hombres más leales habían cruzado el Rubicón, custodiados como reliquias, lloraban como los caballos de Aquiles, presagiando su muerte. Se vieron bolas de fuego en el cielo. Llovía sangre. Un chochín común entró en la Curia de Pompeyo —sede provisional del Senado— con una ramita de laurel en el pico, pero fue atacado y muerto por una bandada de pájaros.

En Capua, los veteranos de César, que estaban labrando las tierras que les habían sido asignadas, hicieron un inquietante descubrimiento: la tumba del fundador de la ciudad, Capi, compañero de Eneas. En la lápida de bronce se leía: «Cuando se descubran los huesos de Capi, un descendiente de Julo será asesinado a manos de sus parientes, pero la muerte será inmediatamente vengada con lutos infinitos en toda Italia».

Algunos presagios relatados por los historiadores parecen francamente inverosímiles. Se sacrificó un toro, al que no se le encontró el corazón. Cómo podía vivir tan tranquilamente el bóvido sin corazón es algo que nadie ha aclarado nunca. El hecho es que los arúspices extrajeron del caso malos augurios.

Pero la advertencia más clara vino de un famoso adivino, Espurina. «Guárdate de los idus de marzo», le dijo a César. Una indicación tan precisa que permite pensar que Espurina no la había leído en las entrañas de un animal, sino que la había sabido por boca de uno de los conspiradores.

César, tal vez, también había presagiado algo. Adoptó a Octavio como hijo. Como segundo heredero nombró a uno de sus lugartenientes, Décimo Bruto, sin saber que él también estaba implicado en la conspiración. Una noche, César fue a cenar a casa de un amigo, Marco Lépido. Entre los invitados estaba Décimo. Alguien le preguntó cómo le gustaría morir. «De una muerte rápida e inesperada», respondió. Pocos días después le sería concedido.

El 15 de marzo del año 44 a. C., los idus de marzo, estaba previsto coronar en el Senado a César rey de Roma, por fin, aunque el título solo sería válido fuera de Italia. El pretexto era otra profecía, conservada o desenterrada para la ocasión en los libros sibilinos: los partos solo serían derrotados por un rey. Por tanto, era necesario que un rey condujera a las legiones a la batalla en las fronteras orientales del mundo.

La noche anterior, sin embargo, tanto César como su esposa Calpurnia tuvieron sueños inquietantes. Él se imaginó volando hacia el Olimpo, siendo recibido por Júpiter en persona, quien le tendía la mano. Ella tuvo una visión más realista: su marido era apuñalado y expiraba entre sus brazos. Se despertó gritando, y en ese momento las puertas y las ventanas de la casa se abrieron de par en par. Al fin y al cabo, los idus de marzo —el día central del mes, el 15— siempre se habían considerado un día infausto, quizá también porque, entre otras cosas, era el día en que vencían las deudas.

Calpurnia convenció entre lágrimas a César para que no acudiera al Senado: en su lugar se presentaría Marco Antonio para pedir un aplazamiento de la sesión. Pero los idus de marzo eran, en efecto, el día que los conspiradores habían elegido para eliminar al dictador antes de que partiera hacia Oriente y fuera demasiado tarde. No podían demorarse: habría sido demasiado peligroso. Se necesitaba a alguien que pudiera hacer entrar en razón a César. Alguien de quien César se fiara.

Décimo Bruto se prestó a ello, y supo ser persuasivo. Los senadores ya se habían ofendido la última vez, cuando César no se había levantado a su entrada; si esta vez se ausentaba de una sesión tan importante, que él mismo había convocado, el insulto sería aún más grave. Si de verdad consideraba que el día no era propicio, que al menos fuera él a pedir un aplazamiento: no podía enviar a su tosco y gordo lugarteniente a decir «marchaos para casa y volved cuando Calpurnia tenga dulces sueños».

César se dejó convencer. Décimo Bruto lo cogió de la mano y lo acompañó a la calle. Antes de subir a la litera, el dictador se encontró rodeado por la habitual multitud de mendicantes, que le entregaban notas y cartas con sus súplicas. Espurina también estaba allí. César le sonrió: «Eres un falso profeta, los idus de marzo han llegado». Espurina respondió: «Sí, pero aún no han pasado».

Un griego, Artemidoro, amigo de César, se abrió paso entre la multitud y le entregó un papiro. Él se lo consignó a sus secretarios, pero Artemidoro insistió: «Léelo enseguida, es importante». Dentro estaba la noticia de la conspiración. Pero parecía que César quería ignorar todas las advertencias, de los dioses y de los hombres, y salir al encuentro de su propio fin. «El destino», escribirá Petrarca, «cierra los ojos de los que deben morir».

Mucho tiempo después, otro griego, el poeta Konstantinos Kavafis, tomaría aquella fallida cita con el destino como punto de partida para escribir uno de sus más bellos poemas, no en vano titulado «Los idus de marzo».

También los conjurados viven horas febriles. Matar a César no era fácil. Incluso desarmado y sin escolta, o precisamente por eso, era un hombre de inmenso carisma, considerado casi un dios viviente. Por precaución, han enrolado a quinientos gladiadores, a la espera en el cercano teatro de Pompeyo, listos para intervenir. El ejército no está en la partida: Marco Lépido, cesariano, al mando de las tropas acampadas fuera de Roma, se encuentra lejos, para unas maniobras de la caballería. Sí está, sin embargo, ese bestia de Marco Antonio, que se dejaría matar por defender a César:

el senador Trebonio tiene la misión de mantenerlo fuera de la Curia, con argumentos vagos y largos. Alguien ha propuesto matarlo a él también, pero Bruto se opone: debe ser un tiranicidio, no un ajuste de cuentas entre facciones; solo César debe morir.

Pero, de repente, Bruto recibe una terrible noticia: su esposa Porcia ha muerto.

La noticia resulta exagerada: Porcia solo se ha desmayado por la tensión; sin embargo, Bruto no vuelve a casa con ella, permanece al lado de sus camaradas. Su determinación es absoluta.

César baja de la litera. En la cámara lo esperan unos sesenta senadores, pero los implicados en el complot no son más de veinte. Entre ellos están Poncio Aquila, al que siempre menciona para burlarse de él, y Lucio Cornelio Cinna, el hermano de Cornelia, la esposa a la que se había negado a repudiar.

César entra en la Curia. Un senador, Tilio Cimbro, se le acerca y le suplica que permita a su hermano regresar del exilio. César se molesta, hace ademán de proseguir, pero Tilio lo retiene, lo aferra por la toga, tira de él.

Es la señal.

Los conspiradores sacan sus cuchillos ocultos entre los pliegues de sus túnicas. César permanece perplejo, murmura: «¡Pero esto es violencia!». Por detrás de él Publio Casca amaga la primera puñalada, pero está inseguro, asustado, apenas le hace un arañazo. César, que a diferencia de él es un soldado, le arrebata el puñal, lo hiere, le grita: «Maldito Casca, ¿qué haces?». Entonces llega un golpe bien asestado, César cae, se levanta de nuevo, corre de un lado a otro de la Curia, buscando una vía de escape, perseguido por los conspiradores, que lo acechan por todas partes. Casio lo golpea en la cara. Los demás senadores se quedan mirando: nadie, ni siquiera los galos y los españoles a los que César quería en el Senado para ira de los demás, se levanta para defenderlo; todos esperan a ver cómo acaba aquello. César grita, sufre otras heridas, pero ninguna de ellas es mortal; forcejea, sus asesinos en su furia chocan entre sí. Entonces Bruto se acerca y le hiere justo en la ingle, como si, de alguna forma, tuviera que vengar a su padre.

César lo mira, da un respingo, se resigna, se rinde, se deja caer, se cubre la cabeza con la toga. Tendrá la muerte repentina con la que había soñado.

Sus últimas palabras son: «Tú también, Bruto, hijo mío». Todos las recordamos en latín: *Tu quoque, Brute, fili mi,* pero en realidad César las pronunció en griego, la lengua que hablaba en sus momentos de mayor emoción.

Algunos historiadores piensan que no se refería a Junio Bruto, sino a Décimo Bruto, definido como «hijo», porque lo había nombrado en su testamento segundo heredero después de Octavio. Pero esto, obviamente, nunca lo sabremos.

El cuerpo de César, desgarrado por veintitrés heridas, yace a los pies de la estatua de su gran rival, Pompeyo. Una estatua que más tarde desapareció y que se encontró en un sótano del centro de Roma quince siglos después. En los pies de Pompeyo se vieron unas manchitas rojas, debidas a la oxidación del color, pero todo el mundo creyó que se trataba de la sangre de Julio César.

Solo en ese momento los senadores se dan cuenta de lo ocurrido y se precipitan corriendo hacia la salida, en vano contenidos por Bruto, que levanta su puñal y grita como un exaltado: «¡Ya no tenéis nada que temer! ¡El tirano ha muerto! ¡Os hemos devuelto la libertad!».

Tres esclavos leales se llevan el cuerpo de César —el brazo cuelga de la litera— y se lo entregan a Calpurnia, que ve cómo su pesadilla se hace realidad. Algunos conspiradores querrían apoderarse del cadáver para arrojarlo al Tíber y evitar el funeral, pero Bruto los detiene: una jugada noble en el plano humano, pero errónea en el estratégico, porque el funeral de César se transformará en el juicio a sus asesinos.

La cuestión es que los cesaricidas no son soldados, son políticos. Y, llegados a este punto, no saben qué hacer. No tienen ningún plan para gestionar políticamente su trágica acción. Lo único que logran hacer es encerrarse en el Capitolio, a la espera de los acontecimientos.

Marco Antonio huye de Roma disfrazado de esclavo. La ciudad está conmocionada. Bandas de saqueadores desvalijan casas y tiendas; en un clima de anarquía la sangre corre debido a ajustes de cuentas privados. El Tíber se desborda. Aparece un cometa en el cielo y los cesarianos afirman que se trata de su líder, convertido en una estrella.

Bruto se da cuenta de que debe hablar, explicar las razones de su acto. Desciende del Capitolio, se dirige a la multitud en el Foro. Entre los aplausos de los romanos, anuncia que la república ha vuelto. Pero luego maldice a César, quien quería eliminarla, y la multitud murmura, grita, insulta. Cuando luego Cinna se arranca la túnica militar recibida de César, como señal de desprecio, el pueblo intenta agredirlo. Los conspiradores huyen y se encierran en el Capitolio. Bruto tiene una idea: pedir ayuda al más inteligente, al más elocuente, al más escuchado.

Cicerón es un adversario de César, pero no participa en el complot. Tiene amigos entre los conspiradores, como Minucio Basilio, a quien ha enviado una nota: «Os felicito, estoy contento». Pero comprende que con la muerte de César no ha terminado la partida, sino que se ha vuelto a abrir.

Lépido está regresando a Roma con sus legionarios leales al dictador asesinado. Marco Antonio está vivo y decidido a todo. Cicerón quiere mediar. Hace que el Senado vote dos medidas aparentemente contradictorias: honores divinos para César; amnistía para sus asesinos. Como si no hubiera pasado nada, y todo pudiera cerrarse sin vencedores ni vencidos. Los conspiradores descienden del Capitolio y hacen las paces con los cesarianos. Bruto va a cenar a casa de Lépido; Casio, a la de Antonio.

Antonio, sin embargo, tiene algo reservado. Se considera el auténtico heredero de César, por lo que se apodera de todo su dinero, tanto de su patrimonio personal como de los setecientos millones de sestercios destinados a financiar la expedición a Oriente contra los partos. Pero aún hay algo más valioso: el testamento de César. Antonio pide a las vírgenes vestales, a quienes se lo habían confiado, que se lo entreguen. Y lo utilizará como su arma final.

La lectura del testamento es el punto de inflexión de la historia. César no nombra heredero a Antonio, sino a su sobrino nieto Octavio y, después de él, a Décimo Bruto, sin imaginar que se contaría entre sus asesinos. Pero, sobre todo, César deja a cada ciudadano romano trescientos sestercios por cabeza, así como el gran parque de su propiedad a los pies del Janículo.

La emoción popular es enorme, entre otras cosas porque ningún líder político, ni siquiera los Gracos o Cayo Mario, había pensado nunca en dejar sus posesiones al pueblo. Todos los romanos se sienten ahora herederos de César, destinatarios de su legado económico, pero también moral y político: el imperio universal, con Roma firmemente en su centro.

El resto sucede en el funeral. En la mañana del 20 de marzo, el cuerpo de César es llevado a hombros hasta el Foro e izado sobre un escenario construido sobre los *Rostra,* donde se colgaban los restos de las naves capturadas a los enemigos, símbolo de la grandeza de Roma. Una colorida estatua representa al dictador con todas las heridas de las veintitrés puñaladas.

El discurso de Marco Antonio es más famoso por la reconstrucción de Shakespeare que por las palabras realmente pronunciadas. Entre los más desesperados se encuentran los judíos: odiaban a Pompeyo, que había destruido el templo de Jerusalén, y amaban a César, que los había protegido. Los viejos legionarios lloran como niños. La emoción y la devoción son tales que nadie se atreve a prender fuego a la pira: deben encargarse de ello los esclavos; y todos los romanos arrojan algo propio a la hoguera: las matronas, sus joyas; los soldados, sus armas.

Como en todos los funerales, pero esta vez aún más, cada uno llora también su propia muerte, que habrá de llegar.

En el lugar donde ardió el cuerpo de César se erigirá una columna; según una tradición medieval, las cenizas del dictador fueron llevadas a San Pedro.

En este punto, la situación se vuelve dramática para los cesaricidas. La multitud se topa con Cinna y lo despedaza; solo más tarde se darán cuenta de que han linchado al Cinna equivocado, un homónimo del conspirador.

Bruto y Casio huyen de Roma.

Cleopatra también huye, mientras sus estatuas son derribadas, para regocijo de Calpurnia.

Cicerón escribe: «César está más vivo que nunca. Los idus de marzo fueron un necio consuelo». El gran orador no tiene miedo a contradecirse, la sinceridad prevalece sobre la conveniencia: «Disfrutaba de sus favores (que los dioses lo persigan incluso después de muerto). La muerte del amo no me ha devuelto la libertad, y tanto daba haber permanecido bajo su mando entonces, en vez de cambiarlo. Me sonrojo de vergüenza al escribir estas cosas, pero no las borro».

El hijo de Cicerón se une a Bruto, junto con un joven dotado para la poesía: Horacio. Antonio se convierte en el señor de Roma.

Los conspiradores se dan cuenta de que matando a César no han resuelto nada, y que para salvar la república se requiere un ejército y otra guerra civil.

Al otro lado del Adriático, un muchacho de diecisiete años, recién nombrado heredero universal del gran hombre asesinado, debe tomar una decisión. Permanecer lejos de Roma, a salvo, al lado de las tropas preparadas para la guerra en Oriente contra los partos, como le ruegan sus familiares. O reclamar el legado de César, y tomar las armas a su vez, para salvar todo lo que César ha hecho.

5

AUGUSTO
EL MITO DEL PODER

Cayo Julio César Octavio, más tarde llamado Augusto, no era un genio absoluto, como lo fue su tío abuelo. Hombres como César no se encuentran en cada generación que pasa. Antes de él había estado Alejandro; ocho siglos después de él estaría Carlos; y a ambos se les llamó Magno, 'grande'. Pero los hombres extraordinarios atraen grandes odios, y a menudo tienen un final terrible.

Octavio nunca aprendió bien el griego. No escribió obras maestras, sino un breve resumen de su vida, unos apuntes con fines propagandísticos, para que se colgaran en las ciudades del imperio. No fue un genio militar: Filipos fue una victoria para Marco Antonio; Accio, para Agripa; no fue a Alemania en persona, como había hecho César, y sus legiones fueron derrotadas. Era enfermizo, friolero —en invierno llevaba camisas de lana y cuatro túnicas bajo la toga—, pequeño de estatura: calzaba zapatos con alzas, como Berlusconi. No expandió los dominios de Roma, pero los organizó. Solo superó a César en dos cosas: la crueldad, y la capacidad de elegir a sus hombres y de moverlos. No es una casualidad que sea el verdadero fundador del imperio. Y morirá en su cama.

«¡Nos has dado un rey!»

Octavio recibe la noticia del asesinato de César el 20 de marzo del año 44 a. C. El mensajero ha empleado solo cinco días en viajar desde Roma hasta Apolonia, en la actual Albania. A su lado, Octavio tiene a dos amigos, cada uno de ellos destinado a su manera a cambiar su futuro y el del imperio.

El primero es Marco Vipsanio Agripa. Hijo de campesinos y hombre extraordinario: gran talento militar, valor templado por el realismo, completo desinterés personal; su fuerza y su talento pertenecen a Octavio. El segundo es completamente diferente: aristócrata, afeminado, culto, amante de las artes, lleva la toga casi desatada, incluso más que César. Se llama Cayo Cilnio Mecenas, y perdurará en los siglos para indicar la figura del protector y promotor de artistas: un mecenas, justamente.

Ambos determinarán la fortuna de Augusto. Agripa conducirá a sus ejércitos a la victoria. Mecenas construirá el círculo de hombres de letras que forjará su mito para la eternidad.

Ya de chiquillo, Octavio parecía ser un predestinado. Muchos años después, Suetonio escribirá que su madre, Acia, había sido poseída por Apolo. Más prosaicamente, Marco Antonio difundió el rumor de que la fortuna de

Octavio estaba ligada a César, que lo había amado no solo de una forma metafórica. Lo que sí es seguro es que, cuando nació, en Velletri, una espléndida ciudad fortificada al sur de Roma, cayó un rayo sobre las murallas. Se dijo que el recién nacido había desaparecido y que había sido encontrado de nuevo en la torre más alta.

El padre senador, Octavio, fue celebrado por sus colegas; en particular, Nigidio Fígulo, un filósofo pitagórico con fama de mago, dijo: «¡Nos has dado un rey!». El padre, ferviente republicano, pensó en volver a casa para eliminar a ese peligroso niño; por fortuna, lo disuadieron.

Octavio perdió a su padre a los cuatro años. El chico —delgado, ojos azules, pelo rubio— reveló muy pronto un temperamento calculador, astuto, prudente. «Antes de reaccionar, repite en tu interior las veintitrés letras del alfabeto», le enseñó su maestro, Apolodoro de Pérgamo. «Apresúrate despacio» era su lema favorito, destinado a hacerse famoso y a ser adoptado por una familia florentina políticamente nada ingenua, los Médici.

César intuyó enseguida sus cualidades y quiso llevárselo ya con él a la guerra contra Pompeyo, pero Acia —una mujer fuerte— le dijo que ni hablar: Octavio tenía apenas catorce años. Sin embargo, César no tenía hijos varones, aparte, tal vez, de Cesarión, cuya madre era Cleopatra, una reina extranjera, y nunca habría podido llegar a convertirse en señor de Roma. Octavio prometía. En la última campaña contra los pompeyanos, en España, César lo hacía dormir en su tienda (de ahí quizá la maldad difundida por Marco Antonio, que estaba allí).

Nada más llegar a Iliria, donde César tendría que haberse reunido con él para marchar juntos contra los partos, Octavio consultó a un astrólogo, Teógenes, quien se arrojó a sus pies: en su futuro veía grandes fortunas. En su interior se preparaba para un gran futuro. Pero ahora las cosas parecían ir demasiado deprisa.

La muerte de César lo había cogido por sorpresa. Octavio lloró desesperado, amaba a su mentor y, sobre todo, no se sentía preparado para ocupar su puesto, entre otras cosas porque era necesario luchar para hacerse con él. Agripa lo convenció para que se marchara de inmediato, para recuperar lo que era suyo: en primer lugar, el inmenso patrimonio de César, del que Antonio se había apoderado.

En Roma, a Octavio lo esperaba otro signo propicio: al entrar en la ciudad, un rayo de sol le dio en la frente; y los romanos se fijaban mucho en esas cosas. Como todos los pueblos antiguos, cuyas vidas estaban aún más a merced del destino que las nuestras.

Su aliado natural era Cicerón, que odiaba a Antonio, un sentimiento recíproco. Como refinado orador, le parecía horrible su latín de centurión: «Antonio no habla, vomita palabras». Le lanzó las Filípicas, llamadas así en recuerdo de las oraciones pronunciadas por Demóstenes contra Filipo de Macedonia, padre de Alejandro Magno. Pero cuando se trataba de pasar a la acción, Cicerón titubeaba. Octavio le escribía todos los días pidiéndole que se uniera a la guerra contra Antonio, pero él se tomaba su tiempo:

«Me avergüenza decir que no, pero tengo miedo a decir que sí».

En cambio, los dos cónsules en ejercicio, Hircio y Pansa, no se echaron para atrás. Octavio aparecía como el salvador de la república. Así que marcharon a su lado sobre Módena, donde Antonio se había atrincherado, y obtuvieron una gran victoria. Ambos, sin embargo, cayeron en el campo de batalla. Dos rivales menos para Octavio. Semejante golpe de suerte no podía ser casual, y se dijo que había sido él el que los había eliminado, matando a Hircio en la confusión de la refriega y ordenando a su médico que vertiera veneno sobre las heridas de Pansa.

Después de todo, los rumores sobre su crueldad siempre lo perseguirían. Se decía que le encantaba arrancar personalmente los ojos a sus enemigos. Por otra parte, cuando un sicario intentó arrojarlo por un acantilado, él lo miró con tanta seguridad que desistió, aunque casi sin duda se trataba de una anécdota inventada. Se parecía demasiado a la famosa de Mario, quien, al encontrar a un agresor en su tienda, le clavó su mirada y su voz, y dijo: «¿Quién eres tú, que te atreves a matar a Cayo Mario?».

Tras abandonar Módena como único vencedor, Octavio regresó a Roma, con la intención de hacerse proclamar cónsul, ya que los que ocupaban el cargo habían muerto. En un principio, el Senado opuso resistencia, hasta el punto de que su madre Acia y su hermana Octavia tuvieron que refugiarse en el templo de Vesta para salvar su vida, pero cuando Octavio entró en la ciudad fue recibido esta vez por doce buitres, como le había ocurrido a Rómulo en el día de la fundación. El prodigio despertó una profunda emoción. Y los senadores pensaron que, en cualquier caso, siempre sería mejor que Antonio.

También Cicerón se le acercó jubiloso, y Octavio lo dejó de piedra con una broma: «Aquí tenemos al último de mis amigos». Aún no había cumplido los veinte años. Pero demostró desde el principio que era diferente de César.

«SOY TU GENIO MALVADO»

En un giro inesperado, Octavio se alió con su enemigo Antonio. No confiaba en los senadores que habían traicionado a su tío abuelo. Sobre todo, comprendió que la prioridad era enfrentarse y eliminar a Bruto y Casio, que estaban armando tropas en Oriente.

La idea del poder absoluto de una única persona, aunque necesaria por la inmensa extensión de los dominios romanos, estaba tan alejada de la mentalidad del pueblo y de los patricios que la visión cesariana del imperio solo podía imponerse por la fuerza. Octavio estaba firmemente decidido a seguir siendo el único, pero tenía que aplastar a un enemigo cada vez, como había hecho el Horacio superviviente.

Con Antonio y Lépido formó un triunvirato. En la reunión que lo selló, los tres se miraban de reojo, como si cada uno de ellos temiera ver un puñal sobresaliendo de la toga del otro.

César no había querido listas de proscritos, había evitado eliminar físicamente a sus rivales, quería o decía que quería la pacificación, y había pagado su clemencia con su vida. Los nuevos señores no querían correr ese riesgo. En secreto compilaron listas de quién debía vivir y quién debía morir. Los legionarios leales fueron enviados a matar a trescientos senadores y dos mil caballeros: la clase dirigente republicana fue aniquilada.

Antonio insistió en incluir al odiado Cicerón en la lista de condenados, y Octavio no pudo o no quiso defenderlo.

El gran orador fue capturado cuando intentaba huir, y acabó brutalmente asesinado y decapitado. Hoy lo recuerda un túmulo de piedra, un lugar fascinante situado en la costa entre Gaeta y Formia, uno de los sitios más mágicos de Italia, entre el mar y las montañas; de todos modos, no existen pruebas fehacientes de que sea de verdad la tumba de Cicerón, como todos la llaman.

Antonio había dado orden de que, además de la cabeza, le trajeran la mano derecha, la que había escrito los discursos en su contra. Cuando tuvo entre sus manos aquellos macabros trofeos, se rio con agrado; luego ordenó que se expusieran en los *Rostra* del Foro. Se dice que Fulvia, la esposa de Antonio, se ensañó atravesándole con un alfiler la lengua que había pronunciado aquellos discursos. Pero, como quedó escrito, los romanos miraban la cabeza cortada de Cicerón y veían la crueldad de Antonio.

Hubo escenas espantosas, como ni siquiera en los tiempos de Sila. Lépido hizo asesinar a su hermano; Antonio, a su tío; Octavio torturó él mismo en persona a sus enemigos. Las propiedades de los proscritos fueron confiscadas por los vencedores: solo se dejó el diez por ciento para los hijos y el cinco por ciento para las hijas.

Aquel pacto perverso se selló con un matrimonio. Octavio se unió a Clodia, hijastra de Antonio: su esposa Fulvia la había tenido en su primer matrimonio con Clodio, el que se había colado en casa de César vestido de mujer. La novia solo tenía once años.

Los supervivientes se unieron a Bruto y Casio, decididos a presentar batalla. Era el enfrentamiento definitivo entre los republicanos y los partidarios del nuevo orden concebido por César.

Los dos ejércitos estaban en pie de igualdad: ambos podían contar con unos cien mil hombres. El enfrentamiento tuvo lugar en Tracia, en una localidad cuyo nombre está vinculado a un episodio quizá falso, pero ciertamente sugerente.

Algún tiempo antes, Bruto había tenido una visión aterradora, una sombra gigantesca —quizá César, quizá su conciencia— que lo había increpado: «¡Soy tu genio malvado, nos veremos en Filipos!» (expresión que aún hoy indica una amenaza, un anuncio quizá bromista de venganza). Cuando se dio cuenta de que realmente estaba en Filipos, Bruto sintió un profundo desánimo.

Esto no le impidió luchar con valor, y en una primera batalla puso en fuga a las tropas de Octavio, que se salvó arrojándose a un cañaveral. Se pensó incluso que había muerto, ya que su litera, afortunadamente vacía, estaba acribillada por lanzas y flechas.

Octavio estaba vivo; sin embargo, en la hora decisiva, en el campo de batalla de Filipos, no apareció. Había permanecido bajo la tienda, tal vez presa de fiebres, tal vez él también perturbado por un sueño premonitorio. Marco Antonio, en cambio, luchó como un león para vengar a su antiguo general, y obtuvo una clamorosa victoria.

Casio se suicidó con la misma daga con la que había matado a César. Bruto lloró sobre su cuerpo y unas semanas más tarde, acosado por todas partes, se arrojó sobre una espada sostenida por un esclavo. Su esposa Porcia tuvo un final digno de su padre, Catón: como todo el mundo le negaba un puñal, cogió brasas de carbón ardiente y se las tragó.

En Filipos también estaba Horacio, que en cambio se salvó —por suerte para la literatura universal— y que más adelante escribirá un poema en el que contará que arrojó su escudo para escapar más rápido. Versos que recuerdan a los del griego Arquíloco, también superviviente de una derrota, quien, para burlarse de los poetas que ensalzaban la bella muerte, escribía: «¿Qué importa si al huir tiré mi escudo? Compraré otro, ciertamente no peor».

Antonio cubrió el cadáver de Bruto con un manto de púrpura: un gesto de respeto que conmovió a los vencidos. Octavio no mostró el mismo respeto: ordenó que el cuerpo decapitado del cesaricida fuera enviado a Roma y expuesto durante tres días en el Foro. Los soldados de Bruto aclamaron a Antonio e insultaron a Octavio. Se dice que el joven triunviro negó sepultura a un enemigo moribundo, diciéndole: «Ya se encargarán los buitres». A dos legionarios, padre e hijo, que le habían pedido clemencia, les respondió que primero tendrían que luchar entre ellos y solo se salvaría el vencedor. Ambos prefirieron suicidarse.

Incluso Antonio se quedó atónito ante tamaña crueldad, que en efecto contrasta con el carácter reflexivo y la serena firmeza que Octavio demostraría durante sus años en el poder. Es posible que algunos rumores fueran inventados por sus adversarios. Ciertamente, en la antigua Roma, la vida humana no tenía el valor que nosotros le concedemos hoy, pero César, incluso desde lo alto de un montón de muertos, había demostrado una humanidad que aún no se veía en su sobrino nieto.

Antonio y Cleopatra

Octavio gobernaba Roma; Antonio se dirigió a Oriente para reorganizar el imperio, y en Tarso, la ciudad de san Pablo, tuvo el encuentro fatal.

Cleopatra se le presentó sobre un barco, no en la proa, como Kate Winslet en *Titanic,* sino en la popa, relajadamente tumbada bajo un dosel dorado. No era fácil resistirse, y Antonio ni siquiera lo intentó.

Fue un encuentro de dos personas sensuales y un tanto megalómanas. La pareja se hizo erigir estatuas en los templos egipcios en las que él aparecía representado como Osiris, y ella, como Isis. También tuvieron dos gemelos, a los que llamaron inmodestamente Helios ('Sol') y Selene ('Luna').

Fulvia, la esposa de Antonio, que se había quedado en Italia, enloqueció de rabia. Como máxima venganza, se ofreció a Octavio, quien, sin embargo, la rechazó; y no se limitó a una cortés negativa, sino que lo puso por escrito. Compuso un epigrama, eficaz desde el punto de vista literario, pero impregnado de la crueldad de quien hace público un asunto privado: «Si aceptara tu amor, Fulvia, querrían amarme todas las esposas mal servidas y desconsoladas». Y, por si fuera poco: «Fulvia me dice: "Si no quieres amarme, te haré la guerra". Pero ¡qué fea es! No quiero amor, ya preparo mis armas». Octavio entonces le devolvió a su hija Clodia, la niña esposa, especificando que estaba «intacta y virgen».

Al verse rechazada de todas las formas en que puede ser rechazada una mujer, Fulvia desencadenó una guerra en Italia, apoyada por el hermano de Marco Antonio, Lucio Antonio. Esperaba así inducir a su marido a abandonar a Cleopatra y volver a apoyarla contra Octavio. Su ejército se atrincheró en Perusa, y el asedio se haría famoso por los proyectiles lanzados mediante las catapultas y que aún se conservan, en los que se leen cinceladas horribles y vulgares amenazas a Fulvia.

Finalmente, Perusa cayó tras el ataque de Octavio o, mejor dicho, de Agripa. Era el 15 de marzo del año 43 a. C.: para celebrar el primer aniversario del asesinato de César, el sobrino nieto hizo matar a trescientos prisioneros en un altar erigido en su honor. A quien le pedía clemencia le respondía: *Moriendum esse,* tarde o temprano todos hemos de morir.

Fulvia consiguió escapar a Grecia, donde murió, destrozada física y emocionalmente. Antonio estaba encantado: podría volver a acercarse a Octavio casándose con su hermana, Octavia, obviamente sin abandonar a Cleopatra; entre otras cosas porque Octavia, considerada un modelo de virtud, no era la compañera ideal para un hombre lujurioso como Antonio.

Octavio también tenía que volver a casarse. Pensó en Escribonia, una mujer fascinante, aunque mayor que él, emparentada con Sexto Pompeyo, el hijo más joven de Pompeyo Magno, quien también disponía de su propio ejército, con el que gobernaba Sicilia. Se trataba, en definitiva, de un matrimonio político, aunque resultaría inútil. Una vez celebrada la boda, Octavio se enteró de que Sexto Pompeyo había formado una alianza con Antonio.

Uno de los poetas del círculo de Mecenas, Virgilio —un alma sensible, angustiada por las guerras civiles—, profetizó que del matrimonio entre Octavio y Escribonia nacería un *puer,* un niño, que cerraría la Edad de Hierro y abriría la Edad de Oro. El sueño de Virgilio era la palingenesia de la humanidad, el renacimiento del ideal romano y universal después de tanta sangre derramada, de tanta violencia. En la era cristiana, se pensó que el *puer* era Jesús, nacido en efecto en tiempos de Octavio Augusto, durante el censo llevado a cabo en todo el imperio; por eso, Dante piensa en Virgilio como un precursor del cristianismo, como el siervo que camina de espaldas con su antorcha para iluminar el camino de su amo.

De un modo más prosaico, en la Edad Media Virgilio era considerado un mago, y durante siglos los napolitanos han dejado sobre su tumba cartas con peticiones de ayuda, e incluso de milagros. En el caso de Virgilio, como en el de Cicerón, no hay pruebas irrefutables de que esa sea realmente su tumba. Es un lugar muy hermoso, en un parque con vistas al mar. Junto a Virgilio descansa otro gran poeta,

Giacomo Leopardi. Hasta hace poco, para llegar a la tumba había que abrirse paso como Indiana Jones a través de una exuberante vegetación; hoy, en cambio, se ha reabierto al público.

La profecía de Virgilio, de todas formas, estaba equivocada. Las guerras continuaron. La Edad de Hierro no había terminado. Y del matrimonio entre Octavio y Escribonia no nació un *puer,* sino una *puella* ('una niña'), Julia. Una mujer excepcional que, sin embargo, daría a su padre más disgustos que satisfacciones.

El día en que Julia vino a este mundo, Octavio se divorció. Quería una esposa más joven: Livia, una aristócrata que solo tenía diecinueve años. Pero ella ya estaba casada, ya tenía un hijo, Tiberio Claudio Nerón, y esperaba otro. Octavio la obligó a divorciarse y se casó con ella embarazada de seis meses. Cuando nació el niño, Druso Claudio Nerón, hizo que se lo devolvieran a su padre, diciendo despectivamente: «No es cosa mía».

Este lado oscuro del joven Octavio resurge en muchas ocasiones. Cuando en Sicilia derrota a Sexto Pompeyo, de nuevo gracias a Agripa, ordena crucificar a seis mil esclavos fugitivos que luchaban con él; luego se deshace de Lépido, confinándolo en su villa del Circeo.

Además de crueldad, Octavio demuestra astucia. Insiste para que su hermana Octavia se reúna con Antonio en Grecia, pero Cleopatra no quiere tener cerca a la esposa legítima y convence a Antonio para que la envíe de vuelta.

En Roma, el escándalo fue mayúsculo. Antonio prefería una soberana extranjera a una matrona romana, reconociéndola como reina no solo de Egipto, sino también de Chipre y de Libia, tierras que los legionarios habían conquistado con su sangre. Además, Antonio llamaba a Cesarión «rey de reyes», afirmando que era el verdadero heredero de César, su único hijo varón.

Antonio escribía cartas soeces a Octavio, recordándole que él también tenía otras mujeres, aparte de su esposa: «También te habrás tirado a Terencia, la esposa de Mecenas, y luego a Tertula, o a Terentila, o a Rufila, o a Salva Titisenia, o a todas ellas. Pero ¿acaso importa dónde y quién te la pone dura?». Luego, como insulto supremo, repudió a Octavia.

La guerra era inevitable. Y Octavio tenía guardada una estratagema para reunir a todo el pueblo de su parte.

Sabía que Antonio ya había hecho su testamento y se lo había entregado a las vestales. Octavio violó el templo, arrebató el texto de las manos de las vírgenes sagradas —exactamente como había hecho el otro con el testamento de César, quien, al menos, ya estaba muerto— y lo leyó en público. Antonio pedía ser enterrado no en Roma, sino en Alejandría, junto a los faraones. Egipto sería para Cleopatra y Cesarión; sus hijos, Helios y Selene, tendrían otras tierras en Oriente. Aquello significaba, de hecho, el desmembramiento del imperio. El centro de gravedad del mundo se desplazaba de la Urbe al delta del Nilo.

Los romanos reaccionaron con ira. Es cierto que cuatrocientos senadores, conscientes de la fuerza militar de Antonio, abandonaron la ciudad para reunirse con él en

Alejandría, pero de este modo Octavio era ahora el señor de Roma. Antonio lo esperó en Grecia con diecinueve legiones. Y aquí ocurrió algo misterioso.

Antonio era un gran comandante militar, un hombre que amaba mucho la guerra. Pero ahora tenía cincuenta y dos años, veinte más que su rival. Y las dulzuras de Oriente habían apagado su ardor guerrero. Además, se había puesto nervioso, quizá hasta el punto de perder la lucidez, cuando descubrió que Octavio había enviado un emisario a Cleopatra con un mensaje ambiguo: le ofrecía la paz e incluso su amor, con tal de que matara a Antonio.

La batalla se libró en Accio, un promontorio frente al mar Jónico, al norte del Peloponeso. Antonio y Cleopatra tenían quinientas naves, cien más que Octavio y Agripa. Nunca se ha sabido muy bien qué ocurrió. De repente, la flota de Cleopatra huyó, quizá dando por perdida la batalla. La de Antonio salió en su persecución, no se sabe si para detenerla o para unirse a la huida. Virgilio escribió algunas páginas muy inspiradas, con Octavio erguido sobre su buque insignia y Antonio a la cabeza de una horda de bárbaros, aunque el gran escritor no entendía mucho de táctica militar y, en cualquier caso, no era ese su objetivo.

Para celebrar la victoria, Octavio encargó a otro poeta, Lucio Varo Rufo, que escribiera una tragedia, dándole un adelanto que en la actualidad ni siquiera Dan Brown recibiría: un millón de sestercios. Propercio y Livio también se inspiraron en el triunfo del nuevo señor. Solo Horacio se negó a rendirle homenaje. A Octavio aquello le sentó muy mal y le escribió: «Debes saber lo muy irritado que estoy contigo porque me ignoras en tus obras. ¿Temes tal vez comprometerte con la posteridad, que podría pensar que eres mi amigo?». En síntesis, Octavio reprochaba a Horacio que no lo quisiera lo suficiente y que no estuviera dispuesto a reconocer su grandeza.

En realidad, tras la derrota de Cleopatra, Horacio escribió un poema muy famoso hoy en día, sobre todo por su inicio: *Nunc est bibendum* («ahora hay que beber», celebrarlo, servir el mejor vino). De nuevo, el modelo aquí es un lírico griego, Alceo, quien, cuando muere el odiado tirano Mirsilo, lo celebra de este modo: «Ahora debemos pillar una buena turca, beber a la fuerza...». A menudo se recuerda que Horacio se refiere a Cleopatra como un *fatale monstrum*. Pero *monstrum* en latín no significa 'monstruo', significa 'prodigio'. Octavio cae sobre Egipto como el gavilán sobre las palomas, como el cazador sobre la liebre. Pero Cleopatra no tiene intención alguna de convertirse en una presa, no quiere que la encadenen.

> *Ella noblemente buscó la muerte,*
> *y de la espada no tuvo el miedo que tienen las mujeres,*
> *y no se protegió con su flota en escondidas playas;*
> *con rostro sereno se atrevió a mirar el palacio destruido*
> *y a sostener en sus manos feroces serpientes*
> *y a acoger el negro veneno en su cuerpo,*
> *más orgullosa por haber decidido su muerte,*
> *para que los crueles barcos no la llevaran como a persona*
>   *vulgar,*
> *a ella, una mujer de no humilde cuna, en el triunfo supremo.*

Horacio, en definitiva, reconoce el valor y la dignidad del final de Cleopatra, que tuvo los tintes sombríos y fascinantes de una tragedia shakesperiana.

Antonio, convencido de que ya está muerta, se apuñala, solo para descubrir antes de expirar que Cleopatra, en realidad, sigue viva; más tarde ella, tras haber intentado sin éxito seducir también a Octavio, se suicida, tal vez dejando que la muerda un áspid, empuñada como una espada. La historia termina con un doble suicidio, prácticamente como Romeo y Julieta.

Quizá Virgilio esté pensando también en Cleopatra en la *Eneida,* al poner en escena a Dido seduciendo a Eneas. Por su parte, Dante sitúa a Cleopatra y a Dido entre las almas lujuriosas, codo con codo con Elena, Semíramis y, por supuesto, Paolo y Francesca.

Octavio entró en Alejandría y, recordando el ejemplo de César con Pompeyo, lloró la muerte de Antonio. Pero no se privó de leer en público algunas cartas que habían intercambiado, en las que era patente la distancia entre el lenguaje literario y conciliador de Octavio y el áspero y agresivo de su enemigo. Ordenó que mataran a Cesarión y, de paso, también a Antilo, el hijo que Antonio había tenido con Fulvia. No encontró viva a Cleopatra; en su triunfo tuvo que contentarse con arrastrar tras de sí una estatua de ella, tendida en su lecho de muerte, así como a los gemelos Helios y Selene encadenados. Nadie tocó a las dos hijas que Antonio había tenido con Octavia: seguían siendo sobrinas de Octavio.

De los senadores que se habían puesto del lado de Antonio, algunos fueron asesinados allí mismo, los demás acabaron siendo desterrados de Roma. En cualquier caso, para no correr el riesgo de terminar como César, cada vez que acudía al Senado Octavio llevaba una coraza bajo la túnica, e iba rodeado por diez de sus hombres más leales.

Convertido en el dueño absoluto de Roma, el futuro Augusto se concentra en lo que mejor sabe hacer: gobernar. Con él renace la ciudad y nace el imperio.

Hace construir un nuevo Foro, en el que se alza su estatua junto a la de Eneas y Rómulo, el progenitor y el fundador de Roma, respectivamente, y decreta que solo se pueda ir allí vistiendo la toga, como en los tribunales de hoy en día, y no simplemente con túnica y manto. Calles enteras están cerradas a los carros: Octavio es también el inventor de las zonas peatonales.

Los senadores tienen derecho a un asiento en primera fila en los espectáculos, pero se les prohíbe actuar en el escenario, ni siquiera una vez en la vida. En cambio, en Roma trabajan actores de todas las lenguas, además de atletas, aurigas, gladiadores. Con la plebe, Octavio es generoso: doscientos cincuenta mil romanos tienen derecho a recibir trigo, aceite y vino gratis. Se hace un embalse con el Tíber en el que se escenifica la batalla de Salamina entre griegos y persas: es un espectáculo grandioso, con tres mil figurantes.

Por primera vez, Italia se divide en *regiones*. No son veinte, como ahora, sino once. El Lacio y la Campania están unidos, al igual que Lucania y Bruzzio, Apulia y Calabria, Venecia e Istria, que se extienden desde Bérgamo hasta Pola, como será en tiempos de la Serenísima (la República veneciana), y luego el Samnio, el Piceno, la Umbría, la Etruria, la Emilia, la Liguria y la Galia Transpadana. Sicilia, Cerdeña y Córcega son provincias por sí mismas; hoy diríamos regiones autónomas.

El poder de Octavio —el *imperium*— es inmenso, al igual que su riqueza: sus tierras son trabajadas por cien mil esclavos. Sin embargo, no todo el mundo está de acuerdo con su personalización del dominio.

Incluso sus amigos de toda la vida están divididos al respecto. Agripa le señala que «al pueblo no le gusta el poder absoluto y te resultará difícil. No le puedes arrebatar a la plebe la libertad de la que ha disfrutado durante tantos años». Mecenas, en cambio, lo invita a tomar el poder en sus manos, «porque el pueblo debe ser gobernado por uno solo. Si no lo hicieras, te traicionarías a ti mismo y a la patria. Si te asusta el título de rey, execrado por todos, actúa bajo el de césar. Así no estarás expuesto a ninguna envidia». Una solución genial: evitar los títulos del pasado para asumir el que durante siglos será sinónimo del imperio, césar. A Horacio le gusta la idea: *Tua, Caesar, aetas:* comenzaba una nueva era, en la que crecerán prósperas las cosechas y las costumbres de los padres se restaurarán.

Se descarta la idea de atribuirle el apelativo de Rómulo, que evoca directamente a la monarquía. En todo caso, se le llama *prínceps,* 'el primero' entre los romanos. Pero también Augusto, un nombre inventado para él, un término medio entre *augur* —'augur, adivino'— y *auctoritas*, 'autoridad', señal de que a esas alturas coincidían el poder religioso y el civil. Esta vez el nombre convence a Virgilio, quien le hace decir a Anquises, cuando en los infiernos le muestra a su hijo Eneas su descendencia: «Este es el gran César Augusto, hijo del dios, un dios él mismo, que traerá al Lacio el siglo de oro».

Si el mes de Quintilis se había convertido en julio en honor a Julio César, que había nacido en ese mes, el mes siguiente, Sextilis, se convierte en agosto en honor a Augusto, aunque en realidad él había nacido el 23 de septiembre. También se hace construir una tumba a orillas del Tíber, rompiendo la tradición de que nadie podía ser enterrado dentro de las murallas, y hace que en el Ara Pacis se esculpan los rostros de sus familiares.

Augusto es quizá el primer hombre de la historia cuyo rostro conocen todos o casi todos sus contemporáneos, aunque con los retoques oportunos. Se han encontrado, repartidas por todos los rincones del mundo romano, al menos doscientas cincuenta estatuas que lo representan. La propaganda es importantísima, tanto la dirigida al pueblo como la concebida para los cultos y los letrados, de quienes se ocupan Mecenas y sus amigos.

A esas alturas, Augusto ya piensa abiertamente en el imperio, en una dimensión universal. Lleva a cabo tres censos: el primero arrojará un total de cuatro millones de cabezas de familia; el último, de cinco millones; las mujeres, los niños y los esclavos quedan excluidos.

Una flota romana surca el mar del Norte, llegan embajadores de la India. En su *Res gestae,* el resumen de su vida,

Augusto se empeñará en recordar que reyes depuestos con nombres imaginativos le han pedido ayuda para recuperar sus tronos: «Artavasdes, rey de los medos; Artaxares, de los adiabenos; Dubnovellauno y Tincommio, de los britanos». En Roma, se cierra el templo de Jano, señal de que las guerras, al menos las civiles, han terminado.

Horacio compone el *Carmen saeculare,* en el que se dirige al Sol: «Tus rayos nunca verán ninguna ciudad más grande que Roma». Palabras que dos mil años más tarde Giacomo Puccini traducirá en música, en el *Himno a Roma,* que es de 1918, y por tanto, más antiguo que el fascismo.

UNA FORMIDABLE MÁQUINA DE GUERRA

El imperio de Augusto es el imperio de la razón. Se reorganiza el fisco. Durante mucho tiempo, la recaudación de impuestos había estado en manos de sociedades privadas, que obviamente exprimían al máximo a la población; a partir de ahora, la tarea recaerá en un funcionario del emperador, el *procurator.*

Se mejoran las carreteras y el servicio de correos. Por primera vez en la historia, muchos hombres podían vivir y morir en lugares muy alejados de donde habían nacido, comían alimentos cultivados en lugares remotos, adoraban a divinidades importadas de Extremo Oriente, leían libros escritos en otros rincones, intercambiaban mercancías que habían hecho largos viajes: aceite de España, vino de la Galia, trigo del norte de África, especias de Egipto, colmillos de elefante de Etiopía, lana de lo que hoy llamamos Turquía, madera de cedro del Líbano... Y, con las mercancías, viajan también las culturas, las ideas, las creencias o, al menos, las supersticiones.

Ser soldado se convierte oficialmente en una profesión: el periodo de servicio dura dieciséis años, y al final el legionario tiene garantizado el finiquito; en teoría ya nadie dependerá de su comandante, todos dependerán del Estado, es decir, de Augusto.

El éxito de las armas romanas es tal que Tito Livio se divierte preguntándose: si hubiéramos tenido que enfrentarnos a los macedonios de Alejandro Magno, ¿quién habría vencido? Concluye que las legiones se habrían impuesto a las falanges por dos razones. Primero, por el contingente casi inagotable de refuerzos, que llegaban de todas partes del imperio: Roma podía perder una batalla, no la guerra. Y, segundo, por la mejor organización del mando. Los macedonios dependían de un líder carismático; los romanos tenían una cadena de mando disciplinada, que desde el centurión se remontaba hasta el emperador. Además, el Imperio romano dominará el mundo durante siglos, sin que el nombre de ninguno de sus generales pase realmente a la historia (aparte de César, que era mucho más). Todo el mundo recuerda, en todo caso, a los enemigos de los romanos: Pirro, Aníbal, Mitrídates, quienes, sin embargo, se enfrentaron no solo a un comandante y un ejército, sino a un sistema, una estrategia, una cultura militar, una ciudad y un Estado que, incluso antes de que se acuñara el término, ya podía considerarse un imperio.

Por eso, según Tito Livio, Augusto habría derrotado a Alejandro, incluso sin entrechocar sus armas con él en el campo de batalla.

No solo hay orgullo nacional detrás de ese razonamiento. El legionario romano no era un guerrero, era un soldado. Su objetivo no era una muerte gloriosa, sino una vida mejor gracias al oro arrebatado al enemigo y a las tierras asignadas por sus comandantes victoriosos. Y el general no era una figura heroica, que dirigía asaltos para vencer o morir: era un organizador paciente, que se encargaba de las rutas de enlace, erigía fortificaciones, sabía que el tiempo estaba de su parte y estaba dispuesto a esperar la rendición del enemigo por hambre antes que desangrarse en ataques frontales.

Los legionarios de Augusto y de sus sucesores se comportaban en la guerra como Rafa Nadal en el tenis: no siempre capaces de aplastar al enemigo, pero sí muy difíciles de derrotar.

Sin embargo, fue precisamente bajo el gobierno de Augusto cuando Roma sufrió una de las derrotas más humillantes de su historia.

Augusto tiene sentido de la amistad y también del humor. Se burla de Horacio por su tripa, pero le permite violar las normas que prohíben el celibato y permanecer tenazmente soltero. Llama a Mecenas «mascota de las prostitutas». Cuida de Virgilio, hace que le devuelvan sus tierras a orillas del Mincio, cerca de Mantua, que le habían expropiado para dárselas a los veteranos.

Por encima de todo, Augusto es un moralista. Teme los excesos. Expulsa de Roma a los extranjeros buscavidas, incluidos astrólogos y adivinos, pero no a médicos ni maestros. Quema los libros de profecías, que sugestionan las mentes de los simples, pero no los antiguos libros sibilinos, expurgados, eso sí, de pasajes hostiles a la autoridad de un solo hombre. Quiere que los romanos tengan más hijos, así que premia a las familias numerosas, exige a todos los hombres menores de sesenta años que se casen, y a las mujeres que se dediquen a la familia renunciando a los lujos, a las ropas caras, a las joyas, a los banquetes.

Cuando una madre da a luz quintillizos, manda erigirle una estatua. Le molesta ver a jóvenes que hoy llamaríamos «fluidos», sin una identidad sexual definida, a menudo depilados y vestidos con un gusto que le parece femenino. Maldice a los solteros —«por vuestra culpa Roma pronto será dominada por sus enemigos»— y alaba a los padres de familia: «Todos juntos, en la sucesión de las generaciones, somos como esas antorchas que pasan de mano en mano y nos aseguran la inmortalidad». Y aquí es difícil no pensar, obviamente en otro contexto, en la «antorcha que pasa a una nueva generación de americanos» del discurso de toma de posesión de John Fitzgerald Kennedy.

Augusto impone un tope a lo que se puede gastar en días laborables, y otro algo más alto para los días festivos; para las bodas, sin embargo, gasto libre. Evita la litera, prefiere pasear a pie, de buena gana se detiene a hablar con los transeúntes, como le gustaba a César, pero cuando entra en el Senado hace señas a todo el mundo para que permanezca sentado: con los senadores nunca se sabe, es mejor no herir su susceptibilidad. Durante la peste se le ve por ahí repartiendo comida y consolando a los enfermos, como si fuera inmune, casi inmortal.

Cuando el gobernador de Egipto, Cornelio Galo, un hombre del círculo de Mecenas, pierde la cabeza y empieza a grabar inscripciones en los obeliscos en las que se celebra a sí mismo, Augusto lo desautoriza y el otro, por vergüenza, se suicida. Pero cuando otro amigo, Nonio Asprenas, es juzgado por asesinato, Augusto entra en la sala y, sin decir ni una palabra, se sienta al lado del acusado; los jueces consideran oportuno absolverlo.

La víctima favorita de sus bromas es su hijastro Tiberio, el primogénito de su esposa Livia. Augusto no lo quiere y no es solo porque su padre natural se hubiera puesto del lado de Antonio. Lo considera un joven viejo, se burla de él por su latín obsoleto. Prefiere a Marcelo, el hijo de su hermana Octavia y, por tanto, su sobrino, quien también se convierte en su yerno, ya que Augusto le da en matrimonio a su hija Julia, que tiene apenas catorce años.

Durante el triunfo por la victoria en Accio, tanto Marcelo como Tiberio siguen al *princeps* a caballo, pero Marcelo va a su derecha, en el lugar de honor; Tiberio, a su izquierda. Ambos acompañan a Augusto en su campaña en España, contra las poblaciones rebeldes de Cantabria y de Asturias, pero más como mascotas que como guerreros: organizan juegos para los soldados y cuando el comandante cae enfermo y se retira al campamento de Tarragona —la ciudad catalana que aún conserva un maravilloso anfiteatro en la playa— permanecen a su lado, para hacerle compañía.

Con Marcelo, Augusto tiene una sintonía inmediata. Lo considera el hijo varón que nunca tuvo. Su afecto por él es tal que Agripa se siente herido.

Agripa se considera el heredero natural: Augusto se lo debe todo, empezando por las victorias militares, pero él ahora se siente el fundador de una dinastía, y como sucesor le gustaría un miembro de su familia. Al verse marginado, Agripa parte hacia Oriente, a Mitilene, en la isla de Lesbos.

Y entonces, de golpe, la rueda de la fortuna da un giro.

Marcelo muere a los veinte años de una misteriosa enfermedad. Augusto lo ha dejado en manos de su médico personal, Antonio Musa, un antiguo esclavo griego, que trataba los dolores y las debilidades del soberano con baños gélidos: hoy lo llamaríamos crioterapia. Pero el frío envía a Marcelo al otro barrio en pocos días, para pérfido deleite de los rivales romanos del médico de la corte.

Augusto está desesperado. Compone versos en honor del joven difunto, declama su oración fúnebre, le dedica el gran teatro a los pies del Capitolio, cuyos restos —tres hileras de arcos sobre los que se asienta un palacio medieval— aún se conocen como Teatro de Marcelo. Para recordar al joven fallecido, se celebran grandes combates en los que los gladiadores matan seiscientos animales feroces. Por desgracia, la silla desde la que Augusto asiste se rompe y el emperador cae al suelo de la manera más humillante. Conmovido, Virgilio encuentra un lugar para Marcelo en la *Eneida,* como una promesa rota.

Menos infeliz se siente Agripa, que regresa triunfalmente a su patria. Augusto le da por esposa a su hija Julia, que se ha quedado viuda a los veintiún años; Agripa tiene exactamente el doble de esa edad, cuarenta y dos. Mecenas, que lo considera un rival en el corazón de Augusto, comenta: «Ese hombre se encontraba en la encrucijada entre ser asesinado o convertirse en el yerno del Estado». Ha triunfado la segunda opción.

El 21 de septiembre del año 19 a. C. muere Virgilio, a los cincuenta y un años. El viaje de Atenas a Brindisi, en compañía de Augusto, lo ha consumido. El emperador pretendía que el poeta le leyera la *Eneida* en voz alta, pero Virgilio era tímido, temía ser reprendido por algún pasaje desagradable para su señor, aunque no pensaba modificarlo por ello. Antes de que la tuberculosis lo dejara sin aliento, había ordenado que su obra fuera destruida, pero Augusto decreta que se salve y se publique.

Con Ovidio, en cambio, el emperador se muestra despiadado. Lo envía al exilio en el mar Negro, a Tomi, y hace quemar su *Ars amatoria* en el Foro. En Roma, se dice que el poeta tenía una aventura con la hija de Augusto, Julia. Pero corre un rumor aún más escabroso: se comenta que Ovidio habría sido testigo de un juego erótico entre padre e hija, algo indecoroso para cualquiera, con más razón aún para un moralista como Augusto. El propio poeta parece aludir a ello cuando escribe: «¿Por qué tuve que ver algo? ¿Por qué torné culpables mis ojos? ¿Por qué el destino quiso que descubriera una falta?». Luego evoca una historia de sus *Metamorfosis,* la de Acteón, convertido en ciervo por ver una escena de amor entre Diana y las muchachas de su círculo: «Acteón contempló desnuda a Diana; lo hizo sin pretenderlo, y sin embargo fue despedazado por sus perros. Para los dioses la culpa y la ofensa, aunque sean involuntarias, son un crimen, y la pena debe ser cumplida». Augusto, como Diana, y Ovidio, como Acteón: castigado sin responsabilidad por violar la intimidad del nuevo dios de Roma.

De vez en cuando se descubría un complot para asesinarlo; en tales casos, la pena de muerte era inevitable, por muy cercano que el reo pudiera ser del emperador. A Varrón, hermano de Terencia, esposa de Mecenas y posiblemente amante de Augusto, también se le torturó.

Otros manifiestan su desacuerdo de forma pacífica, desfilando por el Foro; comprensivo, el emperador retira algunas de las propuestas más drásticas contra el lujo y en favor de la natalidad. En cambio, aprueba una medida que parece odiosa a nuestros ojos, pero que permaneció en vigor en el código penal italiano hasta 1981: el crimen de honor. El padre o marido que encuentre a su esposa o su hija con otro hombre y la mate quedará sin castigo. Esta vez son las mujeres las que se rebelan: una procesión ocupa el Foro; lo que sucede es que en los juicios las matronas se declaran prostitutas, a las que no se aplican las nuevas normas moralizantes.

Su hija Julia le dará a Augusto cinco nietos: Cayo, Lucio, Julia Menor, Agripina y Agripa, llamado Póstumo porque su padre había muerto entretanto, debilitado por la guerra en Panonia, la actual Hungría.

Augusto adopta entonces a sus dos primeros nietos y les pone los nombres de Cayo César y Lucio César: todo con tal de no reconocer a Tiberio como heredero, pese a la insistencia de su madre Livia, la emperatriz cuya influencia en Roma crecía día a día. A cambio, Livia consigue que Tiberio se case con Julia, la hija de Augusto, quien ha enviudado de nuevo.

Tiberio era radicalmente contrario: amaba a su esposa, Vipsania Agripina, hija de Agripa, que ya le había dado un hijo y estaba embarazada del segundo. Augusto, sin embargo, no atendió a razones: Agripina debía ser repudiada. Tiberio sufrió mucho por ello, cuando se la encontraba por la calle la miraba con los ojos llenos de lágrimas. De Julia solo tuvo un hijo, que murió en la cuna. Tiberio conocía el desenfreno sexual de su nueva esposa, y no le gustaba. Era como si, obligada cada vez por su padre por razones políticas a casarse con hombres a los que no amaba, Julia quisiera reivindicar su libertad. Tiberio separó las camas y partió a la guerra.

A diferencia de Augusto, Tiberio era un excelente comandante militar. Junto con su hermano Druso, ideó una maniobra de pinza para derrotar a los pueblos germánicos que vivían al otro lado de los Alpes, los vindélicos en

Baviera y los réticos en el Tirol (de ahí el nombre de Alpes réticos). Augusto incluyó a los pueblos vencidos en la órbita romana, estableciendo para ellos la provincia de Recia y el reino de Nórico, con lo que extendía así las fronteras del imperio hasta el Danubio.

Después, Tiberio y Druso sometieron Dalmacia, invadieron Panonia, que se había rebelado tras la muerte de Agripa, y se dirigieron al norte, hasta el río Elba. Tiberio volvía de regreso a Roma, para celebrar su merecido triunfo, y ya estaba en Italia cuando se enteró de que su hermano se había caído del caballo y se había roto una pierna. Presagiando lo peor, regresó desde el Tesino hasta el Elba, cruzando los Alpes y cabalgando día y noche: llegó a tiempo de estrechar a Druso entre sus brazos antes de que falleciera.

Incluso en el apogeo de su poder, en cualquier circunstancia el destino recordaba a los antiguos romanos que eran frágiles y mortales.

Tiberio regresó a pie de Alemania. El triunfo se convirtió en un cortejo fúnebre. Augusto también sufrió: quería a Druso, su compañero favorito en el juego de los dados, porque cuando perdía lanzaba gritos desesperados que divertían al emperador. Horacio escribió: *Dulce et decorum est pro patria mori* («morir por la patria es dulce y digno»), es un placer y es un deber. Había olvidado que en Filipos había tirado su escudo para que su peso no le molestara en su huida.

Viendo que a pesar de sus victorias Augusto prefiere descaradamente a sus sobrinos Cayo y Lucio, nombrados cónsules a la edad de quince años, Tiberio toma la misma decisión que Agripa: se marcha a Oriente. Deja en casa a su infiel esposa Julia, quien lo traiciona sin pudor alguno, ofreciendo banquetes en honor de sus amantes, entre los que se encuentra el hijo de Marco Antonio, Julo. Se dice que celebra orgías al aire libre y que festeja cada adulterio llevando flores a la estatua de Marsias, el sátiro, representado obviamente desnudo y erecto. Tiberio también abandona a su pequeño hijo, al que había llamado Druso en honor de su querido hermano. No atiende a las razones de Augusto ni a las súplicas de su madre —«¡Hijo, no cometas ninguna locura, el futuro te pertenece!»—, y se exilia voluntariamente en Rodas, donde también habían estado Cicerón y César para perfeccionar sus estudios de retórica. Solo tiene treinta y seis años.

Indignado con su hija, Augusto la confina en la isla de Ventotene. Ella llora y se desespera, y él le permite trasladarse a una ciudad, Reggio Calabria, siempre y cuando no se la vuelva a ver por Roma. Algunos dicen que incluso ha pensado en matarla. Todos sus amantes son enviados también al exilio, excepto el hijo de Marco Antonio, quien, condenado a muerte, se suicida. Otros murmuran que el emperador está secretamente enamorado de su hija; Calígula dirá que su madre Agripina había nacido de la relación incestuosa entre Augusto y Julia.

El emperador siente que su declive está a punto de empezar. Nunca le ha gustado lavarse, pero ahora suele darse largos baños calientes para meditar y recapitular sobre la vida que ha vivido. Le gustaría escribir sus memorias, pero sabe que no tiene el don de la escritura que tenía César. Para compensarlo, lleva un diario en el que anota todas las obras que ha encargado: las bibliotecas, los acueductos, las carreteras —ha hecho reconstruir de su bolsillo la Via Flaminia que va de Roma a Rímini—, la restauración de ochenta y dos templos. «Encontré Roma hecha de ladrillos, la dejo de mármol», anota.

El monumento más bello de la época es el Panteón; junto a él se levantan las primeras termas públicas. Se esculpen estatuas de Augusto de pie, a caballo, al mando de una cuadriga, con un aspecto cada vez más marcial, a medida que sus facciones se vuelven débiles y enfermas. El emperador compila epigramas: *Fugit hora, iocemur!* («el tiempo huye, bromeemos»). Empieza una tragedia, *Áyax,* pero no la termina. Con la autobiografía se detiene en la guerra de Cantabria; se limitará a una síntesis, las *Res gestae,* una larga lista de frases que empiezan todas así: «Yo hice…». Es supersticioso, siempre lleva consigo un talismán, una piel de foca. Una noche un rayo roza su litera, un criado muere fulminado, él da gracias a Júpiter por protegerlo. No sabe que el destino le tiene reservadas terribles pruebas.

«Varo, devuélveme mis legiones»

En el año 8 a. C., setecientos cuarenta y cinco años después de la fundación de Roma, la cultura latina sufre dos pérdidas irreparables. A finales de septiembre muere

Mecenas; el 27 de noviembre, Horacio: ambos dejarán sus bienes a Augusto, quien anuncia que ya no volverá a salir de Roma en señal de duelo. No solo habían desaparecido un excelente organizador cultural y un gran poeta; los artistas del círculo de Augusto habían creado una idea, el gobierno universal, la paz para todos los hombres, evidentemente bajo el mando de uno solo.

Algún tiempo después, el emperador tiene una visión. Estando en el Capitolio lo asalta la sensación de que algo formidable e inexplicable ha sucedido en Judea. A los escritores cristianos no les parecerá una casualidad que Jesús nazca en tiempos de Augusto, y no solo porque el censo instituido por él había obligado a José a regresar a Belén, su pueblo natal, para que pudieran cumplirse las profecías. El hijo de Dios solo podía volver al mundo y a la historia en plena Edad de Oro. Sin embargo, aunque durante siglos los cristianos culparán a los judíos, Jesús fue crucificado por los romanos, quienes poco después barrerían a su pueblo, con la destrucción del templo y la diáspora. Coincidencias que, como veremos, inspirarán a escritores, artistas y cineastas en los siguientes siglos.

Es justo en esos meses cuando Augusto madura la decisión de pedirle a Tiberio que regrese del exilio. Después de ocho años, Livia puede volver a abrazar a su hijo. Tal vez el emperador ha tenido un presentimiento. A los dos jóvenes herederos designados no les queda mucho tiempo de vida.

El joven Lucio César parte hacia España, pero en Marsella enferma repentinamente y muere. En Roma hay quien dice que Livia lo ha mandado envenenar.

Dos años más tarde, su hermano, Cayo César, es herido en Armenia, adonde ha sido enviado para sofocar una rebelión. El comandante rebelde, Addon, le pide a Cayo un encuentro, pero a traición saca una daga y lo hiere. La herida no parece grave y las legiones derrotan con facilidad a los armenios, pero durante el viaje de regreso Cayo empeora y muere a los veintitrés años. De nuevo se sospecha sobre una intervención de Livia.

Augusto recae en la depresión. Hace colocar las cenizas de sus dos sobrinos en su mausoleo, junto a las de Marcelo. Llena Roma con sus bustos, ordenando que los rostros de Cayo y Lucio se parezcan lo más posible al suyo. Y se resigna a adoptar como hijo a Tiberio, quien a estas alturas se verá claramente como su sucesor por falta de alternativas: los demás están todos muertos. Todavía quedaría Agripa Póstumo, el más joven de los nietos de Augusto, pero es homosexual, y es desterrado a la isla de Pianosa.

El 26 de junio del año 4 d. C. Tiberio es adoptado solemnemente por Augusto como su hijo. Livia encuentra la paz.

Hay, sin embargo, otra nieta, Julia la Menor, que solo le procura disgustos a su abuelo, practicando el amor libre; en su afán moralizador, Augusto la destierra a ella también a una isla desierta, Trimero, hoy San Domingo, la mayor de las islas Tremiti, destinada en la Edad Moderna a convertirse en tierra de cárcel y de confinamiento, y hoy paraíso turístico, y donde se encuentra la casa en la que un gran artista italiano, Lucio Dalla, escribió algunas de sus más hermosas canciones.

Pese a no ser ni amable ni brillante, Tiberio demostrará ser un comandante militar inteligente y audaz. Durante cuatro años lucha en Germania, derrotando a una tribu tras otra. Pero cuando, en el otoño del año 9, regresa a Roma, pocos días después le llega una terrible noticia.

Tres de las mejores legiones —la XVII, la XVIII y la XIX— han sido destruidas. Su comandante, Quintilio Varo, ha caído en la trampa tendida por Arminio, líder de los queruscos, un pueblo aliado de Roma. Al fin y al cabo, Varo no era un soldado, sino un jurista. No estaba allí, en el noroeste de Alemania, para conquistar una provincia, sino para organizarla; los romanos consideraban que aquellas tierras ya eran suyas. Los soldados iban de regreso a sus campamentos de invierno a orillas del Rin, abriéndose paso a hachazos por el bosque de Teutoburgo, cuando fueron atacados a traición.

Los alemanes no hicieron prisioneros. Los supervivientes fueron crucificados o enterrados vivos. En los árboles del bosque colgaban miles de cabezas, privadas de sus ojos. La cabeza de Varo, en cambio, fue enviada a Roma.

Desde la gran victoria de Aníbal en Cannas y la derrota de Craso ante los partos, ningún ejército romano había sido humillado de esa manera.

Augusto llora durante todo el día: «¡Varo, devuélveme mis legiones!», grita. Ha sido un error poner la guerra germánica en manos de un personaje menor, de quien Veleyo Patérculo había escrito que cuando llegó a Siria como gobernador la provincia era rica, y él, pobre; y cuando se marchó de allí la provincia era pobre, y él, rico.

La derrota en Teutoburgo supone un punto de inflexión en la historia de Roma. Si hoy se habla alemán en Alemania y no una lengua neolatina, la responsabilidad es de Arminio. En el futuro, los romanos buscarán ajustes fronterizos, pero renunciarán a sus planes de conquista. Las legiones destruidas no serán reconstruidas; se empezará a decir que esos números traen mala suerte. Desde entonces, en el mundo latino el 17 es sinónimo de desgracia.

EN CAPRI POR ÚLTIMA VEZ

A mediados de mayo del año 14 de nuestra era, un rayo cayó sobre la estatua de Augusto en el Capitolio. No la dañó, pero hizo que se cayera la C de Caesar. La C en latín es el número cien, por lo que los adivinos decretaron que el emperador moriría en cien días.

Augusto se tomó muy en serio la advertencia y se preparó para el final. Fue a Pianosa a visitar a su sobrino Agripa Póstumo, después de haber dispuesto que ni él ni su degenerada hija Julia fueran enterrados en el mausoleo familiar, pero el inminente final dulcificó el alma del emperador. Se dio cuenta de que había sido demasiado severo con Tiberio, y lo invitó a acompañarle a Capri: un viaje marcado por el destino, porque muchos años después, convertido en señor de Roma, Tiberio se retiraría allí, para ejercer su mando alejado del mundo y redescubrir el encanto de vivir en una isla que había experimentado durante su largo exilio en Rodas.

Augusto cojeaba. Su pierna izquierda ya no podía mantenerse erguida. Normalmente se apoyaba en su esposa Livia, pero en aquellos días no desdeñaba pedir apoyo a Tiberio.

Frente a la costa de Pozzuoli, su barco se cruzó con otro que venía de Alejandría. Los pasajeros eran jóvenes vestidos de blanco y adornados con guirnaldas de flores. Suetonio nos cuenta que hicieron muchas fiestas para Augusto, quemaron incienso en su honor y le dieron las gracias: «Gracias a ti estamos vivos, gracias a ti navegamos, gracias a ti somos libres y felices». Quizá exageraron, pero hoy podemos concluir que el viaje de aquella nave que zarpó de Egipto fue el primer crucero mediterráneo de la historia. Augusto se emocionó y entregó cuarenta monedas de oro a cada crucerista.

Solo permaneció cuatro días en Capri, aclamado por los efebos, por los que la isla —de lengua y cultura griegas— era famosa. Diecinueve siglos más tarde, el barón Fersen, que, en su espléndida villa neoclásica situada justo debajo de la de Tiberio, acogerá a las *femminielli* de Capri, no hará sino revivir las tradiciones grecorromanas. E incluso Tiberio revelará un *côté* que no podríamos calificar de moralista.

En el camino de regreso a Roma, en Nola, Augusto encontró la muerte. Era el 19 de agosto del 14 d. C.; no habían transcurrido cien días desde el presagio del rayo.

Tácito escribe que fue asesinado por su esposa, deseosa de acelerar la sucesión de Tiberio; Dion Casio entra en detalles y afirma que Livia había envenenado unos higos, que le gustaban mucho al emperador. Pero nos negamos a pensar que a la piadosa emperatriz se le pudiera siquiera ocurrir un crimen tan infame. Seguramente, en cuanto Augusto cerró los ojos, unos sicarios partieron hacia Pianosa y borraron de la faz de la tierra a su sobrino Agripa Póstumo.

Antes de expirar, Augusto había pedido un espejo, se había peinado y empolvado las mejillas. Después, maquillado como un actor, preguntó a los cortesanos si había interpretado bien su papel en la comedia de la vida. Por último, se despidió, en griego, con la frase que solía cerrar las representaciones en el teatro: «Si todo ha ido bien, si el mimo os ha gustado, dadme el tributo de un gran aplauso».

Había reinado durante cuarenta y un años, y a todo el mundo le parecía claro que Roma nunca volvería a tener un líder así. Se había movido al principio con una gran crueldad, y siempre con igual racionalidad. La crueldad en él nunca fue un fin en sí misma; era un hombre duro, no un sádico, siempre tenía un motivo. Practicaba más la bonhomía que la bondad. Aprovechaba la debilidad de su cuerpo y su mala salud para parecer piadoso, pero su mano y su mente eran siempre muy firmes. Medio millón de legionarios habían luchado por él, y la reforma del ejército, que ahora se había convertido en una milicia profesional, fue uno de sus legados más duraderos. La república, centrada en el ciudadano-soldado, había terminado realmente para siempre. Tácito escribió: «Augusto se había ganado a las tropas con donaciones; al pueblo, con la distribución de trigo; a todos, con la dulzura de la paz».

Las guerras civiles, al menos por el momento, habían terminado. El Estado concebido y refundado por Augusto duraría más de cuatro siglos y, en su versión oriental, otros mil años.

En su mausoleo y en las principales ciudades del imperio estaban inscritas en una losa de bronce las *Res gestae,* el resumen de sus hazañas, relatadas en primera persona, como si se tratara de la sinopsis de una novela de aventuras: «En Etiopía avancé hasta la ciudad de Napata, cerca de Meroe; en la Arabia Felix, mi ejército penetró en el territorio de los sabeos, llegando hasta la ciudad de Mariba; recibí embajadas de los reyes de la India; los bastarnos, los escitas, los reyes de los sármatas, que se encuentran a orillas del río Tanais, invocaron la amistad de Roma…». Nombres exóticos que a los antiguos romanos les gustaban muchísimo.

Tiberio no era su primera opción, y Augusto no lo ocultó ni siquiera en su testamento, que empezaba así: «Puesto que el destino atroz —*atrox fortuna*— me ha arrebatado siendo aún jóvenes a mis hijos Cayo y Lucio, nombro heredero mío a Tiberio César…». Su patrimonio en gran parte iba a parar al Estado, pero tres millones y medio de sestercios se repartieron entre la plebe de Roma, siguiendo el ejemplo de César.

El cuerpo fue incinerado en el Campo Marcio, mientras se soltaba un águila para señalar que Augusto, como César, se había convertido en un dios. Livia, su viuda, permaneció descalza durante cinco días, esperando a que se enfriaran las cenizas, y algunos vieron en tanto celo conyugal el fantasma del remordimiento.

Un hombre juró haber visto a Augusto ascender al cielo, diecinueve años antes que Jesús; a Livia le gustó aquello y lo recompensó con un millón de sestercios.

Hay un episodio de *Sandman* —el cómic de culto en Inglaterra y los Estados Unidos que se ha convertido en serie de Netflix— en el que el protagonista es Augusto. El emperador vive un día entero como mendigo, para reflexionar sin ser observado por los dioses sobre la condición humana y el futuro de Roma. Mientras duerme, recibe la visita de Sandman, el Hombre de Arena, el Señor de los Sueños, que lo pone frente a una disyuntiva: el Imperio romano podrá extenderse infinitamente y durar hasta la eternidad, o puede detener su expansión y declinar en pocos siglos. Pero Augusto, consciente del mal cometido y más aún del que ha sufrido —incluida la violencia a manos de César—, elige la segunda opción, condenando su propia obra a la caducidad y a Roma a su fin.

Evidentemente, se trata de una obra de ficción. Es cierto, sin embargo, que Augusto intuyó que su imperio era una obra maestra delicada, y que ampliarlo más aún aumentaría el peligro de destrucción. De hecho, aconsejó que el imperio no se ampliara más allá de los límites que él mismo había trazado; y sus sucesores le hicieron bastante caso. Trajano fue la excepción, pues conquistó Dacia e invadió Mesopotamia, llegando hasta Persia, pero murió en el viaje de regreso, su triunfo se celebró solo en efigie, y su sucesor Adriano ordenó a las legiones que se retiraran de muchas de aquellas tierras.

Las fronteras del mundo romano estaban marcadas al oeste por el Atlántico; al sur, por el desierto; al norte y al este, por los grandes ríos: el Rin, el Danubio, el Éufrates. Esto en términos generales. En realidad, las fronteras del imperio siempre fueron elásticas: los romanos se cuidaban de no tener enemigos en sus fronteras, sino pueblos que formalmente no constituían parte del imperio, pero que reconocían su autoridad.

La única excepción era el Muro de Adriano, que cruzaba Britania de un lado a otro a lo largo de más de ciento diez kilómetros.

Confieso que nunca he entendido la obstinación con la que lucharon allí los romanos. ¿Por qué les importaba tanto la conquista de una isla remota, fría, lluviosa, casi deshabitada, separada del continente europeo por un mar tempestuoso? El eje del mundo apuntaba hacia el otro lado, hacia Oriente. Y, si existía un peligro para Roma, procedía de las tribus germánicas que vivían al norte del Danubio y al este del Rin, nunca derrotadas de forma definitiva, y que de hecho se abalanzarían sobre Italia, mal protegida por defensas naturales: la vertiente meridional de los Alpes es mucho más escarpada, las montañas eran mucho más difíciles de escalar para los ejércitos romanos que para los invasores, e Italia no tiene ríos con un caudal que sea comparable a los del norte, que pudieran marcar una verdadera frontera, una auténtica barrera defensiva.

Los antepasados de los actuales ingleses vivían tranquilamente al otro lado del canal de la Mancha. Sin embargo, fue precisamente contra ellos contra quienes los romanos desplegaron agotadores esfuerzos militares, hasta el punto de que uno de los emperadores más longevos, Septimio Severo, murió mientras dirigía una expedición contra los rebeldes en Eburacum, la actual York (y allí también se apagó el padre de Constantino, Constancio Cloro). Como si los romanos hubieran intuido que el centro de gravedad del mundo se desplazaría hacia el Atlántico, y que en los siglos venideros el control de esa isla sería crucial para dominar el planeta.

Y precisamente sobre la guerra de los romanos contra los britanos escribió el gran Tácito: *Ubi solitudinem faciunt, pacem appellant,* que, en lenguaje corriente, se ha convertido en: «Han hecho un desierto y lo llaman paz». Más tarde, cuando lo que hoy es Inglaterra fue romanizada bajo el imperio de Claudio, y las élites empezaron a vestir togas, a hablar latín, a construir termas y a educar a sus hijos como pequeños romanos, Tácito comentó, implacable: *Humanitas vocabatur, cum pars servitutis esset* («llamaron humanidad a lo que en realidad era parte de su esclavitud»).

El hecho es que el Muro de Adriano separó la parte de la isla bajo control romano de la Caledonia, lo que hoy llamamos Escocia (aunque la frontera con Inglaterra no sigue exactamente el trazado del muro). Y la saga del rey Arturo quizá tiene su origen en los últimos soldados leales a Roma, que permanecieron en Britania incluso después de la caída del imperio.

No debemos extrañarnos de que un poder tan inmenso pudiera alterar el equilibrio emocional de quien lo detentaba, incluso más allá de los límites de la cordura. Tiberio se confinó a sí mismo en la isla de Capri, en parte para hallar reposo de las constantes presiones y responsabilidades. Y al pescador que un día se aventuró a entrar en su palacio para ofrecerle, *a miglio triglia*, el mejor salmonete, ordenó —molesto por la violación de su privacidad— que le restregaran el pescado por la cara. El hombre, para su desgracia, era ingenioso, y comentó: «¡Menos mal que no os he traído una langosta!». Tiberio hizo que le frotaran una langosta por la cara.

De Calígula, su sucesor, se cuenta que un día, conversando con los dos cónsules en un banquete, se echó a reír. «¿Por qué te ríes?», le preguntaron. «Porque estoy pensando que bastaría un gesto de mi cabeza para que os degollaran a los dos».

Claudio mandó matar a treinta y cinco senadores. Sobre Nerón se han escrito todos los males posibles: puso a su madre Agripina en manos de los sicarios; mató a su esposa Popea, embarazada, dándole una patada —aunque luego se arrepintiera y la hiciera divinizar—; cuando se declaró el incendio de Roma, echó mano a la lira, y el senador Publio Clodio Trásea Peto fue obligado a suicidarse porque se negaba a aplaudir los modestos ensayos teatrales del tirano.

A Cómodo también se le atribuyen toda clase de iniquidades, hasta su asesinato a manos de uno de sus adorados gladiadores, Narciso; el pueblo suplicó que el cuerpo del emperador fuera arrastrado con un gancho y arrojado al Tíber, como enemigo de la patria.

Por supuesto, es difícil determinar dónde acaba la historia y dónde empieza la leyenda negra, alimentada precisamente por aquellos senadores que se habían visto despojados de todo poder. En la Roma imperial, no siempre era uno libre de expresar sus opiniones: el historiador Aulo Cremucio Cordo fue juzgado por traición y se dejó morir de hambre tras escribir un libro en defensa de los cesaricidas, en el que Casio era definido como «el último romano» (curiosamente, la misma expresión utilizada por Goebbels para referirse a Mussolini).

Además, incluso en la columna que celebra las hazañas de un hombre «bueno» como Marco Aurelio, se representa una masacre de prisioneros: alemanes en fila india con las manos a la espalda, a la espera de ser decapitados, una barbarie que el emperador filósofo no oculta, sino más bien lo contrario, la reivindica.

Adriano se comportó como Nerón cuando hizo divinizar a su amado Antínoo, «el hombre más bello del mundo», que se había ahogado en el Nilo. Mientras que Tito, «el deleite de la humanidad», como fue llamado, es el verdugo del pueblo judío, el destructor del templo de Jerusalén; en el Talmud está escrito que, como castigo, un mosquito se le metió por la nariz y le royó el cerebro poco a poco.

Seguramente, Calígula, Nerón, Domiciano, Cómodo fueron asesinados, y de casi todos los demás se dijo que habían sido envenenados, con gran secreto, tal vez por sus esposas, para allanar el camino a sus sucesores.

En compensación, para entonces al emperador se le adoraba como a un dios, incluso en vida. Se le atribuían milagros: de Vespasiano se contaba que, incluso antes de tomar el poder, había curado a un tullido y devuelto la vista a un ciego escupiéndole en los ojos, casi como Jesús.

Mientras tanto, de crueldad en crueldad, de milagro en milagro, el imperio se iba haciendo verdaderamente universal. Trajano y Adriano no eran romanos, procedían de España: ambos habían nacido en Itálica, cerca de Sevilla, y eran descendientes de colonos. Septimio Severo procedía de África, de Leptis Magna, la tierra que hoy conocemos como Libia.

En aquella época, a finales del siglo II, la mitad de los senadores ya eran originarios de provincias. Durante mucho tiempo, el poder había estado en manos de las antiguas familias romanas, algo así como cuando en América el presidente era necesariamente un WASP, un blanco anglosajón protestante, pero a esas alturas las fronteras del imperio se habían vuelto tan vastas, y los habitantes se habían mezclado tanto, que los orígenes importaban cada vez menos, y las aptitudes —la fuerza, la energía, la crueldad, si era necesario— cada vez tenían más importancia.

El hijo de Septimio Severo, Caracalla, concedió la ciudadanía romana a todos los habitantes libres del imperio en el año 212 d. C. Más de treinta millones de provinciales se convirtieron en romanos a todos los efectos. Caracalla no era bueno: el año anterior había hecho asesinar a su hermano Geta, y cinco años más tarde él mismo sería asesinado por un guardaespaldas. Sencillamente, Caracalla hizo lo que creyó correcto y conveniente. Al fin y al cabo, estaba reproduciendo, a una escala incomparablemente más extensa, lo que Rómulo había hecho casi mil años antes: convertir a los extranjeros y a los apátridas en romanos.

Con el edicto de Caracalla, llegó a término un principio básico del imperio y de la civilización latina en general: no solo se nace romano, sino que se llega a ser romano. La ciudad-Estado se expande hasta los confines del mundo. Ya no hay conquistadores y conquistados, vencedores y vencidos, solo hay romanos. Todos los ciudadanos del mundo pueden decir: *Civis romanus sum.*

6

CONSTANTINO
EL IMPERIO CRISTIANO

Hasta los mismos dioses podían convertirse en romanos.

Desde su fundación, los romanos fueron acogiendo a las divinidades de los pueblos conquistados. No tenían una religión de Estado: su panteón se fue componiendo poco a poco, a menudo importando divinidades griegas y orientales.

Para los antiguos, las esferas humana y divina no estaban claramente separadas. Los romanos rezaban a los espíritus de sus difuntos. Y deificaban a los líderes victoriosos. El Olimpo era expansible. El mundo de los dioses y de las diosas era permeable.

Si bien las élites eran monoteístas, la multiplicidad de dioses a los que se pedía alguna gracia a cambio de un sacrificio nos permite pensar en un cielo poblado por los que hoy llamamos santos y beatos.

Entonces, ¿por qué se persiguió a los cristianos durante tres siglos antes de que se tolerara su culto, para acabar imponiéndolo como religión de Estado?

Los expertos siempre se lo han preguntado. La estudiosa inglesa Mary Beard ofrece una respuesta interesante: porque el Dios cristiano no tenía patria. Los romanos daban por sentado que las deidades venían de alguna parte: Isis, de Egipto; Mitra, de Persia; Yahvé, de Judea; y de hecho los judíos, a pesar de ser uno de los pocos pueblos que se alzaron contra Roma, se dispersaron por el mundo y habitaron en muchas ciudades del imperio, conviviendo con otras confesiones sin demasiados problemas.

En cambio, el Dios cristiano se anunciaba como universal. Y los cristianos hacían proselitismo. No se contentaban con ser tolerados: querían convertir a los demás. Estaban convencidos de que tenían una misión. Seguros de que traían la verdad y la salvación.

Los cristianos querían cambiar el mundo. Tal vez no fueran los primeros, pero sí lo fueron en comprender que, para cambiar el mundo, primero era necesario cambiar al hombre.

Un Dios celoso y universal

Por otra parte, los cristianos no estaban dispuestos a reconocer a los otros dioses. Tampoco al emperador.

Al principio no eran muy numerosos. Unas pocas decenas de miles. Pero vivían en las grandes ciudades. Y llamaban «paganos» a los infieles: gente del campo, tosca, retrógrada, a quienes había que convertir a la verdadera fe.

Esto era algo que los romanos no podían tolerar. Y, mucho menos, los emperadores.

Como todos los grupos humanos cerrados, e íntimamente convencidos de ser superiores a los demás, los cristianos eran simultáneamente admirados, envidiados y odiados. Sobre todo, no se les comprendía. Y se les miraba con recelo. Por eso Nerón pensó en ellos cuando tuvo que encontrar un culpable del incendio que destruyó Roma en el año 64 d. C.

Sin embargo, no debemos pensar que los cristianos fueron perseguidos día y noche. Durante mucho tiempo esa extraña religión fue soportada. Hubo emperadores que pensaron en tomar medidas enérgicas y enviaron a la muerte a miles de inocentes. Otros mostraron comprensión y humanidad, entre ellos el insospechado Cómodo, quien sentía por los cristianos cierta simpatía.

Hay que recordar que el cristianismo tiene aspectos en su doctrina que lo hacen complicado de entender, de aceptar o incluso meramente de tolerar.

Es una religión compleja. Difícil de entender y, por tanto, fácil de denigrar. Postula no solo la supervivencia del alma, sino también la resurrección de la carne. Sostiene que Dios se hizo hombre, que fue asesinado, que resucitó, y en cada misa sus seguidores comen su carne y beben su sangre. Un ritual que se presta a ser contado de una manera deformada, caricaturesca, incluso infamante. Además, ¿cómo podía una virgen dar a luz? ¿Y cómo podía un hombre ser el hijo de Dios, y al mismo tiempo ser Dios mismo, y además encarnar a una tercera persona, el Espíritu Santo? Una cuestión tan compleja que durante siglos los padres de la Iglesia y sus discípulos se enfrentaron en intrincadísimos concilios para establecer cuál era la verdad…, suponiendo que alguna vez se encontrara, ya que el gran río del cristianismo se ha dividido en tres —católicos, ortodoxos y protestantes— de los que parten otros innumerables riachuelos.

El cristianismo aparecía ante los romanos como la inversión de su mundo. La pobreza, en vez de una condena que evitar, se convertía en una virtud de la que sentirse orgullosos. La riqueza, el oro, la buena comida o la ropa de calidad se consideraban signos de corrupción y de pecado. El cuerpo, en lugar de ser perfumado, masajeado, ungido con aceite y esencias, vestido, maquillado, entrenado, exhibido, admirado, era en cambio mortificado como símbolo de la materia, contrapuesto a lo único que realmente importaba: el espíritu. Y la cruz, que representaba la muerte más atroz y humillante, se convirtió en símbolo de redención y de salvación.

Los romanos clavaban en la cruz a los seres que consideraban más abyectos y peligrosos, y los cristianos se arrodillaban delante de la cruz, o la dibujaban con la mano derecha sobre su propio pecho.

Con el mismo orgullo con el que los romanos decían *Civis romanus sum,* los cristianos proclamaban: *Christianus sum.* Y miles de ellos se enfrentaron a la muerte con tal de permanecer fieles a su Dios.

Un Dios celoso, como él mismo se define en la Biblia: un Dios que no soportaba coexistir con otros dioses. O eras capaz de eliminarlo, o tenías que aceptarlo como único Dios.

El cristianismo fue la única religión que los romanos intentaron erradicar. Pero fue precisamente la inmensidad de su imperio, con sus vías de comunicación para las personas y para las ideas, lo que hizo posible que la nueva fe se difundiera. Y cuando un emperador, Constantino, se dio cuenta de que no podía destruirla, se planteó si no había llegado el momento de abrazarla. Entre otras cosas, porque comprendió que el cristianismo prometía, sí, la inversión de las relaciones de poder, con los últimos convirtiéndose en los primeros; en resumen, la revolución, pero en la otra vida, no en esta. E incluso era posible extraer beneficios del nuevo culto, ya que podía resultar un arma extraordinaria para legitimar la autoridad del emperador, así como también un formidable instrumento de control social, la forma de ejercer el poder que a los romanos siempre les importó más: el ejercido sobre las almas.

Pero antes de tomar esa decisión histórica, Constantino tenía que ganar una gran batalla. No solo un formidable enfrentamiento militar, sino también un enfrentamiento librado en otro campo, el espiritual. Una historia de sueños y visiones, de apariciones y presagios divinos, en la que aparece un signo —la cruz— que por primera vez se grabará en los escudos y en los estandartes de los soldados que van a la guerra. Y no será la última. En resumen, habrá una batalla en la tierra en la que —al menos según una tradición en la que los cristianos han creído desde hace siglos— participará el cielo. Y este, evidentemente, estará de su parte.

A principios del siglo IV d. C., el imperio está agotado. No por las invasiones bárbaras, ni por las insurrecciones de los rebeldes, sino por las guerras civiles. El verdadero enemigo se esconde dentro de las fronteras del imperio, y representa el colapso de la cohesión interna.

En los dos primeros siglos hubo, contando a Augusto también, quince emperadores (sin contar la breve guerra civil que siguió al suicidio de Nerón). En los cien años siguientes hubo más de setenta: una contabilidad difícil de establecer con exactitud, entre usurpadores y pretendientes.

El imperio se ha vuelto demasiado grande. Y el emperador ya no es adoptado o señalado por su predecesor, elegido por el Senado ni mucho menos por el pueblo; el emperador era el comandante de una o varias legiones que se hacía proclamar por los soldados y lograba someter a los demás. No es casualidad que los emperadores ya no permanecieran en Roma, sino que viajaran por todo el imperio con sus ejércitos, y es que su autoridad ya no dependía del Senado y del pueblo, de la ciudad o de una divinidad, sino de las armas.

Para poner fin a esta anarquía, un gran emperador, Diocleciano, divide el imperio en dos. Es el año 286 d. C. Se reserva para sí la parte oriental, con capital en Nicomedia, antiguo centro del reino de Bitinia, hoy en Turquía. Y confía la parte occidental a uno de sus camaradas, Maximiano, con capital en Mediolanum, es decir, Milán. Ninguno puede tener Roma como capital, porque ninguno es menos emperador que el otro. Es más, para completar la arquitectura del nuevo gobierno, Diocleciano dispone que los dos emperadores, los dos augustos, designen cada uno un césar: más que un adjunto, un hombre de confianza de igual dignidad, destinado a sucederle al cabo de veinte años. El césar de Diocleciano es Galerio; el de Maximiano, Constancio Cloro.

A la entrada del Palacio Ducal de Venecia hay una escultura que representa a cuatro personas abrazadas. La tradición popular los llama «los cuatro ladrones», petrificados en su huida tras robar el tesoro de San Marcos. Pero las cuatro figuras están talladas en un único bloque de pórfido, la piedra reservada a los emperadores, y representan precisamente a los tetrarcas, Diocleciano y los otros tres, hermanados para siempre por una formidable unidad de intenciones para salvar el Imperio romano.

En realidad, ese sistema no podía funcionar, y no funcionó. Porque cada uno soñaba con ceder su lugar a su hijo; y, aún más, cada hijo soñaba con ocupar el lugar de su padre.

Constantino era el primogénito de Constancio Cloro. Nació en una pequeña aldea de la actual Serbia, cuando su padre solo era un prometedor comandante militar. Su madre, Helena, es una bella moza de cuadras, una muchacha que trabaja en los establos de una taberna. Constancio se encaprichó de ella, pero quizá nunca llegó a casarse. Cuando más tarde se convirtió en emperador, se deshizo de ella para unirse a una aristócrata, la hija de su compañero Maximiano, con quien tuvo otros herederos.

Constantino es un soldado valiente. Conoce a Diocleciano y hace que este lo valore. Lucha en las fronteras occidentales y en las orientales, contra los bárbaros y contra los sármatas. Sabe que debe vencer la competencia de sus hermanos, más jóvenes, pero también nobles por parte de madre.

Cuando Constancio, en campaña contra los britanos, cae enfermo y se acerca a su final, Constantino se encuentra en la otra punta del imperio, en Asia Menor. Al enterarse de la noticia, salta sobre un caballo y lo lanza al galope; cuando la fatiga lo agota, monta en otro. Se mueve a una velocidad que solo hemos visto en los viajes relámpago de Julio César. Y llega al campamento de su padre, cerca de la actual York, a tiempo para recibir su bendición.

No se sabe con certeza si Constancio le ha concedido realmente la investidura a su primogénito. Pero su ejército está convencido de ello y proclama emperador a Constantino. Y dado que Constantino es un gran general, legitima el nombramiento derrotando a los britanos y luego conduciendo a su ejército hasta el Rin, donde rechaza a los germanos.

El otro emperador, Maximiano, aún sigue vivo, pero se ha retirado a una villa en Lucania. Él también tiene un hijo ambicioso: Majencio. Si el criterio para la sucesión ya no es la elección, sino la sangre; no la designación, sino el nacimiento, Majencio no tiene menos derecho que Constantino al título de emperador. Y se hace proclamar según el modo antiguo: por el Senado y por los pretorianos. En la antigua capital: Roma.

Los demás miembros de la tetrarquía, que habían aceptado a Constantino como uno de los suyos, consideran a Majencio un usurpador y marchan sobre Roma. Pero el primero, Severo, es detenido por un motín de sus propios soldados; habían luchado por Maximiano, y no quieren ahora volver sus armas contra su hijo: Severo es encarcelado y asesinado. El segundo, Galerio, llega hasta las murallas de Roma, pero impresionado por su majestuosidad, renuncia y regresa a su cuartel general en Dalmacia.

Majencio se siente el refundador de la Urbe. Vuelve a vivir en el Palatino, el palacio de los emperadores con tantas columnas que podrían sostener el cielo —como había poetizado Estacio—, pero que llevaba cincuenta años vacío. Restaura en el Foro el gran templo dedicado a Venus, progenitora de los césares, y a la diosa Roma Aeterna. Llama a su primogénito Rómulo, el nombre del primer rey; cuando el niño muere, lo deifica y le dedica el templo que guarda el tesoro de los judíos robado en Jerusalén. Majencio también manda construir la basílica que aún hoy lleva su nombre, y que bajo sus inmensos arcos acogerá las competiciones de lucha de los maravillosos Juegos Olímpicos de Roma de 1960.

A Majencio solo le falta una cosa: la investidura. Así que se reúne con su padre en su buen retiro lucano. Le ofrece regresar al campo de batalla, y Maximiano al principio acepta: en 306 d. C. recupera el título de augusto, y apoya la rebelión de su hijo en Italia. Pero cuando, dos años más tarde, Majencio reclama para sí el título y el poder, Maximiano se niega a nombrarlo su sucesor, se refugia en el palacio de Constantino —en Tréveris, actualmente Alemania— y le ofrece en matrimonio a su jovencísima hija, Fausta. Maximiano intenta más tarde dar otro golpe de mano y, mientras Constantino está ocupado batallando en el Rin, se proclama único y verdadero augusto. Son pocos los que lo siguen; Constantino lo derrota y lo obliga a suicidarse.

En definitiva, la situación es la siguiente. El imperio tiene dos emperadores, que no viven en armonía, es más, se detestan. Constantino se ha casado con la hija del anterior emperador, Maximiano. En Roma, sin embargo, gobierna el otro hijo de Maximiano, Majencio, que es por tanto cuñado de Constantino. Parecería un asunto familiar, pero, en realidad, se trata de una guerra civil, de la que depende el destino de Roma y, posiblemente, algo más.

Estamos en el 27 de octubre de 312 d. C. Majencio celebra su sexto año de reinado en una ceremonia solemne en el Circo Máximo, pero tiene la impresión de que el pueblo le rinde homenaje más por miedo a los pretorianos que por afecto.

La guardia del emperador es una unidad selecta: el más joven tiene diecisiete años; el mayor, veintitrés; están unidos por un fuerte espíritu de cuerpo, se entrenan de forma constante, tienen armas tradicionales, la jabalina, el gladio.

El ejército de Constantino que está descendiendo sobre Roma es muy diferente. Muchos soldados son germanos. Llevan extraños cascos acampanados, blanden ganchos, hachetas, hachas: armas de bárbaros.

En los ejércitos romanos se ha extendido un culto procedente de Oriente, el del dios Mitra. Es una deidad solar, si bien se la venera de forma clandestina. No es una religión abierta a todo el mundo; es misteriosa, terrorífica, exclusiva…, quien revela sus secretos a extraños es castigado con la muerte. Las mujeres están excluidas. Los adeptos reciben una especie de bautismo, pero no con agua, sino con la sangre de un toro. El rito exige que el neófito coma el pan y beba el vino que le tiende el sacerdote. Hay siete grados de iniciación, uno por cada planeta.

En síntesis, el mitraísmo es una especie de monoteísmo pagano: el dios Mitra actúa como intermediario entre el *Sol Invictus,* 'el Sol invencible', y los hombres. Diocleciano y Maximiano son seguidores de Mitra, y quizá en esa época Constantino también sea un seguidor del Sol, como muchos de sus oficiales. En Roma se han encontrado los restos de doce santuarios dedicados al dios: doce mitreos.

Pero Mitra no es un dios que busque seguidores. No hace prosélitos. Da un valor que raya en la temeridad a los soldados en la batalla: el valor de los toros. Pero no promete un más allá, no ofrece un horizonte de paz y justicia. No resuelve la cuestión fundamental del soldado que va a morir: la supervivencia de su alma, la resurrección de su cuerpo.

Todas estas son cosas que el cristianismo ofrece; de hecho, las asegura.

Aun así, Diocleciano ha desencadenado una violentísima persecución contra el cristianismo. Será la última, pero también es la más cruel. El emperador está convencido de que la causa de las derrotas de los ejércitos romanos es precisamente la devoción que se ha expandido a ese extraño Dios crucificado, que no exige sacrificios, pero que tampoco permite que se haga ninguno a nadie, ni siquiera al emperador.

En tiempos de Diocleciano es decapitado san Genaro, el patrón de Nápoles, cuya sangre, que se licúa y se coagula, sigue siendo hoy en día un misterio, un prodigio, tal vez un milagro. Y es degollada sant'Agnese (santa Inés), una chiquilla romana que defendía su virginidad. La encerraron en un burdel, pero un ángel la defendía y ningún hombre se atrevió a tocarla, excepto uno, que se quedó ciego, pero ella le devolvió la vista. La enviaron a la hoguera, y las llamas se retiraron. Entonces la degollaron, como se hace con los corderos; también por eso el cordero —en latín, *agnus*— es su símbolo.

En todo el imperio, los mártires de la persecución de Diocleciano son al menos unos veinte mil. En Frigia, toda una comunidad fue encerrada en una basílica a la que se le prendió fuego: setecientos fieles murieron de un modo horrible.

También había muchos cristianos entre los soldados. El más conocido, Sebastián, fue torturado con flechas, pero según la leyenda logró sobrevivir gracias a los cuidados de una piadosa mujer, así que tuvieron que martirizarlo por segunda vez, en el Palatino. Y la Iglesia es como san Sebastián: resurge de sus propias cenizas, la sangre de los mártires le da fuerza. Ningún emperador ha logrado erradicarla.

Majencio es pagano. Cree en la religión de los padres. Y según los padres, el futuro, desde la época de Tarquinio el Soberbio y los antiguos reyes, está escrito en los libros sibilinos, guardados en el templo de Apolo.

Tras el medio fracaso de la fiesta en el Circo Máximo, Majencio envía a su esposa y a su hijo superviviente a dormir fuera de la ciudad, a una villa de la Via Apia. Se queda solo en el palacio. Sabe que Constantino está llegando, pero no sabe cómo enfrentarse a él. Y como no puede dormir, se dirige al templo en mitad de la noche. Los sacerdotes de Apolo abren los libros y obtienen el vaticinio: «El enemigo de Roma será derrotado».

Majencio se calma. Es exactamente lo que quería oír. Porque el enemigo de Roma es Constantino, que quiere conquistarla con las armas, y el defensor, mejor dicho, el restaurador de Roma, es él.

Así que toma una decisión aparentemente sin sentido. En lugar de desplegarse para defender la ciudad, en mitad de la noche envía órdenes a los pretorianos para que se preparen para salir de Roma, ir al encuentro de Constantino y presentar batalla en campo abierto. Las murallas le darán una gran ventaja estratégica; la iniciativa y, por tanto, el riesgo recaerán sobre el enemigo, a él le bastará con resistir. Sin embargo, Majencio sabe que un emperador puede prescindir del favor popular, pero no cuando tiene que soportar un asedio. Así que decide tomar él mismo la iniciativa, con el favor de las profecías y de los dioses del pasado.

También Constantino es pagano. Pero a la vez es, de algún modo, religioso y él también espera una señal. Ambos emperadores sienten su destino personal ligado al destino del mundo, y buscan una relación con una deidad que lleve a cabo en ellos esta misión. Desde luego, no son los primeros comandantes romanos que se enfrentan en una guerra civil. Pero, en este punto de la historia de Roma, ha llegado el momento de tomar una decisión religiosa. El emperador necesita una investidura del cielo; por sí solo —solo contra los otros pretendientes, solo contra los bárbaros que presionan en las fronteras— ya no puede hacerlo.

Esa noche del 27 de octubre del año 312 d. C., Constantino se va a dormir a su tienda, convencido de que al día siguiente debe sitiar Roma. No puede saber que Majencio ha cometido el grave error estratégico de salir a presentarle batalla.

El ejército de Constantino está acampado en la Vía Flaminia. Las murallas de Roma se encuentran a menos de diecinueve millas de distancia. Todavía no se ven, pero los soldados las consideran infranqueables. Han venido hasta aquí por lealtad a su comandante, pero Constantino intuye que están esperando algo más. Una señal del favor divino.

A la mañana siguiente, el emperador anuncia a los soldados que la señal del cielo ha llegado. En forma de sueño. De una visión. Se le ha aparecido una cruz, el símbolo de la religión que su maestro Diocleciano había intentado en vano erradicar. Y ha oído una voz que decía, en griego: *En touto nika*. Constantino nació en Oriente, pero su lengua materna es el latín. A diferencia de Julio César, que lo hablaba perfectamente, nunca ha aprendido bien el griego, como tampoco Octavio Augusto. Sin embargo, en el momento decisivo de su vida, ha soñado en griego. Aunque, dirigiéndose a sus hombres, va a traducir el mensaje del cielo al latín: *In hoc signo vinces*. Dios le ha dicho: «Con este signo (el signo de la cruz), vencerás».

Muchos de los soldados de Constantino habían perseguido a los cristianos. Seguro que nunca habrían imaginado ir a la batalla con una cruz en sus estandartes. La cruz era un instrumento de tortura reservado a los esclavos y a los extranjeros; no es ninguna casualidad que el judío Pedro fuera crucificado, boca abajo, mientras que Pablo, ciudadano romano, fue decapitado, una muerte rápida, casi una deferencia. La cruz era un signo de vergüenza, una forma no solo de matar al condenado, sino también de exhibirlo y, por tanto, de humillarlo. En cualquier caso, no era un talismán, un amuleto, un símbolo del que enorgullecerse. Los propios cristianos tampoco habrían imaginado nunca que su cruz pudiera utilizarse en el campo de batalla, como signo de guerra, como emblema de un ejército.

Entre las muchas cosas de esta historia que nunca sabremos se encuentra esta: si Constantino venció porque se hizo cristiano, o si se hizo cristiano porque venció.

La batalla es sangrienta, pero breve. Majencio conduce a su ejército hacia el norte, directo al enemigo. Pensando que tenía que bloquear su camino a Roma, ha hecho que destruyeran el puente Milvio, pero ahora es él quien ataca a Constantino, y quien debe cruzar el Tíber. Así que hace construir un puente de pontones.

Cuando Constantino ve que su rival avanza contra él, se convence de que verdaderamente Dios está de su parte. El error de Majencio es un regalo inesperado. El ejército enemigo es más numeroso, los pretorianos son un cuerpo de élite, pero sus tropas están más curtidas en batalla, y en campo abierto son formidables.

Es entonces cuando Constantino siente que tiene la partida controlada. Reúne a los soldados, les cuenta el sueño y les ordena a todos —al menos así lo cuenta la tradición— que dibujen una cruz en sus escudos. De este modo, la victoria no puede escapárseles.

Hay un dios que lo ha elegido vencedor y que ha hecho a Majencio perder la cabeza. Hay un dios, y no es uno de los muchos que abarrotan el Panteón. Es un dios único, que quiere que el emperador represente en la tierra el orden que Él garantiza en el cielo.

El primer enfrentamiento se produce en un lugar que se llama Saxa Rubra, que significa 'piedras rojas', por la arcilla, o quizá por la sangre derramada hace mucho tiempo. El barrio vecino se llama Labaro, como se llaman también los estandartes en los que por primera vez aparece la cruz.

La infantería de Constantino ataca al enemigo por el centro. Los pretorianos resisten la embestida, contraatacan, parecen a punto de imponerse. Pero Constantino mueve a su caballería, que baja desde lo alto y aplasta a las tropas de Majencio, con el río a sus espaldas. Los pretorianos resisten, pero las dos alas, formadas por soldados itálicos y africanos, ceden. La infantería de Majencio queda expuesta en los flancos, los jinetes de Constantino la rodean. Queda la vía de escape: el puente de pontones. La idea es cruzarlo y cortarlo, para no ser perseguidos.

No se sabe si Majencio ordena la retirada a la ciudad o si los soldados se anticipan a la orden, pero no se trata de un repliegue ordenado, sino de una fuga precipitada. El puente de pontones se rompe bajo el peso de las armaduras y de los caballos, los soldados acaban en el agua. Los restos del puente se convierten en una trampa: los soldados de Constantino apuntan a sus enemigos con lanzas y flechas. El propio Majencio cae al agua, sale a flote, forcejea.

Tal vez piensa en su vida, y su vida ha sido una sucesión de señales, todas negativas. El hijo llamado Rómulo, con la esperanza de un renacimiento, y muerto de niño. El padre que no lo ha querido y no lo ha elegido. La hermana dada en matrimonio a su rival, que está a punto de matarlo. Y luego la burla de la profecía: «El enemigo de Roma será derrotado». Ahora está claro: el enemigo de Roma era él. Porque Roma ya no era una ciudad: era una idea. Una idea que estaba muriendo y para salvarla había que cambiarlo todo. Él, Majencio, no lo había entendido. Saca la cabeza del agua, pero el peso vuelve a hundirlo. Tal vez solo entonces se da cuenta de que es un hombre del pasado. El futuro pertenece a otros. Y su memoria será condenada.

Constantino no encuentra los estandartes del enemigo. Majencio, o alguno de sus comandantes más hábil que él leyendo el destino, los ha escondido. Enterrado. Serán encontrados por los arqueólogos modernos. Pero Constantino de todos modos necesita una señal de su victoria. Algo para mostrar a la gente, para aclarar quién es el vencedor de la batalla de Ponte Milvio, y quién es el vencido.

Así que hace repescar el cadáver de Majencio en el Tíber, ordena que le corten la cabeza, la clava en una pica —por fin Constantino mira a la cara a su cuñado— y la hace desfilar por las calles de la ciudad. Luego ordena arrasar todos los cuarteles de Roma, incluido el de los pretorianos, la Castra Praetoria; la ciudad se vacía de fortalezas y se llenará de iglesias. Se prohibirán las prácticas mágicas, orgiásticas, esotéricas. Los romanos aclaman al emperador victorioso y escupen a la cabeza cortada del derrotado. También a las estatuas de Majencio se les corta la cabeza y se sustituyen, como de costumbre, por la del nuevo señor.

Algunos dicen que Constantino ha celebrado sacrificios a los dioses para purificar la ciudad de la sombra del usurpador. Según otras fuentes, se habría negado a subir al Capitolio para celebrar los ritos de la tradición, en homenaje a su nueva fe.

Pero, si Constantino ya es cristiano, es un cristiano de una nueva clase, decidido a utilizar la religión como un instrumento de su poder.

En Arezzo, en el corazón de la Toscana, hay una iglesia consagrada a san Francisco. Se puede ver en una película de gran éxito, *El paciente inglés*. Un soldado indio, un sij con turbante, lleva a su novia, una enfermera canadiense —la dulce Juliette Binoche—, a ver unos frescos que le han impresionado. Es de noche. Le prepara un arnés con cuerdas, le entrega una bengala y, con un juego de poleas, la hace girar para que pueda ver las figuras cara a cara. Es una escena mágica, llena de poesía.

Juliette puede así admirar a Salomón, a la reina de Saba, a Adán, a la reina Helena, y a otros personajes. Y puede contemplar el primer gran nocturno de la historia del arte: el sueño de Constantino.

El autor de los frescos, Piero della Francesca, uno de los maestros del Renacimiento fascinado por la pintura de los antiguos romanos, muestra al emperador dormido en su tienda. La oscuridad es atravesada por una luz procedente del exterior, en un juego de claroscuros que inspirará a Rafael y a Caravaggio, el maestro de la pintura nocturna. Un ángel aparece y muestra a Constantino una pequeña cruz. La noche está llena de estrellas, y no están dispuestas al azar. Piero della Francesca estudió astronomía, y representó las constelaciones no como se ven desde la tierra, sino como se verían desde el cielo. Pintó el cielo como Dios lo habría visto si esa noche hubiera decidido hablar a los hombres.

Nunca sabremos si Constantino tuvo realmente ese sueño. Es más, ni siquiera sabremos nunca si Constantino se convirtió realmente al cristianismo cuando ganó la batalla de Ponte Milvio.

Para conmemorar la visión, mandó construir un arco en la Via Flaminia, en el lugar donde había instalado su campamento, que ahora se llama Malborghetto, porque hubo allí una taberna frecuentada por bandidos y malhechores.

Pero el arco más famoso que aún lleva el nombre de Constantino es el construido en la Via dei Trionfi (hoy Via de San Gregorio), que lleva desde el Circo Máximo al Coliseo. Un arco bajo el cual los fascistas celebraron los aniversarios de la Marcha sobre Roma, otro acontecimiento que desde su punto de vista iba a inaugurar una nueva era, pero que en realidad solo tiene una cosa en común con la batalla de Ponte Milvio: la fecha, el 28 de octubre. El verdadero triunfo bajo el Arco de Constantino lo vivió en el siglo XX un atleta procedente de un país que los fascistas habían invadido y sometido, Etiopía: el 10 de septiembre de 1960, un maratoniano descalzo, Abebe Bikila, pasó en primer lugar bajo el arco en una noche de ensueño, y fue el primer africano en ganar una medalla de oro olímpica.

El Arco de Constantino se construyó en dos años, para conmemorar la victoria sobre Majencio. Es una obra de expolio: los medallones y los grandes bajorrelieves son anteriores, se remontan a Trajano y Adriano. De la época de Constantino son los bajorrelieves más pequeños y más toscos; para entonces se había perdido ya la maestría de los artistas de la época clásica, o tal vez no había tiempo para esculpir con esmero, era necesario fijar en piedra con rapidez lo que había sucedido.

Pero no hay signos del cristianismo en ese arco.

Aparece la batalla de Ponte Milvio, con los enemigos ahogándose en el Tíber, acribillados por las flechas, pero no se ven cruces. Todo lo contrario: hay soldados que llevan en procesión dos estatuillas del dios Sol. Y en los relieves más antiguos se ve una oveja y un cerdo a punto de ser sacrificados a una deidad pagana.

Sin embargo, hay una novedad. Por primera vez, se representa a soldados romanos derrotados y humillados, como si fueran bárbaros. Se rompe el tabú que había aconsejado a César no mostrar la imagen de Pompeyo, derrotado y decapitado, y que había llevado al pueblo a murmurar cuando vio la efigie que evocaba el suicidio de Catón el Uticense. El mensaje de Constantino es claro: quien esté contra él es un enemigo absoluto. Aunque sea romano, y por tanto un compatriota, deja de serlo. Constantino cree en un único Dios, y sobre esta fe está elaborando una ideología política; también ha de ser único el emperador, depositario en la tierra del poder de Dios que reina en los cielos.

No es casual que Constantino haga escribir en su arco que había depuesto al usurpador Majencio *instinctu divinitatis,* 'por inspiración de la divinidad'. Y poco importa si de momento esa divinidad no está ahí, o sigue siendo el dios Sol. Constantino ofrece un dios a los paganos, y una imagen de Dios a los cristianos.

En el año 313 d. C. se promulga el Edicto de Milán: el cristianismo es una fe legítima. Las persecuciones han terminado. Los cristianos son libres; es más, están a punto de tomar el poder. Porque la religión que los otros emperadores querían erradicar está a punto de convertirse en la religión del Estado, gracias al nuevo emperador.

Helena y la Vera Cruz

En Arezzo, Piero della Francesca no solo representa el sueño de Constantino. Cuenta la historia de la Vera Cruz, tal y como la concibió el monje Santiago de la Vorágine —de Varagine, esto es, de Varazze, en la Liguria— en un capítulo de un libro extraordinario: *La leyenda dorada,* una recopilación de vidas de santos, el *longseller* de la Edad Media.

La historia comienza con la muerte de Adán: es el primer hombre y, por tanto, también el primero en morir. Para mitigar ese momento de terror desconocido, Set, hijo de Adán, va al Paraíso a pedir el aceite de la misericordia, como elixir para una muerte tranquila. El arcángel Miguel, en cambio, le da una ramita, que debe colocar en la boca del difunto. De ella crece un árbol, del que se extraerá la madera para construir la cruz en la que será clavado Jesús.

Helena llega a Tierra Santa. La moza de cuadras de la taberna que había enamorado al futuro emperador. La madre de Constantino, convertida al cristianismo.

La suya es la primera peregrinación de la historia.

Gracias a Helena, las dos ciudades santas de la cristiandad, Roma y Jerusalén, se unen por primera vez.

Helena hace que un judío que, no por casualidad, se llama Judas le revele el lugar donde está enterrada la cruz. De este modo, una anciana, la madre del emperador, asciende al

Gólgota para una búsqueda sagrada. El problema es que hay tres cruces. ¿Cómo distinguir la de Jesús de las de los dos ladrones? Se acerca el madero a un cadáver, que inmediatamente vuelve a la vida. Así es como se reconoce la Vera Cruz. El hombre con gorro rojo que presencia el hallazgo es quizá un autorretrato del pintor: Piero della Francesca no podía permanecer al margen de una escena tan importante.

Hoy, en Roma, la basílica de la Santa Cruz de Jerusalén se levanta en el mismo lugar donde estuvo el palacio de Helena, a quien la Iglesia venera como santa. Fue aquí donde Helena depositó las reliquias que había traído de Jerusalén, tras haber esparcido por el suelo la tierra del Gólgota; y todavía hoy se conservan tres fragmentos de la Vera Cruz en la basílica, venerados por los fieles del mundo entero como las reliquias más importantes de toda la cristiandad.

En la misma basílica se encuentra también uno de los clavos de la crucifixión. Helena dio un segundo clavo a un herrero para que lo convirtiera en el bocado del caballo de Constantino; un tercero lo hizo engastar en su casco, para que estuviera protegido en la batalla, pero, según la tradición, un clavo está en la catedral de Milán, y otro en la corona de hierro de la catedral de Monza, la de los reyes lombardos, con la que Napoleón también quiso que lo coronaran. La corona de espinas, de la que Elena solo había encontrado un fragmento, está en cambio en Notre-Dame, gracias a Luis IX, el rey santo, aunque muchas otras iglesias se jactan de poseer al menos un pedazo.

Constantino, que adoraba a su madre, la proclamó Augusta y mandó que la representaran en las monedas. El cristianismo estaba realmente a punto de cambiar el mundo si una moza de cuadras podía convertirse en emperatriz. Al fin y al cabo, la madre de Jesús también era una mujer del pueblo, que había dado a luz en un pesebre.

La Santa Cruz es una de las siete basílicas que según la tradición se remontan a Constantino y sus descendientes; las otras son San Pedro, en el emplazamiento de la tumba del jefe de los apóstoles, San Pablo Extramuros, San Lorenzo, San Sebastián Extramuros, San Juan de Letrán, primera sede del obispo de Roma, el papa, y Santa María la Mayor, hoy basílica predilecta del pontífice que es el primero en llevar el nombre de Francisco. En Jerusalén, Constantino erige el Santo Sepulcro, reconstruido más tarde por los cruzados; en Belén, la basílica de la Natividad.

Sin embargo, Constantino nunca llegó a ser un buen cristiano, ni siquiera un buen hombre. Gran comandante militar, decidido dirigente político, no solo fue despiadado, sino que nunca llegó a ser capaz de controlar sus pasiones y sus recelos. Tenía un hijo, Crispo, pero cuando se enteró de que tenía una aventura con su joven esposa, Fausta, lo mató. Luego, ante las protestas de ella, asesinó también a su esposa.

Algunos han especulado con que Constantino se convirtió justo en aquel momento para expiar unos crímenes tan graves que solo el bautismo podía borrar.

De acuerdo con su biógrafo, Eusebio de Cesarea, fue bautizado en Nicomedia, en Oriente; la Iglesia ortodoxa aún lo venera como santo y le dedica iconos. Sin embargo, según los frescos conservados en el monasterio de clausura de los Cuatro Santos Coronados, en una colina que separa San Juan de Santa María la Mayor, Constantino habría sido bautizado en Roma.

Los frescos son dos siglos más antiguos que los de Piero della Francesca, pero no son una obra maestra de la historia del arte. El estilo sigue siendo bizantino. No obstante, producen un gran impacto emotivo, entre otras cosas porque nos muestran una historia que solo se cuenta en ese lugar.

Constantino está enfermo de lepra. Los sacerdotes paganos le aconsejan que ordene matar a niños y se bañe en su sangre para curarse: un claro símbolo de la persecución de los antiguos cristianos. Frente a la desesperación de las madres, el emperador renuncia.

Una noche, Constantino ve en sueños dos rostros desconocidos para él —san Pedro y san Pablo— que lo invitan a pedir ayuda al papa Silvestre, quien le indicará una fuente, cuya agua lo curará. Pero el papa se ha retirado al monte Soratte. Constantino lo manda llamar, y el pontífice le muestra una imagen, en la que el emperador reconoce a los santos que había visto en su sueño: Pedro y Pablo.

Silvestre bautiza a Constantino, que se cura así de la lepra. El bautismo se realiza por inmersión, como en las primeras comunidades cristianas. En señal de agradecimiento, Constantino le regala al papa la ciudad de Roma, el *synichium* —una especie de paraguas, signo de la dignidad imperial—, la tiara y un caballo. A Silvestre se le representa sentado en un trono, y Constantino le rinde homenaje.

El significado no podría estar más claro: el papa es el intermediario entre Dios y el emperador, entre el poder celestial y el terrenal, sea quien sea el hombre al que se le haya encomendado provisionalmente.

Esa historia no solo se cuenta en ese fresco. Fue sancionada incluso antes en un documento conocido como «la Donación de Constantino». Auténticos falsificadores elaboraron un relato, llamado *Actus Silvestri,* escrito en un tosco latín que nunca se habría utilizado en la época del imperio. Según ese documento, Constantino concedía al papa, a cambio de la curación de la lepra, la soberanía sobre Roma y su territorio, el primado sobre las iglesias orientales y la primacía sobre todos los sacerdotes. Una falsificación. Pero el hecho de que su elaboración se creyera necesaria demuestra hasta qué punto el imperio seguía condicionando la historia del mundo, incluso cuando hacía siglos que ya no existía de forma oficial.

Constantino pasó poquísimo tiempo en Roma. Para compensarlo, fundó otra Roma sobre las ruinas de la antigua Bizancio, y le dio un nombre que se parecía un poco al suyo: Constantinopla. En resumen, tuvo dos intuiciones: trasladar el centro de gravedad político y militar del imperio hacia el este, lejos de aquellos bárbaros que ahora consideraba demasiado temibles, y hacer de Roma el centro religioso, ya que era la ciudad donde habían sido martirizados y enterrados Pedro y Pablo, el primer sucesor de Cristo y el predicador que había sabido conciliar el cristianismo con la filosofía y la cultura griega y romana. Y esta elección fue también un reconocimiento póstumo de la inteligencia, o de la inspiración divina, de Pedro y Pablo, quienes habían ido a predicar y a morir no a un páramo desierto, sino al centro del mundo, a la capital del pueblo que dominaba a las gentes y a la historia.

En Roma, Constantino hizo construir una tumba junto a un cementerio público cristiano. Allí fue enterrada su madre, Helena. Pero luego él cambió de opinión, y eligió descansar en Constantinopla, junto a las reliquias de los apóstoles de las que había hecho acopio, y que en parte se perdieron. Con la misma obstinación presidió muchos concilios, para que los padres de la Iglesia encontraran la unidad y condenaran como herejes y cismáticos a los que profesaban un credo distinto del que se estableció, en especial, en el concilio de Nicea. Las dudas sobre una religión tan compleja como el cristianismo habían ido aflorando, empezando por la más importante: ¿Jesús era un dios o un hombre, o participaba de ambas naturalezas? Sin embargo, a Constantino no le interesaban las reflexiones teológicas ni las discusiones filosóficas; pretendía una doctrina clara, compartida y, sobre todo, única.

Había comprendido que el cristianismo no era el enemigo del imperio, es más, podía convertirse en un aliado, si no en su esencia misma. Un único Dios en el cielo, y un único emperador en la tierra. Y no un dios nacional, el protector de un pueblo, el símbolo de una fe esotérica: un Dios universal, en el que todos, hombres y mujeres, libres y esclavos, pudieran y tuvieran que reconocerse. Que prometía justicia, pero la remitía al Reino de los Cielos. Ni magos, ni ritos esotéricos ni brujería, pero tampoco orgías desenfrenadas, ni lujos excesivos ni libertinaje de costumbres y de pensamiento; la nueva fe representaba un contenido ético que una civilización debilitada necesitaba y, también, una forma de control social.

El paganismo ya no era suficiente; era necesario un vínculo más sólido entre la ley del Estado y el corazón de los hombres. A estas alturas, resulta menos importante determinar si el emperador se convirtió por cálculo político o si la visión a las puertas de Roma había germinado en su corazón, si la victoria del cristianismo fue una estrategia o un milagro. Ambas cosas pueden ir de la mano.

Y si el cristianismo ya no volvió a ser el mismo tras su abrazo con el poder, también es cierto que fue ese abrazo el que fundó la civilización en la que aún hoy vivimos.

La conversión al cristianismo no salvará al Imperio romano, pero será una de las causas, y no la menos importante, de su longevidad. Occidente se hace cristiano porque Roma se ha hecho cristiana. Y, también gracias al hecho de hacerse cristiana, la propia Roma pervivirá en las culturas y formas de poder que han de venir después de su (aparente) caída.

7

EL IMPERIO INFINITO
El vuelo del águila desde Justiniano hasta Zuckerberg

Mark Zuckerberg se fue de luna de miel a Roma con su esposa Priscilla, aunque ella explicó que le pareció que eran tres: «Mark, Augusto y yo». De hecho, el joven marido hablaba constantemente del emperador y constantemente fotografiaba sus estatuas.

Cuando, años más tarde, Mark Zuckerberg regresó a Roma, esta vez no como recién casado, sino como dueño y señor de la Red, se permitió correr en camiseta y pantalón corto entre el Circo Máximo y el Coliseo. Luego se reunió con los periodistas y alabó las bondades de la comida y la belleza de la ciudad. En resumen, hizo y dijo las cosas clásicas del americano en Roma, quizá preparadas por su oficina de prensa.

Pero luego se puso serio y empezó a recitar en latín: *Forsan et haec olim meminisse iuvabit...* «No se me dan bien los idiomas», explicó sonriendo, «en la universidad intenté probar con el francés y el español; luego me decanté por el latín, que tiene la ventaja de no ser una lengua para hablar». Y es una lengua profundamente racional, que al estudiante Mark le recordó los lenguajes de programación que estaba estudiando.

El público, formado por jóvenes empresarios acostumbrados al inglés de las escuelas de negocios, lo escuchaba perplejo con curiosidad: ¿qué habrá querido decir el inventor de Facebook?

Zuckerberg no había pronunciado esas palabras al azar. Había citado el verso 203 del primer libro de la *Eneida*. Una frase que Virgilio atribuye a Eneas en el momento más dramático de su historia. Troya ha caído, él se ha salvado de milagro. Su ciudad ha sido destruida, su esposa ha muerto, muchos de sus barcos se han perdido en una tormenta. Aparentemente, tiene todo en su contra. Sin embargo, Eneas dice: «Quizá algún día recordar todo esto nos dé ánimos».

Zuckerberg añadió: «El verso de Virgilio es la historia empresarial más hermosa jamás escrita. Eneas no se rinde. Ya está pensando en cuándo logrará su objetivo de fundar Roma y mirará hacia atrás, hacia las pruebas que ha superado. Eneas tiene una misión, tiene un equipo y tiene mucha perseverancia. Posee todas las cualidades de un verdadero emprendedor».

Dudo de que Virgilio hubiera reconocido a su héroe en este retrato. Y, sin embargo, la vocación «imperial» del señor de las redes sociales no podría haber surgido con más claridad de aquel viaje a Roma y aquel discurso. La idea de reunir y «gobernar» una comunidad tan vasta como el mundo hace que Zuckerberg se sienta como una especie de

Augusto contemporáneo. No es casualidad que se corte el pelo como él, que si ha de aparecer en una conversación virtual con Italia su avatar se mueva y hable como Augusto, que desde hace tiempo concluya sus reuniones con el grito de «¡Dominio!», y que haya puesto a sus tres hijas nombres que evocan la vida del fundador del imperio: Maxima, August, Aurelia.

Facebook no es solo su imperio personal; en su mente es una especie de reedición del Imperio romano. Pero con más *cives:* casi tres mil millones. En su época, Augusto no tenía bajo su poder a tanta gente.

Obviamente, el ejemplo de Zuckerberg es solo el más evidente, pero no es ni mucho menos el único. Cuando tuvo que lanzar su campaña para la exploración de Marte, Elon Musk se proclamó *imperator of Mars.* Cuando Maureen Dowd, una de las periodistas más importantes del *New York Times,* le preguntó si el riquísimo Craso era su emperador favorito, la dejó de piedra: «Craso era un triunviro, no un emperador». Y cuando, en broma, Musk fantaseó con retar a Zuckerberg a un combate, de nuevo en broma, se pensó en que se celebrara en el Coliseo.

Bill Gates es un gran apasionado de la antigua Roma: en su blog recomendó el documental de la BBC *Yo, Claudio emperador,* en el que Claudio relata su propio reinado y el de sus predecesores Augusto, Tiberio y Calígula; tras la pandemia, Gates sugirió la creación de un grupo de trabajo mundial, siguiendo el modelo de Augusto, quien creó el cuerpo de bomberos tras el incendio de Roma en el año 6 d. C.; reseñó un libro de Vaclav Smil, *Why America Is Not a New Rome* («Por qué América no es una nueva Roma»), cuya tesis es solo aparentemente antitética respecto al libro que el lector tiene entre sus manos. Porque es obvio que la historia nunca se repite dos veces, y ni nosotros ni los americanos somos los antiguos romanos, pero lo que Smil y Gates pretenden decir es que no hay automatismos, y que lo que le pasó a Roma no necesariamente le pasará a América. Aunque nos siga inspirando.

En el famoso discurso de Steve Jobs sobre la necesidad de tener hambre y de estar locos, algunos han visto ecos de Séneca y Marco Aurelio, sobre todo cuando el fundador de Apple recuerda haber leído, a la edad de diecisiete años, esta máxima del emperador filósofo: «Si vives cada día como si fuera el último, tarde o temprano tendrás razón». *Cotidie morimur* («morimos cada día»), advertía Séneca, que era sin duda más pesimista. Aunque de nuevo Séneca escribe en otro pasaje: «En esto los hombres somos superiores a los dioses; los dioses no conocen la muerte, nosotros somos superiores a ellos ante la muerte».

Pero más allá de los intereses individuales, existen puntos de contacto entre Roma y el fenómeno económico y cultural más importante de nuestro tiempo, la revolución digital. Del mismo modo que el Imperio romano seleccionaba a la clase dirigente en sus colonias, Silicon Valley ha identificado a los mejores talentos en todo el mundo. Sin embargo, el cosmopolitismo, la diversidad étnica, el multiculturalismo coexisten con una fuerte centralización: las infraestructuras digitales siguen siendo norteamericanas. Y todos los grandes capitalistas de Big Tech son cesaristas en sus planes de ascenso, conquista, dominación. Aspirantes a monopolistas, emperadores de la economía digital.

Cabe pues preguntarse: ¿por qué? ¿Por qué precisamente Roma? ¿Cómo es posible que una civilización que en teoría murió hace dieciséis siglos siga condicionando el lenguaje y el pensamiento de nuestro siglo? ¿Por qué razón, entre los muchos imperios y reinos, entre las muchas civilizaciones que se han sucedido en la tierra, Roma sigue dando palabras y símbolos a la modernidad, e inspira aún las formas que adoptan el poder y el arte, los negocios y la comunicación?

La explicación no está solo en la fascinación: está en la continuidad. El Imperio romano nunca cayó, porque la idea de Roma ha viajado inmortal a lo largo de la historia, gracias no solo a soberanos que se sentían como una reencarnación del emperador, sino también a pueblos que se han pensado a sí mismos como herederos de los antiguos romanos.

BIZANCIO, LA NUEVA ROMA

El término «bizantino» se inventó en pleno Renacimiento para marcar la distancia con el Imperio romano de Oriente y decir, en síntesis, que los occidentales, y por tanto los herederos de los antiguos romanos, éramos nosotros.

Sin embargo, los bizantinos siempre estuvieron convencidos de que eran ellos los herederos de los romanos; es más, de que precisamente ellos eran los romanos. De hecho, no se llamaban a sí mismos bizantinos, sino *rhomaioi,* y llamaban a su estado *Basileia Rhomaion,* 'el reino de los romanos', o incluso simplemente *Rhomania.* Y Bizancio, o si se prefiere Constantinopla, era la *Nova Roma.*

Hoy tendemos a pensar en Bizancio como una civilización débil y enferma, que durante mil años no hizo más que decaer, discutiendo sobre complicadas cuestiones jurídicas y pintando iconos siempre iguales, para luego, en ocasiones, destruirlos. Los ilustrados, en particular, la despreciaron. Para Voltaire, Bizancio era «una colección sin valor de declamaciones y milagros». Para Montesquieu, «un tejido de revueltas, motines e infamias».

En realidad, Bizancio fue un milagro que resistió a los bárbaros y a los árabes, y durante cuatro siglos plantó cara a los turcos; baluarte de una civilización griega y latina, cristiana y ortodoxa, que aún existe y que, es más, se ha extendido desde Belgrado hasta Vladivostok, desde el mar Mediterráneo hasta el océano Pacífico, mezclando y uniendo una vez más etnias y pueblos diferentes, aunque se haya desangrado en guerras fratricidas como la desatada por Rusia contra Ucrania.

La longevidad de Bizancio se debe a la combinación de tres factores: la cultura griega, la fe cristiana y el concepto romano de Estado. Y el hombre que fue capaz de mantener unido todo esto, refundando la civilización de Roma en el Cuerno de Oro, fue un gran emperador: Justiniano.

Hijo de un campesino, nacido en una remota zona de los Balcanes (en Tauresium, hoy Taor, en Macedonia del Norte), formado en el ejército, Justiniano debe sin duda su fortuna al hermano de su madre, Justino, general que llegó a ser emperador. Pero su personalidad destaca por ser excepcional, partiendo de la tenacidad con que quiso casarse con la mujer a la que amaba, Teodora, una actriz acusada de haber sido prostituta.

¿Que la ley prohibía que las actrices se casaran con hombres de alto rango? Justiniano hace cambiar la ley, y exige que Teodora sea retratada a su lado en Rávena, ciudad que aún conserva los mosaicos más bellos del mundo. También por este motivo el personaje de Teodora fascinará a los artistas, como Victorien Sardou, el autor de *Tosca,* quien escribe la obra de teatro *Teodora* para Sarah Bernhardt, la gran actriz que era hija de una prostituta. Por su parte, Lady Randolph Churchill, la excéntrica madre de Winston Churchill, aparece vestida de Teodora en la recepción del Jubileo de Diamante de Victoria, reina de Inglaterra y emperatriz de la India.

La etapa de Justiniano fue la última gran época de la romanidad. Sus generales, Belisario y Narsés, derrotaron a los godos y reconquistaron Italia, España y el norte de África. Sus arquitectos construyeron Santa Sofía en Bizancio. Pero su obra maestra es el *Corpus iuris civilis,* la colección de leyes que, redescubierta en la Edad Media por la escuela jurídica de Bolonia, fue la base del derecho europeo hasta el código napoleónico.

Dante se encuentra a Justiniano en el Paraíso, en el cielo de Mercurio, entre los espíritus que persiguieron el honor y la gloria, y que por ello no están entre los más cercanos a Dios, pero su dicha es tal que no pueden concebir ningún mal pensamiento. «César fui y soy Justiniano, / que por voluntad del primer amor que siento / de dentro de las leyes quité lo excesivo y lo vano». Con su admirable síntesis habitual, en tres versos el poeta nos dice muchas cosas. «Fui César y soy Justiniano» nos recuerda que el título y el poder mueren con el cuerpo, pero la esencia y el alma viven para siempre; incluso en el más allá, cada persona sigue siendo ella misma, plenamente realizada. La obra de Justiniano fue deseada por el Espíritu Santo, «el primer amor», y consistió en eliminar del inmenso cuerpo de las leyes romanas «lo excesivo y lo vano», lo que sobraba y era superfluo.

A continuación, el Justiniano de Dante se explaya en un *excursus* vertiginoso y resume en unos pocos versos rotundos la historia del águila, símbolo de Roma. Doscientos años antes del advenimiento de Justiniano, Constantino la había trasladado hacia el este, de Roma a Bizancio. Pero originalmente el águila había hecho —con Eneas— el recorrido inverso, de Oriente a Occidente, desde Troya hasta las orillas del Tirreno. Allí permaneció al menos durante trescientos años, en Alba Longa: el famoso periodo entre el desembarco de Eneas y la fundación de Roma.

Luego evoca Dante el combate entre Horacios y Curiacios, el rapto de las sabinas, los reyes de Roma, la violación de Lucrecia, las derrotas a manos de Breno y Pirro seguidas siempre, no obstante, de la redención; la traición de Cincinato, el gran temor por la llegada de Aníbal, las victorias de los Escipiones, la derrota de Catilina, el efímero triunfo de Pompeyo. En resumen: todo lo que ha leído el lector hasta aquí, Dante lo esboza en unos cuantos tercetos.

Después viene la era de César, y con él el águila pasa del Varo al Rin, del Isère al Loira, del Sena al Ródano; y el vuelo desde el Rubicón hasta Roma fue tan veloz que ni la lengua ni la pluma podrían relatarlo.

Aquí Dante se confirma como un gran apasionado de Julio César; no es casualidad que, en el Infierno, ponga a sus asesinos, Bruto y Casio, en las bocas de Lucifer. Y así, en el relato de Justiniano, César caza a Pompeyo y a sus hombres en España, en Durrës, en Farsalo; luego, gracias a él, el águila vuelve a ver Troya, en particular el sepulcro de Héctor; después, parte hacia Egipto, desciende como un rayo sobre Juba, rey de Mauritania; y a continuación, de nuevo en Occidente, allí donde se oiga la trompeta de los enemigos pompeyanos. Todavía llora a la triste Cleopatra, quien, huyendo por delante de él, se dio una muerte repentina y atroz con la serpiente. Con Octavio, el águila llegó hasta el mar Rojo; con Tiberio, el pecado original fue vengado, gracias a la crucifixión de Jesús, que redimió a la humanidad; con Tito, la muerte de Jesús fue vengada con la destrucción del templo de Jerusalén. Y cuando la violencia de los lombardos se volvió contra la Santa Iglesia, Carlomagno la protegió bajo las alas del águila.

De manera que Dante ve también una continuidad entre el Imperio romano y el Sacro Imperio Romano Germánico, hasta el punto de que condena tanto a los gibelinos, que se apropian de ese símbolo, el águila, que debería unificar a todos los hombres, como a los güelfos, que en cambio lo rechazan.

En cualquier caso, el águila se encuentra en los escudos de muchas ciudades y provincias italianas, empezando por la históricamente más leal al emperador, Pisa. Pero incluso ciudades ferozmente contrarias al emperador compiten por incluir el águila en su escudo: en 1395, Gian Galeazzo Visconti, señor de Milán, obtiene el permiso para colocarla junto a la tradicional serpiente; y en esos mismos años ordena derribar la vieja basílica para erigir una catedral nunca vista, no de ladrillo ni de piedra, sino toda de mármol, con cinco naves como los antiguos templos romanos. Porque a veces olvidamos que las iglesias cristianas, desde la época tardoimperial, se construyen como las basílicas romanas.

EL ÁGUILA DEL SACRO IMPERIO ROMANO GERMÁNICO

Estamos acostumbrados a pensar en los pueblos bárbaros que se asentaron en la Europa occidental como invasores rudos y peludos. En realidad, todos ellos estaban imbuidos de la cultura romana.

El rey de los lombardos, Astolfo, reclamó el control de Roma con un lenguaje propio de un césar cristiano: el *populus Romanorum* le había sido entregado *a Domino,* por voluntad de Dios, *auxiliante Domino nostro Iesu Christo,* con la ayuda de Jesús.

Sin embargo, en Roma ya estaba el papa, quien llamó a los francos en su defensa. En una ceremonia solemne, ungió rey a su líder, Pipino el Breve, otorgándole el título de «patricio de los romanos». Había nacido la dinastía carolingia. El apoyo del papa estaba asegurado, pero ahora Pipino tenía que conquistar Italia con las armas.

Los francos cruzaron dos veces los Alpes, derrotaron a los lombardos, enviaron a su rey Desiderio al exilio en Francia, mientras que su hijo Adelchis —a quien Manzoni dedicará una tragedia— encontró refugio en Bizancio, desde donde intentó en vano organizar su restitución.

En aquella época, sobre Oriente no reinaba un emperador, sino una emperatriz. Irene había heredado el poder de su marido y lo ejercía en nombre de su hijo, de tan solo nueve años; luego, cuando el niño creció y conspiró contra su madre, ella lo hizo arrestar y asesinar. Irene era la única que se llamaba a sí misma «autócrata de los romanos» y *basilissa*, 'reina' en griego, aunque en los documentos oficiales aparecía como *basileus*, 'rey'; un poco como Giorgia Meloni, quien se hace llamar el, y no la, presidente del Gobierno. Por desgracia, Irene es un personaje ausente de la memoria colectiva, entre otras cosas porque no ha llegado hasta nosotros ningún retrato suyo; era enemiga de los iconoclastas, que destruyeron sus imágenes, salvo las grabadas en monedas de oro, en las que Irene aparece sosteniendo el globo con la cruz en una mano y el cetro en la otra, y vistiendo un traje imperial parecido a la *trabea triumphalis,* el manto que llevaban los cónsules romanos en sus triunfos.

El papa no podía aceptar a una mujer como emperatriz de Oriente, o tal vez solo fuera un pretexto para emanciparse de un modo definitivo de Bizancio y dejar de ser solo el obispo de Roma, para ser la cabeza espiritual de la cristiandad. Sin embargo, necesitaba un protector armado, un nuevo emperador, que le debiera el cetro a él.

Así, en la noche de Navidad del año 800 d. C., el papa León III coronó a Carlomagno en San Pedro. La ceremonia debería haber seguido el ritual romanobizantino, desde la aclamación del pueblo hasta la unción del emperador. En cambio, el papa invirtió la ceremonia, ungió a Carlos y le entregó la diadema —esa corona que César había rechazado— antes de que el pueblo se manifestara, como diciendo que el título de emperador procedía de él y, a través de él, de Dios.

Carlos fue también un hombre excepcional, un analfabeto que reconocía el valor de la cultura. Con él, terminan los siglos oscuros, se vuelve a construir, a pintar, a esculpir, aunque sin recuperar el nivel artístico de los antiguos romanos, que solo se alcanzaría con el Renacimiento. Sin embargo, cuando a Bizancio llegó la noticia de que el rey de los francos había sido coronado emperador, los cronistas anotaron angustiados que las invasiones bárbaras no habían terminado, al contrario, un bárbaro acababa de conquistar Roma y el título de césar estaba ahora en manos de un usurpador.

Cuando, más adelante, en 1054, el papa León IX decidió emanciparse para siempre del patriarca de Constantinopla, a través de lo que se llamará el Cisma de Oriente, sintió la exigencia de encontrar nuevamente legitimidad en la historia romana, y fabricó la *fake news* más clamorosa de todos los tiempos, la ya mencionada «Donación de Constantino», el documento que en teoría demostraba cómo el soberano había donado Roma al papa. Cuatro siglos después, el humanista Lorenzo Valla demostró con facilidad que se trataba de una falsificación, pero el mero hecho de que el pontífice hubiera sentido la necesidad de recurrir a un antiguo emperador para legitimar su dominio sobre Roma atestigua hasta qué punto el prestigio del imperio aún seguía intacto.

Durante siglos, el papa de Roma y el emperador alemán siguieron contendiendo; sin embargo, después de Carlomagno, todos los emperadores serán coronados por el papa… hasta Carlos V, el primero en reinar sobre un imperio que se extendía hasta el Nuevo Mundo. Para abreviar su viaje, Carlos no fue consagrado en Roma, sino en Bolonia. Corría el año 1530. Tres años antes, sus lansquenetes habían saqueado y profanado la Ciudad Eterna. Después de Carlos V, los soberanos se proclamaron por su cuenta *Imperator Electus Romanorum,* el elegido por los romanos.

Su símbolo, desde los tiempos de Federico Barbarroja, era el águila romana. La misma águila que será adoptada por el Imperio austrohúngaro, por el Reich alemán, por la República de Weimar, por el nazismo e incluso por la Bundesrepublik, la Alemania moderna.

De los antiguos romanos, los emperadores alemanes tomaron prestados también la corona, el manto de color púrpura, el cetro y el globo terráqueo que simbolizaba el mundo; y, dado que el imperio era sagrado y romano, por tanto, cristiano, el globo estaba coronado por una cruz.

FLORENCIA, VENECIA Y EL REDESCUBRIMIENTO DE HOMERO

En Bizancio se custodiaban los textos de la gran cultura griega, y fue precisamente cuando Bizancio estaba a punto de caer cuando Occidente los redescubrió. En 1438, el emperador Juan VIII Paleólogo, al frente de una delegación de setecientos clérigos y eruditos, llegó a Ferrara para un concilio que debía reunir a las iglesias de Oriente y Occidente, es decir, a los ortodoxos y a los católicos, y poner en marcha una cruzada para salvar Bizancio de las garras de los turcos. Al año siguiente, a causa de la peste que se había declarado en Ferrara, el concilio se trasladó a Florencia, como atestigua el espléndido fresco de Benozzo Gozzoli en la capilla de la familia Médici, donde también se puede ver a dos niños: Lorenzo, más tarde llamado el Magnífico; y su hermano Juliano, asesinado en la conspiración de una familia rival, los Pazzi.

Desde una perspectiva religiosa y política, el concilio no llevó a ninguna parte: las dos iglesias permanecieron separadas, y el 29 de mayo de 1453 Bizancio, abandonada a sí misma, cayó en manos de los turcos, que la llamaron Estambul, la convirtieron en la capital de un imperio agresivo y poderoso, y transformaron Santa Sofía, con sus mosaicos, en una mezquita. Sin embargo, se había sembrado una semilla.

Los sabios de Bizancio —en particular Besarión, arzobispo y hombre de letras— habían llevado a Florencia, capital del humanismo, los textos y las ideas de la antigüedad griega, que Occidente había perdido y, por tanto, no conocía. Esto explica el nacimiento del pensamiento neoplatónico y el redescubrimiento de los grandes poemas atribuidos a Homero. Tras la caída de Bizancio, Besarión donó a Venecia en 1468 su colección de códices griegos y latinos, que se convirtieron en la pieza central de la que hoy en día conocemos como Biblioteca Nacional Marciana. Entre ellos se encuentra el códice conocido como *Venetus A,* que se remonta a mediados del siglo X y es el más antiguo de los manuscritos que nos han transmitido la *Ilíada.*

Por otro lado, Venecia, con su pequeño imperio en el Adriático, había nacido de una costilla del Imperio bizantino. Su fundación es tan legendaria como la de Roma. Según una antigua tradición, la ciudad surgió gracias a los exiliados troyanos liderados por Antenor, quien se había salvado merced a la benevolencia de los aqueos, y a quien también se atribuye la fundación de Padua. En cambio, según otras fuentes, la primera piedra de la iglesia de San Giacometo de Rialto se puso el 25 de marzo del 421, que sigue considerándose el día natal —*dies natalis*— de la ciudad. El 25 de marzo no es un día cualquiera: para los cristianos, es la fecha de la anunciación del arcángel a María, por tanto, de la concepción de Jesús; y es también la de su crucifixión. Pero para el calendario juliano era el día del equinoccio de primavera, que de hecho inauguraba el año y la estación de la guerra.

La relación entre Bizancio y Venecia fue siempre estrecha, y la Serenísima fue la vía de conexión entre lo que quedaba en Italia de la cultura de la antigua Roma y su versión viva a orillas del Egeo. No es fruto del azar que el nombramiento de los dux siguiera el modelo del emperador romano de Oriente: la vestidura era la misma, y si en Bizancio el emperador era investido simbólicamente por la Virgen, por un santo y, en ocasiones, por Jesús en persona, en Venecia se llegaba a dux a través del *vexillum Sancti Marci,* el estandarte de San Marcos. Con el tiempo, el ritual cambió, pero la influencia bizantina permaneció: se cuenta que el dux Domenico Silvo fue aclamado por el pueblo con la fórmula bizantina *volumus et laudamus,* y al entrar en San Marcos se postró en el suelo, como hacía el emperador bizantino en Santa Sofía ante Dios; luego los dignatarios se inclinaban ante él.

Hasta que, en 1204, la antigua colonia conquistó la capital del imperio. Los venecianos proporcionaron barcos a los cruzados, pero a cambio exigieron que libraran una guerra privada a su servicio: primero domaron la rebelde Zadar, en la costa dálmata; luego, en lugar de Jerusalén, tomaron Bizancio, saqueándola de sus tesoros. El imperio latino en Oriente no duró mucho tiempo; los gobernantes bizantinos recuperaron el dominio, pero desde entonces los cuatro caballos de bronce del hipódromo bizantino se conservan en la basílica de San Marcos, mientras que Enrico Dandolo, el dux ciego que dirigió la expedición, está enterrado en Santa Sofía.

«Dos Romas han caído; la tercera perdura, y no existirá una cuarta». El autor de la inspirada profecía es el monje Filoféi, uno de esos ideólogos con sotana que hasta Rasputín —o quizá hasta el patriarca Kirill— han marcado la historia rusa.

La primera Roma era, obviamente, la que estaba a orillas del Tíber. La segunda era Bizancio. La tercera era Moscú. También la nueva Roma se alzaba sobre un río, como la original —el Moscova, en lugar del Tíber—, y sobre siete colinas.

El monje acuña su definición en una carta al gran príncipe de Moscú, Basilio III. Su padre, Iván el Grande, se había casado con la princesa bizantina Zoe, sobrina de Constantino XI Paleólogo (era hija de su hermano), el último emperador romano de Oriente. El hijo de Basilio, Iván el Terrible, fue el primero en proclamarse zar de todas las Rusias, en una ceremonia que una vez más tomaba el modelo de la romana. El símbolo vuelve a ser el águila.

Los historiadores de la corte inventaron la ascendencia del zar de Prus, un desconocido hermano o sobrino de Augusto, de quien habría recibido el extremo septentrional del imperio, llamado por eso mismo Prusia. Una leyenda en la que, sin embargo, los rusos creían firmemente; no en vano, se relata en los bajorrelieves de la catedral de la Dormición, una de las iglesias más bellas del Kremlin.

Pero los rusos no solo tomaron títulos y símbolos de los emperadores romanos. Rusia sintió, desde el principio de su historia, que tenía una misión: la defensa de la fe ortodoxa, considerada la única y la auténtica, y la guía del mundo cristiano hacia una nueva era. En virtud de esa convicción, los ejércitos de los zares llegaron hasta el océano Pacífico y el mar Negro; y los pueblos de Siberia y del Cáucaso se estremecieron al ver cabalgar a aquellos guerreros de pelo rubio y ojos azules, que luchaban y morían en nombre de César y de Dios, como en los tiempos de Constantino.

Catalina la Grande derrotó a los turcos y llegó a soñar con el renacimiento del Imperio romano de Oriente, que se repartiría con el emperador alemán los territorios controlados por los otomanos. Es una época en la que muchas ciudades del Imperio ruso toman nombres griegos: Sebastopol, Melitópol, Mariúpol —del griego *polis*, 'ciudad'— y Jersón —del griego *kersonesus*, 'península'—, nombres que hoy son dramáticamente conocidos por la guerra ruso-ucraniana, que representa la sangrienta perversión de aquellos ideales, y más si tenemos en cuenta que se trata de una guerra civil entre dos pueblos eslavos, cuya historia lleva siglos entrelazada.

Ese espíritu mesiánico, combinado con el espíritu de conquista, no era una exclusiva de zares y zarinas, de generales y soldados. También Dostoievski hablaba del socialismo ruso, es decir, de la unión entre los ideales de justicia social y la ortodoxia, detrás de la que veía «el deseo incesante, siempre inherente al pueblo ruso, de una gran iglesia universal en la tierra».

Los rusos, al igual que los americanos, aunque de formas obviamente diferentes, se sienten poseedores de un «destino manifiesto». Su capacidad de resistencia es infinita, como experimentaron tanto Napoleón como Hitler. La revolución bolchevique cortó las raíces ortodoxas, no el espíritu de expansión, que tras la Segunda Guerra Mundial llevó la influencia rusa hasta Trieste y el Telón de Acero. Y, tras el colapso de la Unión Soviética, Moscú ha vuelto a presentarse como la Tercera Roma, destinada a salvaguardar la fe ortodoxa, a proteger a los pueblos eslavos —quieran o no— y a imponerse como guía espiritual del mundo, en contraposición a un Occidente presentado como débil y corrupto.

MAZZINI Y EL DUCE

Hay que decir que la Tercera Roma no es solo la invención de un monje exaltado. Giuseppe Mazzini también utilizó la misma expresión para referirse a la Roma del *Risorgimento* —libre, democrática, republicana—, tercera después de la Roma de los césares y la de los papas.

Una retórica nacionalista adoptada, en distintos momentos y distintas formas, por Benito Mussolini: para el Duce, la Tercera Roma debía ser la que, en sus planes arquitectónicos, llegara hasta el mar. El barrio de Eur debía ser solo una etapa de su diseño. Roma debía «expandirse sobre otras colinas a lo largo de las orillas del río sagrado, hasta las playas del Tirreno». Paradójicamente, la Roma de posguerra se expandió en cambio sobre todo hacia el norte, con los suburbios y los barrios de clase alta.

El fascismo, por otra parte, toma su nombre de los *fasces lictores,* que en la antigua Roma eran uno de los símbolos del poder. Mussolini se jactaba de haber humillado a las cien capitales de Italia para que emergiera una única capital, Roma; pero en Francia se burlaban de él llamándolo «césar de carnaval».

Hay que recordar, no obstante, que en la Edad Moderna el mito de Roma no empieza con el Duce. La Italia recién unificada miraba a Roma como un destino, la consideraba su capital inevitable. Turineses como Cavour y Víctor Manuel II, que no habían estado en Roma en toda su vida, no pensaron ni un minuto en mantener la capital en Turín. A un paso de los Foros, se construyó un enorme edificio neoclásico dedicado al rey-padre de la patria, el Vittoriano, donde se encuentra la tumba al soldado desconocido desde 1921, símbolo de los caídos en la Gran Guerra. Y comenzaron las grandes demoliciones urbanas, con la apertura de nuevas vías para conectar el centro con la estación y con San Pedro.

Pero es con el fascismo cuando la piqueta cae sobre los vestigios de la antigua Roma, para crear una nueva. El Duce destruye los antiguos edificios que obstruían la vista del Coliseo desde su fatídico balcón del Palazzo Venezia, abriendo la Via dell'Impero para que desfilen las tropas por los Foros; y en la parte posterior hace exponer bajorrelieves que muestran las distintas etapas de la creación del Imperio romano, además del mapa (posteriormente retirado) del imperio fascista, que se extiende a las islas del Egeo, a Libia y a Etiopía. Mussolini traza la Via della Conciliazione, demoliendo la Spina di Borgo, el barrio medieval que ocultaba la Cúpula y creaba un efecto de asombro a quien de repente se asomaba a la plaza de San Pedro. Luego ordena que se destruya el otro barrio medieval que había crecido en torno al mausoleo de Augusto, que, según su megalómano designio, debía convertirse en su tumba familiar.

El Duce se siente de verdad la reencarnación de un emperador, mejor dicho, el fundador del imperio; por ello, en septiembre de 1938, el régimen celebra solemnemente el bimilenario del nacimiento de Augusto. Y en los momentos de tensión con Hitler, por ejemplo, cuando el dictador nazi se anexiona Austria, llevando la frontera entre Alemania e Italia al paso del Brennero, Mussolini lo compara con Arminio: el Führer lo traiciona a él como el bárbaro alemán había traicionado a Augusto.

Cuando más adelante quiere construir una ciudadela olímpica en Roma para albergar los Juegos —que de hecho se celebrarán allí en 1960—, la llama en su propio honor Foro Mussolini; aunque para los antifascistas, o incluso solo para los protestones, el Foro Mussolini era el que, durante la guerra, un poco todo el mundo, adelgazado por las privaciones, se había hecho en el cinturón.

Italia y España

En el imaginario de los italianos, España es la nación hermana. Fiel aliada de los romanos primero, potencia benignamente hegemónica en Italia después. En la realidad, las cosas no fueron exactamente así.

Muchos de los pueblos que habitaban en España lucharon con arrojo contra los romanos. Y en época moderna los españoles dominaron Italia a veces con dureza, aunque fueran los italianos quienes los invitaran, por su odio hacia los franceses.

Los aragoneses desembarcaron en Sicilia en 1282 para apoyar a los sicilianos que se habían rebelado contra los angevinos. En 1442, Alfonso V de Aragón entra en Nápoles, y celebra su triunfo con un friso de estilo romano que aún se conserva a la entrada del Maschio, el castillo que representa el centro de la ciudad.

A partir de entonces, el sur de Italia —pero también el ducado de Milán y gran parte de la península— estaría bajo control español durante casi tres siglos. Hay rincones de Nápoles y de Palermo que parecen Cuzco o Antigua por la arquitectura colonial española. La monarquía de Madrid se permitía el lujo de tener su propio Estado, llamado no por casualidad los Presidios (por los baluartes) de Toscana. El papa, cuando no era español como Rodrigo Borgia, tenía que ser amigo de España. Artistas y músicos, desde Tiziano hasta Farinelli, se marcharon a El Escorial.

Cuando italianos y españoles se aliaron, como en Lepanto, las desavenencias fueron tales que el pacto pronto se rompió: hasta el sitio de Famagusta y ya unos meses después de la batalla —donde Cervantes perdió una mano—, Venecia se entendía mejor con los turcos del sultán Selim II, cuya favorita y madre del heredero al trono era veneciana; y los españoles se relacionaban mejor con los genoveses, quienes custodiaban parte del oro que llegaba de América.

En 1871, Amadeo de Saboya, hijo segundogénito del rey de Italia Víctor Manuel II, se convirtió en rey de España, pero huyó rápidamente de Madrid para salvar su vida.

En la Guerra Civil, los italianos lucharon en ambos frentes. Los fascistas se mancharon con horribles atrocidades en las Baleares, que el Duce soñaba secretamente con anexionarse, hasta que Franco le hizo ver que eso no iba a ser así. Ante las matanzas ordenadas por el autodenominado conde Rossi —su verdadero nombre era Arconovaldo Bonacorsi—, el católico conservador Georges Bernanos se convirtió a la causa republicana, y escribió *Los grandes cementerios bajo la luna*. Cuando el régimen, tiempo después, ensalzó la toma de Santander, el enviado Indro Montanelli escribió: «Fue una larga caminata con un único enemigo, el calor». Lo expulsaron del cuerpo de periodistas. Peor le fue a Carlo Rosselli, un antifascista que proclamó en la radio de la España republicana: «Hoy en España, mañana en Italia». Mussolini lo mandó asesinar junto a su hermano, Nello Rosselli. En Guadalajara se enfrentaron cara a cara los italianos de camisa negra y los italianos de las Brigadas Internacionales: ganaron los republicanos, y los fascistas saludaban con el puño cerrado con la esperanza de salvar la vida.

Hoy en día, los italianos consideran a los españoles como el pueblo más cercano a ellos, por la influencia latina, y no solo eso. En realidad, los italianos tienen un conocimiento superficial de España, o más bien se la imaginan como una inmensa Andalucía: el mar, el sol, el gazpacho, los toros… La España atlántica, verde, silenciosa, austera, la España de los balcones en tribuna y de los percebes, de la «retranca» y de las rías, que se internan prodigiosamente desde el mar hacia tierra firme, les es desconocida.

Sin embargo, para los italianos que ahora rondan los cincuenta, España es realmente una segunda patria, un viaje para el alma. Nuestras madres escuchaban a Julio Iglesias, que hablaba perfectamente el italiano, como años más tarde su homónimo Pablo, un aspirante a revolucionario con coleta que citaba a Gramsci y Berlinguer. Nuestros hijos y nietos se han ido en masa a Barcelona, Madrid, Sevilla. De jóvenes, íbamos al cine para ver las primeras películas de Almodóvar, donde los padres se convertían en madres y Penélope Cruz era una monja seropositiva, pero los católicos tradicionalistas seguían al «santo» guitarrista Kiko Argüello, que también tenía sus líos, mientras que la poderosa Comunión y Liberación se ponía en manos de Julián Carrón, nacido en Extremadura, la región de Javier Cercas, el gran escritor que ama Italia.

Hoy, los niños se vuelven locos por Carlos Alcaraz, pero mi héroe siempre será Rafael Nadal. Pasé un día con él en su isla, y me dijo, entre otras, una frase muy hermosa: «Me siento manacorí, mallorquín, español y europeo, y me siento cuatro veces afortunado».

Sin embargo, hay un viejo rumor popular ibérico, arraigado en los siglos de la decadencia y de las guerras civiles, que dice que España nació bajo una mala estrella; en Italia, en cambio, inventamos la leyenda de la estrella de la suerte. Hoy —según las estadísticas— los españoles están entre los pueblos más optimistas de Europa, o en todo caso entre los más alegres, y los italianos, entre los más pesimistas, o en todo caso entre los más malhumorados.

La cultura futbolística española se define por la posesión del balón; la nuestra es mucho más cauta. Aunque uno de los recuerdos más bellos en la vida de los italianos que ya no son tan jóvenes es la victoria en el Mundial de España de 1982, con el presidente Sandro Pertini sentado junto al rey Juan Carlos en la tribuna del Santiago Bernabéu; aquella noche cambió el estado de ánimo de Italia, tras los años oscuros de la crisis económica y del terrorismo, y para muchos de los que nos metimos en la autopista, camino hacia España, fue el descubrimiento de un país inquieto y maravilloso, que dejaba atrás décadas de dictadura.

Napoleón y Marianne

El personaje más parecido a un emperador romano que hay en la historia moderna es Napoleón Bonaparte. Hijo de la revolución, no podía restaurar la monarquía. De familia, lengua y, en el fondo, cultura italianas, su referencia natural era el imperio. Desde que era un joven estudiante en la Escuela Militar de Brienne-le-Château, su modelo declarado fue Julio César en el arte militar, y Augusto, en la política.

El 2 de diciembre de 1804, en la catedral de Notre-Dame de París, su sueño imperial se hace realidad. El pequeño cabo entra en escena vestido más que como Augusto como Heliogábalo o un emperador de la decadencia: carro tirado por ocho caballos blancos, túnica de color carmesí, manto de terciopelo rojo de cuarenta kilos, ribeteado de armiño. El coro entona el *Veni Creator Spiritus,* un sacerdote lo unge con el crisma. El papa se ve obligado a asistir, más espectador que celebrante: se sienta en un trono junto al altar. Napoleón ha hecho forjar una corona idéntica a la de Carlomagno, pero el papa no dice *accipe coronam,* es decir, «toma la corona», sino *coronet te Deus,* «que Dios te corone»; en realidad, Napoleón se corona a sí mismo.

En el gran cuadro de Jacques-Louis David que casi fotografía esa escena, también aparece retratada la madre de Napoleón, María Letizia. Pero aquel día en Notre-Dame la madre del emperador no estaba allí: detestaba a su nuera, Josefina, y no habría tolerado ver a su hijo coronarla emperatriz. Napoleón le susurra a su hermano José: «¡Si papá pudiera vernos hoy!» (*Sui fos e baa,* «si nuestro padre estuviera aquí», le dijo Mussolini a su hermano Arnaldo en el dialecto de su tierra, la Romaña, tras recibir el telegrama en el que el rey le rogaba que marchara a Roma para convertirse en jefe del Gobierno).

Junto a la coronación se conserva en el Louvre otro gran cuadro, de Antoine-Jean Gros: *Bonaparte visita a los apestados de Jaffa.* El emperador de los franceses aparece retratado mientras cura a un apestado con un toque de su mano; igual que Vespasiano había curado a un tullido, al menos según el relato de Tácito, quien por cierto no era nada complaciente.

Pero Napoleón no solo quería conquistar Europa. Quería darle forma. Reconstruir las ciudades. Abrir una nueva era. Revelarse como el Augusto de su tiempo.

En 1809, anexiona Roma al imperio y la convierte en su segunda ciudad, después de París; no es una casualidad que su hijo, Napoleón II, reciba el título de rey de Roma, y sea conocido con el apodo de Aiglon, el 'aguilucho'. Se restauran edificios antiguos, se construyen otros nuevos. Paulina, la hermana de Napoleón, se casa con el príncipe Borghese y escandaliza a los aristócratas al ser representada desnuda en la espléndida estatua de Canova. Su madre, María Letizia, se instala en Piazza Venezia y pasará sus últimos años observando a los transeúntes sin ser vista desde detrás de las persianas de madera en el que todavía hoy se conoce como Palacio Bonaparte.

Napoleón fantasea con llevar a París la Columna Trajana; luego considera más barato reconstruirla. Así que erige una copia en la Place Vendôme, fundiendo el bronce de los cañones arrebatados a austriacos y rusos en Austerlitz; en la cúspide se halla una estatua de Napoleón vestido de Caesar Imperator, con túnica corta, gladio, victoria alada, corona de laurel e inscripción en latín, en la que al corso se le define como emperador Augusto, y a su victoria, *bellum germanicum*, 'guerra germánica', como si Bonaparte hubiera vengado Teutoburgo.

Con el regreso de los reyes la estatua se retira, pero en 1833 Napoleón regresa a la columna, esta vez vestido de cabo. Al final, su sobrino Napoleón III —hijo de su hermano Luis— hace erigir una copia de la primera estatua; así,

Napoleón sigue vestido de emperador romano. La columna será destruida en la época de la Comuna de París, en cuanto monumento al militarismo, a sugerencia del pintor Gustave Courbet; sin embargo, más tarde será reconstruida y Courbet condenado a pagar los costes (morirá antes de pagar el primer plazo).

De la antigua Roma, Napoleón copia también los arcos de triunfo: el Arc de Triomphe, al final de los Campos Elíseos, es una réplica del Arco de Tito; el Arc du Carrousel, del Arco de Constantino: el emperador había mandado colocar encima los cuatro caballos de San Marcos, devueltos más tarde a Venecia.

El Louvre se convierte en un templo del arte griego, romano y renacentista, gracias en parte a los botines de guerra que, como los antiguos emperadores, Napoleón había llevado a su patria, desde las obras de arte hasta los obeliscos. Tras la derrota francesa, el papa encargará precisamente a Canova que traiga de vuelta a Italia las obras maestras robadas. Pero algunas se quedarán en su lugar, como *Las bodas de Caná,* de Veronés, destrozada por las bayonetas de los soldados en Venecia y restaurada en el Louvre: en su momento era la obra más famosa del mundo, más que *La Gioconda;* los visitantes iban a ver el gran lienzo con el autorretrato del Veronés, el retrato de su rival Tiziano y los diversos personajes entre los que se decía que estaban representados dos emperadores, Solimán el Magnífico y Carlos V.

Napoleón III también llegará a ser emperador, y la palabra «cesarismo» se introduce en el lenguaje político europeo para señalar el abuso de poder personal, una monarquía sostenida no por una dinastía, sino por el poder militar y el apoyo popular: Napoleón como nuevo césar. Cuando el italiano Felice Orsini intentó matarlo, se habló de cesaricidio, mientras que la política de alianza con la Roma papal y, más en general, la unión del poder religioso con el civil se denomina cesaropapismo.

De todos modos, sería un error reducir el entusiasmo de Francia por el imperio y la antigua Roma a la megalomanía de un hombre, Napoleón, y de sus descendientes. «Solo París es digna de Roma, y solo Roma es digna de París»: con esta motivación, las dos capitales están hermanadas, y no han establecido ningún otro hermanamiento. Y la inspiración universal de la revolución, la idea de que Francia tiene una misión destinada a ir mucho más allá de sus fronteras, es un legado de la civilización imperial. Los libertos de la antigua Roma llevaban el gorro frigio, que, como todo el mundo sabe, es el símbolo de la Revolución y es el que lleva la personificación de Francia, Marianne.

De todos modos, si existe un imperio que intenta encerrar el mundo entero en su capital, ese es el Imperio británico. Y la capital es, por supuesto, Londres, que alberga los frisos del Partenón, maravillosas estatuas romanas, los triunfos imperiales de Mantegna y un rastro de todo lo grandioso o refinado que los hombres han producido en todas las épocas y en todos los lugares.

Hubo un tiempo en el que los ingleses, como los romanos y los rusos, también pensaron que descendían de los troyanos.

En su *Historia Regum Britanniae,* es decir, la *Historia de los reyes de Britania,* Godofredo de Monmouth relata la historia de Bruto, hijo de Julo, por tanto, nieto de Eneas, expulsado de Alba Longa porque un adivino había profetizado que mataría a su padre y a su madre. Así comienza una especie de odisea: Bruto sobrevive a las sirenas, lucha contra los galos, pregunta a la diosa Artemisa dónde podrá poner fin a su peregrinación y recibe la orden de desembarcar en una isla al oeste de la Galia, habitada por gigantes. Bruto y sus troyanos derrotan a los gigantes y fundan Britania.

El relato es obviamente fantasioso; sin embargo, Britania sigue siendo, hoy en día, la personificación femenina del país. Es una diosa parecida a una deidad romana, armada con tridente, yelmo y escudo, flanqueada por un león. Recientemente, dos películas han unido el nacimiento mítico de Inglaterra con los últimos actos de heroísmo de los romanos.

El rey Arturo, una película de 2004, retoma la idea de que Arturo era comandante de una legión, con mezcla de sangre romana y británica, que se encuentra luchando con sus paladines, desde Lanzarote a Galván, contra los sajones invasores, justo cuando el imperio está cayendo y los romanos se retiran de la isla. Y tras encontrar el amor —Ginebra, obviamente, una hermosa guerrera picta, delgadísima, que está interpretada por Keira Knightley—, se convierte en el nuevo soberano de Britania.

La última legión, de 2007, una de las últimas producciones de Dino De Laurentiis, basada en la novela de Valerio Massimo Manfredi, imagina en cambio que Rómulo Augústulo, el último emperador de Occidente, consigue escapar de Italia junto a Ambrosino, su preceptor de origen celta, llevándose consigo una mítica espada que había pertenecido a Julio César. En Britania se encontrará con la última legión del imperio, que ha depuesto las armas para dedicarse a la agricultura, pero que las retomará para defender de los bárbaros al emperador. Ambrosino recupera su nombre celta, Merlín; Rómulo Augústulo, cansado de la guerra, hundirá su espada en la roca y llamará Arturo a su hijo.

Seguramente, la coronación del rey inglés seguía el ceremonial del Sacro Imperio Romano Germánico, que a su vez derivaba de la antigua Roma. La influencia francesa condujo a la redacción, en latín, del *Liber regalis,* que contemplaba una ceremonia dividida en cuatro momentos: la presentación del soberano al pueblo, el juramento ante Dios y los súbditos, la unción con óleo santo y, por último, la investidura con la entrega de la espada y el globo.

La lengua de la coronación siguió siendo el latín hasta Isabel I, que impuso el inglés como elemento nacional, en contraposición al papa y a los católicos, a pesar de que ella amaba el latín, hasta el punto de traducir el primer libro de los *Anales* de Tácito, uno de los escritores más difíciles por sus expresiones intrincadas, que implican muchos significados.

Cuando, más adelante, en 1714, subió al trono un rey alemán que no hablaba bien el inglés, Jorge I, pidió y consiguió que su ceremonia de coronación se oficiara en latín. Una característica que se ha mantenido viva hasta nuestros días: al firmar, Isabel II escribía a menudo tras su nombre la letra R de Regina, mientras que su hijo Carlos III ha reivindicado el título de Rex.

El latín era la lengua de los doctos, en la que se escribían los tratados de jurisprudencia, de geografía, de física, de botánica, y también los documentos oficiales. No es fruto del azar que el 26 de abril de 1564, el registro parroquial de Stratford-upon-Avon informe de que ese día se ha bautizado a *Gulielmus, filius Johannes Shakespeare.*

William, el hijo de John Shakespeare, ambienta su primera tragedia, *Tito Andrónico,* en la Roma imperial. El personaje es ficticio: un general que se encuentra en el centro de una turbia historia de sacrificios humanos, violaciones, banquetes sacrílegos, mutilaciones; en un momento dado, Lavinia, la hija predilecta de Tito, a la que han cortado las manos y la lengua, escribe en la arena los nombres de los culpables, aferrando un palo con la boca y los muñones. En la actualidad, en todo caso, no se la considera la obra maestra de Shakespeare, aunque en su época fuera un éxito clamoroso por su truculencia y por el encanto de su ambientación.

Así, Shakespeare, que no ha estado nunca en su vida en Italia, regresa allí idealmente para escribir su segunda tragedia, *Romeo y Julieta,* y luego para la tercera: *Julio César,* aunque el verdadero protagonista no es César, sino Bruto, con su pasión por la libertad y su eterna incertidumbre, contrarrestadas por la fuerza y la decisión de Marco Antonio. Es Antonio quien incita a la multitud contra Bruto, con su famoso discurso, pero de nuevo es Antonio quien lo elogia, recordando delante de su cadáver que Bruto había matado a César no por odio, sino por amor a su patria.

Precisamente por eso, en las películas inspiradas en Shakespeare es Antonio el personaje que más impresiona, entre otras cosas porque es interpretado en 1953 por Marlon Brando —*Julio César,* de Joseph L. Mankiewicz— y en 1970 por Charlton Heston —*Asesinato de Julio César,* de Stuart Burge—, con un joven y muy apuesto Richard Chamberlain en el papel de Octavio. Los últimos en llevar la tragedia al cine fueron los hermanos Paolo y Emilio Taviani, con *César debe morir,* donde actúan los presos de la cárcel romana de Rebibbia, y que recibió el Oso de Oro en el Festival de Berlín.

Hacia el final de su vida, Shakespeare escribirá otras dos tragedias ambientadas en la antigua Roma. *Coriolano* es uno de sus textos más políticos: el protagonista encabeza la facción aristocrática; cuando el pueblo impugna su elección como cónsul, se enfurece y compara a los plebeyos que atacan a los patricios con cuervos que picotean a las águilas. Exiliado, se pone al frente de un pueblo enemigo, los volscos, y marcha sobre Roma; sin embargo, es detenido, como ya hemos dicho, por su madre. Pagará con su vida su doble traición, primero contra los romanos, luego contra los volscos, quienes lo asesinan.

El Coriolano más famoso de la historia del teatro moderno es Laurence Olivier, en parte debido al efecto especial con el que se escenificaba su muerte en el Old Vic Theatre: Olivier se dejaba caer de espaldas desde el escenario y luego colgaba boca abajo; una clara alusión al final de Mussolini. Más recientemente, un gran Coriolano fue Ralph Fiennes, hermano de Joseph, quien en cambio interpretó directamente al autor inglés en una película llena de poesía, *Shakespeare enamorado*.

Por último, Shakespeare escribe *Antonio y Cleopatra*, donde la protagonista es evidentemente ella. El lugarteniente de Antonio, Enobarbo, dice de Cleopatra: «La edad no puede marchitarla, ni la costumbre agota su infinita variedad. Otras mujeres son empalagosas, pero ella, cuanto más pródiga es, más hambre da, porque a las cosas más viles les presta tal gracia que hasta los sacerdotes, cuando está ardiente, la bendicen». Más prosaicamente, un adivino advierte a Antonio: «Si juegas con ella a cualquier juego, ten por seguro que vas a perder». Y Antonio lo perderá todo, incluso el honor.

La flota de Cleopatra huye ante Octavio en Accio, y la flota de Antonio la sigue. Está furioso, pero dispuesto a reconciliarse: «Dame un beso y todo quedará perdonado». Pero entonces Shakespeare imagina una segunda batalla, en la que Antonio está a punto de desquitarse, y una vez más es traicionado y derrotado. Esta vez, Cleopatra se da cuenta de que la única forma de hacerse perdonar es dejarle que crea que ella se ha quitado la vida; sin embargo, él no puede soportar la noticia y, en lugar de ir rápidamente a su lado, se suicida.

Será esta tragedia la que inspire una de las películas más famosas de la historia del cine, y Cleopatra-Liz Taylor junto a Richard Burton-Marco Antonio darán vida a una saga amorosa que hará palidecer a la vivida siglos antes en la corte de Egipto.

El Imperio británico es tal vez el que se equiparó más directamente con el Imperio romano: por su extensión y, por tanto, por la distancia desde el centro a la periferia; por la heterogeneidad de los pueblos gobernados; por la exigüidad de tropas con las que debía dominar territorios inmensos; por la necesidad de tener soldados extranjeros luchando a su lado, a veces contra su mismo pueblo.

En todo esto, los ingleses fueron unos maestros. Impusieron su lengua, pero no su religión ni su sistema político. Siempre procuraron dividir a sus enemigos y evitar que pudieran aliarse contra Londres. Establecieron una relación clientelar con los soberanos locales, empezando por los rajás indios. Ejercieron una gran influencia con su cultura, pero también absorbieron mucho de las tierras conquistadas, y no solo en el aspecto gastronómico.

La hegemonía inglesa fue sobre todo comercial y, solo en un segundo momento, militar y política. Y, como los romanos, los ingleses podían perder una batalla, no la guerra. Fueron derrotados por el Mahdi en Sudán, por los zulúes en Isandlwana, por Rommel en Tobruk, pero al final siempre acabaron venciendo.

Sin embargo, el Imperio británico, como el romano, no pudo resistir el impacto de la historia. Se derrumbó por las presiones internas y las externas. No resistió las protestas de la clase obrera, más interesada en trabajar en mejores condiciones que en luchar por la gloria de la Corona, y cedió ante el movimiento independentista liderado en Asia y en África por hombres que habían estudiado en Inglaterra, y que con frecuencia habían aprendido latín. Y aunque el título, *Invictus,* sea póstumo, uno no puede dejar de recordar el espléndido poema de William Ernest Henley, el poeta victoriano amputado varias veces por una forma de tuberculosis ósea, que inspiró a su amigo Stevenson para crear el personaje del pirata de *La isla del tesoro* con una pata de palo, Long John Silver. Unos versos que se convirtieron en la lectura preferida de Nelson Mandela durante los veintisiete años que pasó en las cárceles sudafricanas, y el título de una espléndida película de Clint Eastwood con Morgan Freeman: *It matters not how strait the gate / how charged with punishments the scroll / I am the master of my fate / I am the captain of my soul* («No importa lo estrecha que sea la puerta, ni cuántos castigos contemple el pergamino; yo soy el dueño de mi destino, yo soy el capitán de mi alma»).

EL APOGEO DEL IMPERIO AMERICANO

El 5 de junio de 1944, Franklin Delano Roosevelt pronunció uno de sus últimos grandes discursos.

El día anterior, las tropas americanas habían entrado en Roma. Al día siguiente, desembarcarían en Normandía. Nos encontramos en el punto de inflexión de la Segunda Guerra Mundial.

Roosevelt está muy enfermo. Está cansado. Está debilitado por las preocupaciones del conflicto. Le queda menos de un año de vida: morirá el 12 de abril de 1945, poco más de diez meses después. Sin embargo, su voz es firme. El presidente habla un inglés perfecto, comprensible incluso para los extranjeros. La suya es la voz de un hombre fuerte, orgulloso de su pueblo, confiado en el porvenir.

Roosevelt se dirige a los italoamericanos. Los denomina «americanos-americanos, de ascendencia italiana». Pero también habla a los italianos. Un pueblo en teoría enemigo, que bajo la guía de Mussolini se ha levantado en armas también contra Estados Unidos. Aun así, Roosevelt solo tiene palabras generosas hacia los italianos. Recuerda que durante siglos han sido «líderes en las artes y en las ciencias, enriqueciendo la vida de toda la humanidad». Evoca a «los grandes hijos del pueblo italiano, Galileo y Marconi, Miguel Ángel y Dante, y al audaz descubridor que representa el coraje de Italia, Cristóbal Colón». Recuerda que muchos soldados italianos están luchando junto a los aliados, contra los alemanes. Luego menciona la contribución de los «heroicos canadienses», de los «combativos neozelandeses», de los «valientes franceses», de los sudafricanos, de los indios, de los polacos que habían tomado Monte Cassino, entregando «el cuerpo a Italia, el alma a Dios y el corazón a Polonia» (Roosevelt no dijo esto, pero está escrito en la placa del cementerio polaco cerca de la antigua abadía, lamentablemente destruida por las bombas).

Luego el presidente habla de Roma.

Y advierte: «Roma es más que un objetivo militar. Desde antes de los césares, ha sido un símbolo de autoridad. Roma era la república. Roma era el imperio. Roma era y, en cierto sentido, es la Iglesia católica. Y Roma era la capital de una Italia unida. Luego, por desgracia, hace un cuarto de siglo, Roma se convirtió en la sede del fascismo, una de las tres capitales del Eje».

Ahora la primera capital ha caído «en nuestras manos»; faltan dos, Berlín y Tokio. Roosevelt sabe que es solo cuestión de tiempo, aunque él no verá ese día. «Quizá sea significativo que la primera de estas capitales en caer tenga la historia más extensa de todas», dice. Se alegra de que el papa y el Vaticano vuelvan a ser libres: Roma alberga «el gran símbolo del cristianismo, que ha llegado a casi todas las partes del mundo. Hay otros santuarios y otras iglesias en muchos lugares, pero las iglesias y los santuarios de Roma son símbolos visibles de la fe y la determinación de los primeros santos y mártires para que el cristianismo viva y se haga universal».

De todas formas, nos recuerda el presidente americano, Roma es más antigua que el cristianismo: «La historia de Roma se remonta a los cimientos de nuestra civilización. Aún podemos ver los monumentos de la época en que Roma y los romanos controlaban todo el mundo entonces conocido. Esto también es significativo, porque las Naciones Unidas están decididas a que en el futuro ninguna ciudad ni ninguna raza pueda controlar el mundo entero».

Roosevelt era sincero cuando decía esto. Igual que otro presidente, el primer afroamericano, Barack Obama, que no pretendía reivindicar su dominio cuando cerró los mítines de sus dos victoriosas campañas electorales de 2008 y 2012 definiendo a los Estados Unidos como *the Greatest Nation on Earth* («la nación más grande de la Tierra»).

Sin embargo, América ha construido objetivamente un imperio. Unificó las colonias inglesas mediante la emancipación de Londres, compró territorios a los franceses y arrebató otros a los mexicanos. Con el presidente Monroe, estableció que ya no toleraría interferencias europeas en su patio trasero, es decir, Canadá y América Latina. Sus cañones arrebataron Cuba al Imperio español. Después, Estados Unidos intervino en las dos grandes guerras europeas del siglo XX, las ganó o más bien las decidió poniendo en la balanza su peso militar e industrial, y extendió su influencia primero sobre Europa occidental, y luego, tras la caída del muro, hasta las fronteras con Rusia, con la que libró y ganó una guerra fría también en los frentes asiático y africano.

Al igual que un emperador romano, el presidente de Estados Unidos ejerce una soberanía directa sobre un extenso territorio y establece pactos de diversa naturaleza con otros países, que van desde un protectorado —Puerto Rico— a la alianza militar; del tratado de libre comercio al apoyo contra un enemigo común.

El Nuevo Mundo tiene en común con Roma lo que por primera vez en 1845 un periodista, John L. O'Sullivan, denominó el «destino manifiesto». Para los romanos, el poder había sido asignado desde el cielo: les correspondía a ellos gobernar el mundo. Virgilio escribe: «Algunos están llamados a erigir estatuas de bronce o a esculpir rostros vivos en el mármol; otros, a pronunciar bellos discursos o a revelar secretos celestiales, pero a ti, romano, te corresponde el arte de reinar, tú debes conceder la paz a los vencidos, tú debes acabar con los soberbios».

El poder de Roma se ejercía antes sobre las personas que sobre los territorios. La principal preocupación era someter a los reyes extranjeros y establecer pactos de alianza con ellos, sin tener necesidad de tropas de ocupación.

No hay que pensar que las tropas romanas vigilaban las fronteras: nunca podrían haber abarcado más de 6400 kilómetros. En las fronteras, Roma podía contar con un sistema de reinos satélites, desde Mauritania hasta Tracia, desde Capadocia hasta Armenia, desde el Ponto hasta Judea, hasta la Arabia nabatea, lo que hoy se llama Jordania. A veces estos reinos se anexionaban, otras permanecían formalmente independientes. Más lejos, había tribus o estados vinculados a Roma por una relación clientelar: debían suministrar soldados al imperio, pero a menudo recibían ayudas.

Las legiones no estaban desplegadas en las fronteras, sino que se mantenían preparadas para intervenir en caso de invasión o revuelta, y a menudo eran reforzadas con tropas auxiliares locales, un potencial militar que se convertía también en una eficaz arma diplomática.

Es exactamente la misma estrategia con la que el imperio norteamericano se expandió en el siglo XX, estableciendo diversos acuerdos con distintos Estados: aliados en posición subordinada desde América Latina hasta Europa;

otros convencidos u obligados a acoger bases y soldados americanos, desde Filipinas hasta la rebelde Cuba. Los enemigos derrotados —como Alemania, Italia, Japón— pasan a formar parte de la esfera de seguridad y defensa garantizada por los Estados Unidos. Los aliados suministran tropas a Washington, como antes las suministraban a Roma, pero a menudo reciben ayudas y aprovechan las ventajas que ofrece el vínculo con la primera potencia mundial. Y, como Roma, los EE. UU. cultivan el poder sobre las almas, gracias a la lengua, al arte, a la tecnología. Incluido el arte por excelencia del siglo XX: el cine. Y la tecnología más revolucionaria de nuestro tiempo: la digital.

Así es como los pueblos se comunican entre sí en inglés: la CIA financia el expresionismo abstracto de artistas malditos como Jackson Pollock; Hollywood y Disney conforman el imaginario de generaciones enteras, y hoy los dueños de la Red ejercen un poder de influencia con el que ningún ser humano desde Augusto habría soñado nunca.

Los aliados de los romanos no estaban obligados a renunciar a sus dioses, a sus monedas, a sus leyes, a su forma de medir el tiempo o las distancias o las cosechas o las riquezas. Pero sí lo estaban a reconocer la hegemonía de Roma. Formaban parte de un sistema del que también se derivaban muchos beneficios: la libertad de comercio, las vías de comunicación, la protección militar, la seguridad. Por supuesto, tenían que albergar las fortalezas de Roma, a sus soldados, a sus diplomáticos y funcionarios, y los poderosos locales también tenían que fomentar una buena relación con la capital del imperio.

¿No les recuerda esto la forma que tiene Estados Unidos de administrar su poder, en el siglo XX y más allá?

Pero lo verdaderamente extraordinario es que, en los Estados Unidos, al igual que en el Imperio romano, cada vez importa menos de dónde vienen tus antepasados, el color de tu piel, la religión en la que crees, los alimentos que comes, tu orientación sexual; lo que importa es lo que vales, lo que sabes, lo que haces, lo que aportas a la comunidad.

Sería injusto reducir el designio hegemónico americano a una mera cuestión de poder. Los Estados Unidos siempre se han sentido un faro para el resto del mundo, un modelo a seguir para los ideales de democracia y de libertad; y quizá esto explique también la ya larga disputa con Rusia, alimentada en la actualidad por la guerra en Ucrania. Una Rusia que también está convencida de que tiene una misión, que de alguna manera es la heredera de la antigua Roma.

Como el Imperio romano, Estados Unidos ejerce un enorme poder sobre el resto del mundo. Un mundo que habla su lengua, escucha su música, ve sus películas, lee sus libros, se trata con sus medicinas y sigue sus protocolos, compra o copia sus productos tecnológicos, se suscribe a sus comunidades digitales. Aunque, al igual que Roma se derrumbó no solo por las invasiones bárbaras del exterior, sino también por las fragilidades internas, Estados Unidos también se enfrenta a contrastes y crisis que hacen más difícil poder mantener su liderazgo en el mundo libre. No es casualidad que un presidente, Donald Trump, ganara unas elecciones históricas en 2016, prometiendo poner *America*

First, «América en primer lugar», a costa de descuidar el resto del mundo, desde Oriente Próximo hasta África, donde China, mientras tanto, ha sentado las bases de una posible hegemonía futura.

Sin embargo, cada vez que aparece algo nuevo —un libro, una película, una canción, un medicamento, una vacuna, un descubrimiento científico, una novedad tecnológica, una moda cultural—, casi siempre procede de EE. UU., o bien es una copia de EE. UU.

Aun así, en su momento, América había copiado a la antigua Roma. En particular, la época republicana, cuando era dulce y decoroso morir por la patria, representó un modelo político y cultural para los fundadores de Estados Unidos, e inspiró a sus científicos, a sus escritores, a sus artistas.

Los padres fundadores norteamericanos —Hamilton, Jay, Madison— firmaban sus artículos con el nombre de Publius: un homenaje a Publio Valerio Publícola, uno de los primeros cónsules de la república. Pretendían presentarse como los que habían derrocado a los tiranos —en su caso, no a los Tarquinios, sino a los reyes ingleses— y fundado la república bajo el estandarte de la libertad.

La nueva nación tenía que unir, al igual que Roma, un conjunto de Estados, cada uno con su autonomía. Y, en perspectiva, integrar a ciudadanos de diversos países. De ahí el lema, obviamente, en latín: *E pluribus unum,* una expresión atribuida erróneamente a Virgilio, que en su origen significaba que muchos colores —y en este caso muchos

Estados, pueblos, ideales, intereses, pensamientos— se fundirían en uno solo.

No se trataba solo de unificar a los ciudadanos. Había que inculcarles un sentimiento de fuerza moral, de amor a la patria, de gusto por la libertad. Los americanos son un pueblo inquieto, optimista e impaciente; se parecen a los antiguos romanos.

Roma es, en primer lugar, el modelo de la toponimia. El Parlamento también está construido sobre una colina, como el Capitolio, a la que como señal propiciatoria se llamará Capitol Hill. Allí se reunirán la Cámara de Representantes y la Cámara Alta, que se llamará Senado. Los trabajos comienzan en 1793 bajo la supervisión de Thomas Jefferson, que ya había hecho construir el Capitolio de Virginia, en Richmond, siguiendo el modelo de la Maison Carrée, el templo romano de Nîmes, en Francia; del mismo modo que la fachada de las Cortes españolas en Madrid también será neoclásica.

Para el Capitol Hill, el punto de referencia es el Panteón, desde la columnata hasta la rotonda central y la cúpula que la corona, decorada con un fresco de la Apoteosis de George Washington, quien viste la túnica púrpura de los generales romanos victoriosos. A ambos lados están la diosa de la Victoria y la diosa de la Libertad, que lleva el gorro frigio y empuña un haz de lictores: en la antigua Roma era símbolo de autoridad; en América, es también signo de unidad y democracia, igual que las varas delgadas se unen, los Estados se refuerzan al unirse bajo un gobierno federal común.

El haz también se ve en el sello del Senado y de la United States Tax Court, la corte de justicia fiscal; en la Cámara de Representantes aparece detrás del escaño del *speaker* (el presidente), que se llama *Rostrum,* en latín; en la silla de Lincoln, en su Memorial; en el despacho oval del presidente; y en el *dime,* la moneda de diez céntimos. Además, en las monedas y en los billetes americanos aparecen los perfiles de los padres fundadores y de los grandes presidentes, igual que los emperadores romanos hacían grabar sus rostros en las monedas.

Tanto la Casa Blanca como el Tribunal Supremo o el Jefferson Memorial son edificios de estilo romano, construidos además con mármol. La estatua de Benjamin Franklin, esculpida por Francesco Lazzarini, viste una túnica latina y sostiene un pergamino en una mano, mientras que George Washington se hace representar por otro escultor italiano, Giuseppe Ceracchi, como un emperador. Al fin y al cabo, en 1777 el propio Washington había rechazado las ofertas de paz del general inglés John Burgoyne, proclamando: «Los ejércitos unidos de América luchan por la más noble de las causas, la libertad. Los mismos principios inspiraron las armas de Roma en los días de su gloria, y la misma conquista fue la recompensa del valor de los romanos».

Por otro lado, el estilo romano, además de ser reproducido, en América también puede parodiarse. En los años sesenta del siglo pasado se construyó en Las Vegas el Caesars Palace, diseñado por Jay Sarno, quien imagina un hotel en el que «cada huésped pueda sentirse como un césar».

Los exteriores evocan un templo romano; el interior es un derroche de frescos y estatuas; el estilo más que clásico resulta *kitsch,* pero los americanos están muy impresionados con el resultado. Y medio mundo seguirá en directo los combates de boxeo desde el Caesars Palace, mientras que, en el interior, los jugadores de azar encuentran o, más a menudo, pierden su fortuna.

En la época de la fundación, la referencia para los norteamericanos solo puede ser la república, y no el imperio. Los colonos se rebelan contra el Imperio inglés y fundan la primera verdadera democracia de la historia. El autor de referencia es Cicerón, por su elocuencia, pero también por su denodada defensa de las libertades republicanas ante cualquier autocracia.

La división de poderes prevista por la Constitución de los EE. UU. recuerda a la de la Roma republicana. El presidente y el vicepresidente son los dos cónsules. El Senado, como también el romano, se encarga de las finanzas y de la política exterior. El Tribunal Supremo funciona según los procedimientos de la «justicia creativa» propia de Roma, en la que las sentencias y los precedentes acuden en auxilio del juez.

Por desgracia, la esclavitud también es un legado del mundo antiguo. Pero en 1831, cuando ya se discute la abolición, se representa en el teatro la obra *El gladiador,* cuyo protagonista no es el imaginario héroe de la película de Ridley Scott, Máximo Décimo Meridio, sino Espartaco, el esclavo rebelde; tal es su éxito que las reposiciones se sucederán durante setenta años.

Cuando se refuerzan los poderes del presidente, incluso a través de las guerras, la referencia al imperio se hace inevitable. Ya en vida, la figura de Abraham Lincoln, el presidente de la guerra civil, fue comparada con la de Julio César, muy amado y muy odiado, y su asesinato fue la versión romana de los idus de marzo. El asesino de Lincoln, John Booth, eligió «Ides» como nombre en clave para lo que él, como Bruto, consideraba un tiranicidio. *Los idus de marzo* se convertirá en el título de novelas de Thornton Wilder, Colleen McCullough e incluso de una película protagonizada por George Clooney dedicada no a la antigua Roma, sino a las intrigas políticas que acaecen en Washington.

En el escudo de los Estados Unidos, además del lema *E pluribus unum,* aparece el águila calva con las alas desplegadas, con otras dos inscripciones en latín. La primera, *Annuit coeptis,* está tomada de la *Eneida,* concretamente del pasaje en el que Julo pide ayuda a Júpiter antes de matar a su primer enemigo, Numano, cuñado de Turno: *Audacibus adnue coeptis* («favorece mis audaces empresas»). Pero aún más importante es la segunda inscripción: *Novus ordo seclorum* («nuevo orden de los siglos»), que evoca el verso más famoso de las *Bucólicas,* donde Virgilio anuncia el advenimiento de un «nuevo gran orden de los siglos». El poeta aludía a la época de Augusto. Los cristianos interpretaron el verso como un vaticinio del advenimiento de Jesús, mientras que para los fundadores de la democracia americana, esas palabras de Virgilio significaban que con los Estados Unidos de América el mundo ya nunca volvería a ser el mismo. Resulta difícil afirmar que se equivocaron.

Civis romanus sum («soy un ciudadano romano») es un lema repetido muchas veces en épocas distintas, como es el caso del primer ministro británico lord Palmerston. Lo utiliza también en uno de sus grandes discursos el que sigue siendo —incluso por su trágico final— el presidente más célebre de todos los tiempos, John Fitzgerald Kennedy, aunque sea con una cita actualizada. Es el 26 de junio de 1963, JFK habla en Berlín, donde Jrushchov una noche dos años antes ha hecho levantar el muro. Kennedy dice: «Hace dos mil años, el mayor orgullo era poder decir: *Civis romanus sum*. Hoy, en el mundo libre, el mayor orgullo es decir: *Ich bin ein Berliner* («Soy berlinés»). La frase-clave de la guerra fría está calcada sobre un lema de la Ciudad Eterna.

Los presidentes norteamericanos y sus asesores nunca han ocultado que se inspiran en Roma también en su estrategia militar. Sobre todo, en las últimas décadas.

Durante siglos, la concepción militar era la de Von Clausewitz: la guerra es un conflicto entre naciones; la guerra debe ser rápida y despiadada; la guerra tiene un principio y un final: antes y después hay paz.

Con 1945 se acabó la idea de un conflicto decisivo y de una paz duradera. El mundo está en un perpetuo estado de guerra, aunque sea limitada. Justo como en la época del Imperio romano.

Todo el mundo sabe que, si hoy se librara un conflicto con todas las armas de que disponemos, la humanidad no sobreviviría. No habría vencedores. Desgraciadamente, esto no significa la abolición de la guerra; en todo caso, su multiplicación en distintos frentes. Así fue la guerra fría entre Estados Unidos y la Unión Soviética; así se teme que evolucione la disputa entre Estados Unidos y China. El papa Francisco habla de una tercera guerra mundial librada «por etapas».

Como dice Edward Luttwak, el pensamiento estratégico de Roma puede llegar a ser muy parecido al nuestro. Al igual que los romanos, los norteamericanos se encuentran protegiendo de diversas amenazas —con un ejército multiétnico y a veces con ejércitos de países aliados— a una sociedad avanzada. La solución no consiste en destruir al enemigo, sino en implicarlo en su propia red de alianzas, o en desgastarlo con una serie de guerras limitadas, que tal vez haya que dejar en manos de su vecino.

Por mucho que la decadencia fuera sin duda una advertencia para los políticos y los generales y una inspiración para los artistas y los directores de cine, no hay que pensar que, después de Augusto, el imperio no hizo otra cosa que decaer. Durante largo tiempo, los pueblos bárbaros no representaron un problema. Alemania era un frente secundario, del que se ocupaban solo cuatro legiones; tres estaban en Britania; ocho, en el frente oriental, de Capadocia a Arabia; entre diez y trece en el frente central, de Panonia a Dacia (la actual Rumanía).

Durante siglos, la paz no se vio perturbada por verdaderas guerras sangrientas, sino por lo que hoy se denominan púdicamente «operaciones policiales».

La única revuelta verdaderamente grande fue la de los judíos, a la que Roma se enfrentó sin piedad, también para dar ejemplo a otros rebeldes potenciales. Luttwak habla de «guerra psicológica» a propósito de Masada, la montaña inexpugnable donde un puñado de heroicos defensores se habían atrincherado. No tenían ninguna posibilidad de victoria, ni siquiera de salvación; desde luego, no representaban ningún peligro para el imperio. Sin embargo, en el año 73 d. C., los romanos desplegaron a toda una legión —de un total de veintinueve para defender todos sus territorios— y construyeron una enorme escalera para alcanzar la cima de la montaña y destruir a los insurgentes, que prefirieron apuñalarse entre ellos antes que rendirse. Para que todo el mundo supiera lo que había ocurrido, la crónica se dejó en manos de un judío, José, que sintió la necesidad de «romanizar» su nombre a Flavio Josefo (los Flavios eran la dinastía reinante). Los escritores debían tener nombres latinos, algo así como los artistas europeos —de Johnny Hallyday a Sandy Marton; de Bobby Solo a Don Backy—, que cuando éramos jóvenes debían tener nombres anglosajones.

DECLIVE Y CAÍDA

Sin embargo, en un momento dado, el Imperio romano realmente llegó a su fin. En el 395 d. C., a la muerte de

Teodosio, quedó definitivamente dividido entre sus dos hijos: a Arcadio le correspondió el Imperio romano de Oriente, con sede en Constantinopla, también llamada Bizancio; a Honorio, el Imperio romano de Occidente, cuyo centro más importante por entonces ya no era Roma, sino Rávena (además de Milán).

El 4 de septiembre del 476 d. C. —la fecha que aprendimos en el colegio como la caída del imperio— ninguno de los contemporáneos tuvo la impresión de que hubiera ocurrido nada. Desde hacía mucho tiempo la verdadera y única sede del imperio era Bizancio. Aquel día, simplemente, el último emperador de Occidente, llamado no por casualidad Rómulo Augústulo ('pequeño Augusto'), que era un chico hijo de un general panonio, fue depuesto por Odoacro, otro bárbaro. Odoacro envió las insignias imperiales a Bizancio, como diciendo que no era necesario nombrar otro emperador para Occidente, que bastaba y sobraba con uno. Odoacro solo sería gobernador de Italia.

La decadencia había comenzado mucho antes, y continuaría durante mucho tiempo. Con la llegada de los lombardos, Italia permanecería dividida durante más de mil años, y a menudo bajo el dominio de soberanos extranjeros. Y también al mundo, que se mantuvo unificado por los romanos, le esperaban siglos que hoy podemos reevaluar y no considerar oscuros, pero que no nos han legado las obras maestras de la arquitectura, del arte y de la literatura que debemos a Roma.

La pregunta sigue siendo: ¿cómo pudo ocurrir? ¿Por

qué un imperio que parecía destinado a durar eternamente se corrompió hasta consumirse?

Esta cuestión ha fascinado a los hombres de todas las épocas. Y muchas épocas, incluida la nuestra, consideran la decadencia como la fase más compleja, turbia, pecaminosa y, por tanto, fascinante de la historia. La Roma en su ocaso atrae más que la Roma en su apogeo. Hay toda una filmografía, desde el *Satyricon* de Federico Fellini al *Calígula* de Tinto Brass, dedicada a la decadencia. Hollywood reconoció en el ocaso romano a los viciosos personajes de las autocracias derrotadas por los americanos en la Segunda Guerra Mundial, pero otros cineastas fueron seducidos por el aspecto erótico e incluso enogastronómico. Parece casi como si los romanos no se hubieran dado cuenta de que todo se desmoronaba porque se dedicaban día y noche a interminables banquetes, invariablemente destinados a terminar en orgías desenfrenadas.

Y, por supuesto, está la historia, la de verdad. La *Historia de la decadencia y caída del Imperio romano,* de Edward Gibbon, es quizá el libro de historia más famoso (en seis volúmenes).

El dominio milenario de Roma llegaba a su fin. La era pagana declinaba para siempre. Ni siquiera el oráculo de Delfos era capaz de dar indicaciones sobre el futuro, y los sacerdotes de un mundo terminado solo podían declarar su impotencia: «Los pájaros del bosque sagrado están en silencio, la sagrada fuente de Castalia se ha secado; el dios ya no habla».

Pero incluso siglos antes de la derrota, cuando Roma ganaba una guerra tras otra y sometía constantemente a otros pueblos, el germen del miedo, la premonición de la crisis, serpenteaba por el alma de los patricios más pesimistas sobre el futuro y más severos consigo mismos. Catón el Censor, aquel que terminaba cada uno de sus discursos recordando que Cartago debía ser destruida, también advertía a los romanos; en su opinión, la ciudad estaba «aquejada de dos vicios, la avaricia y el amor al lujo, lacras que han hecho caer a todos los grandes imperios». El mismo Polibio, el escritor que tras la conquista de Grecia fue deportado a Roma y la definió como *Urbs Aeterna,* admirado por el modelo de gobierno romano «insuperable incluso para las generaciones futuras», intuyó también la futura ruina de Roma. Según Polibio, las causas serían el «ansia de poder» y «la vergüenza de la falta de gloria»: los romanos estarán más empeñados en acumular riquezas y hacer ostentación de ellas que en librar bien las guerras y administrar aún mejor las paces. Al fin y al cabo, nos recuerda Polibio, «debajo de todo lo que existe se encuentran el desgaste y el cambio».

Cuando llegó el fin de verdad, muchos pensaron que coincidía con el fin del mundo. Si Roma terminaba, todo terminaba, al menos sobre la faz de esta tierra.

Para los paganos, la causa de la ruina eran los cristianos, que habían minado la autoridad imperial reconociendo tan solo la divina. Para los cristianos, en cambio, la responsabilidad recaía sobre los paganos, quienes los habían perseguido durante tanto tiempo, y por tanto sobre la corrupción, el lujo, la decadencia de las costumbres…, todo lo que se consideraba contrario a los valores cristianos.

Si un imperio llegaba a su fin, la causa no podían ser otros hombres, nuevos conquistadores, sino el castigo celestial; no en vano Atila, el rey de los hunos, era el azote de Dios, y para detenerlo se había movilizado el mismo papa, armado solo con su cruz.

8

ROMA VIVE
MARGUERITE YOURCENAR,
LIZ TAYLOR Y ASTÉRIX

En el verano de 1924, a los veintiún años, esa edad en la que somos «insolentes y presuntuosos», Marguerite Yourcenar visitó con su padre las excavaciones de la Villa Adriana, en Tívoli, en la periferia de la capital. Quedó impresionada por la historia del emperador que representa tal vez el apogeo de la historia romana: un hombre sabio, equilibrado, culto, quien, sin embargo, enloquece de amor por un muchacho, Antínoo, «el más bello del mundo». Un amor homosexual, como el que marcará la vida de Marguerite. Así que empieza a escribir un libro, adentrándose en el alma del emperador, ambientado en el momento en el que dicta sus memorias.

El proyecto se quedará en un borrador, que Yourcenar dejará en un baúl con otros papeles, otros libros, otros objetos en el Hotel Meurice de Lausana, en el momento de abandonar precipitadamente Europa rumbo a Estados Unidos, antes de que la invasión nazi acabe arrastrándola también a ella.

En América la esperan la salvación y un amor, Grace. Pero un amigo ha encontrado el baúl con sus cosas en el sótano del Hotel Meurice, y se lo envía a su casa, en Connecticut. Dentro están también las páginas de una versión de las *Memorias de Adriano,* cuyo *incipit* conservará: «Querido Marco», que, por supuesto es Marco Aurelio, el joven de diecisiete años cuyas cualidades ha intuido el emperador, y a quien confía: «… empiezo a percibir el perfil de mi muerte». Ese baúl llegado desde Europa y desde su pasado, ese regalo inesperado, le parece a Marguerite una señal del destino. Así que retoma la escritura.

Tiene cuarenta y seis años. Ya no es la misma mujer que empezó el libro muchos años atrás. La vida de Adriano se convierte en su obsesión. Lee sus discursos, se alimenta con su comida, compone páginas enteras en griego, consulta sus libros, porque «una de las mejores formas de recrear el pensamiento de un hombre: reconstruir su biblioteca». Se encierra «como en un hipogeo», en una tumba subterránea, en el coche cama del tren que la lleva desde Nueva York a Colorado, a su alrededor los negros lomos de las Montañas Rocosas y el eterno dibujo de los astros: «No recuerdo día más ardiente ni noches más lúcidas».

Adriano fue, de entre los emperadores romanos, el mayor viajero. Fue quizá el primer hombre de la historia que dio la vuelta al mundo entonces conocido, desde España, donde había nacido, hasta las extremas fronteras orientales del imperio. El viaje es «esa ruptura perpetua de los hábitos, esa continua conmoción de todos los prejuicios».

Muchos años después, Marguerite viaja a Egipto y visita las ruinas de Antinópolis, la ciudad que el emperador había fundado en honor del joven al que amaba, ahogado en el Nilo. A bordo de un barco, la escritora arroja monedas al río, como en un ritual de despedida. Poco después, de vuelta a la nave de crucero, la estremecen los gritos desgarradores de las campesinas egipcias: un muchacho se ha ahogado en el Nilo, exactamente igual que Antínoo. Yourcenar ve en esa tragedia una confirmación del hado: estaba en efecto destinada a escribir ese libro, las *Memorias de Adriano*. Una obra inmortal. Quizá la más bella de entre las muchas obras del siglo XX inspiradas en la historia de la antigua Roma.

También Marguerite, al final de su vida, se enamorará de un chico bellísimo, Jerry, de Arkansas, de complexión atlética, buen jugador de tenis, homosexual, que ve en ella casi a una figura materna. Y será otro chico, Daniel, al que Yourcenar llama «el ángel de la muerte», quien se lo arrebatará, y quien le transmitirá una nueva, misteriosa y cruel enfermedad: el sida.

Otro gran libro suyo, *Opus nigrum,* se cierra con una evocación clásica: el protagonista, Zenón, filósofo y mago del Renacimiento, se suicida para evitar la ejecución, a la manera de Séneca. Pero son las *Memorias de Adriano* las que nos devuelven el encanto del clasicismo mejor que ninguna otra obra.

Es la historia de un soberano que hace balance de su vida ante la proximidad del final. Tras regresar de Asia, Adriano se ha retirado a Tívoli. Escribe a Marco Aurelio acerca de su enfermedad y del sabio griego que lo cuida,

Hermógenes: «Es difícil seguir siendo emperador ante un médico, y también es difícil guardar la calidad de hombre. El ojo de Hermógenes sólo veía en mí un saco de humores, una triste amalgama de linfa y de sangre. Esta mañana pensé por primera vez que mi cuerpo, ese compañero fiel, ese amigo más seguro y mejor conocido que mi alma, no es más que un monstruo solapado que acabará por devorar a su amo. [...]. Tendré la suerte de ser el mejor atendido de los enfermos. Pero nada puede exceder de los límites prescritos; mis piernas hinchadas ya no me sostienen durante las largas ceremonias romanas; me sofoco; y tengo sesenta años».

Su verdadero y único amor fue Antínoo, un romance que duró apenas cinco años, pero en el que Adriano se sintió verdaderamente amado, al contrario que en su fría relación con su esposa; parecía que estaba «clavado en el cuerpo querido como un crucificado a su cruz». La muerte sublimó el sentimiento: Antínoo fue enterrado como un faraón, en una tumba llena de jeroglíficos, y se dio su nombre a muchas ciudades nuevas.

Adriano vivió una época de transición. Aparentemente, parece que el imperio podría durar para siempre. Sin embargo, algo grandioso está a punto de suceder. El emperador ha reinado en una época extraña e irrepetible, «cuando los dioses ya no existían y Cristo no había aparecido aún». Horrorizado por los derramamientos de sangre durante las guerras de Trajano, su predecesor, desde la campaña contra los sármatas hasta el fracaso de la expedición contra los partos, decide retirarse a las anteriores fronteras del imperio, pero luego tiene que dirigir las tropas para sofocar la revuelta de los judíos, e incluso borra el nombre de su tierra: ya no será Judea, sino Palestina.

Ahora, ante la muerte, Adriano se pregunta por su futuro: «Mínima alma mía, tierna y flotante, huésped y compañera de mi cuerpo, descenderás a esos parajes pálidos, rígidos y desnudos, donde habrás de renunciar a los juegos de antaño. Todavía un instante miremos juntos las riberas familiares, los objetos que sin duda no volveremos a ver… Tratemos de entrar en la muerte con los ojos abiertos». Una advertencia intemporal, que resulta válida para los hombres de todas las épocas.

El cine nace con Roma

A lo largo de los siglos, siempre que ha surgido un arte, se ha apoderado de la antigua Roma, se ha dejado inspirar por ella, ha intentado recrearla.

Ocurrió con la pintura renacentista, cuando Rafael y otros artistas descendían a la Domus Aurea de Nerón para reproducir las decoraciones llamadas grotescas. Ocurrió con la arquitectura de Palladio, y luego con el estilo neoclásico, cuando en todo el mundo se construían pronaos, pórticos y cúpulas, y Antonio Canova esculpía como los antiguos romanos. Y también ocurrió con el cine.

De todas las épocas de la historia de la humanidad, ninguna ha causado una impresión tan profunda como la historia de Roma. Entre otras cosas porque el destino quiso que dos acontecimientos extraordinarios —el advenimiento del Imperio y el de Jesucristo— acaecieran en los mismos años. Y esto despertó especialmente la imaginación de los artistas del siglo XX. Algunas de las películas de más éxito entrecruzaron precisamente los acontecimientos de la antigua Roma con la historia de Jesús.

En 1880, un general de los federales de la guerra civil americana, Lew Wallace, publicó una novela histórica, *Ben-Hur;* tuvo tanto éxito que se decidió llevarla al teatro. Sin embargo, ¿cómo recrear la escena principal, la carrera de cuadrigas? Broadway se las arregla para conseguir que actúen caballos de verdad, entrenados para correr sobre una cinta: seis mil representaciones. El cine mudo se apodera de la historia y realiza dos películas a partir de ella. Pero en nuestra memoria ha quedado la versión filmada en 1959 por el gran William Wyler, con Charlton Heston, rodada precisamente en Roma, en Cinecittà.

Judá Ben-Hur es un príncipe judío que ha crecido junto a su amigo Mesala, un soldado romano. Mesala toma el mando de la guarnición de Jerusalén, el gobernador Grato es golpeado por unas tejas que caen accidentalmente del tejado de la casa de Ben-Hur. Mesala hace encarcelar a la madre y a la hermana de su amigo, aunque sabe que son inocentes, mientras él acaba remando en una galera romana.

Cuando todo parece perdido, llega el momento decisivo: durante una batalla naval, Ben-Hur salva la vida del comandante Quinto Arrio, que ha caído al mar, y quien lo recompensa concediéndole la libertad y adoptándolo como hijo. Ben-Hur se vengará derrotando a Mesala en un desafío en el hipódromo. Y en Jerusalén encontrará a su madre y a su hermana, desfiguradas por la lepra, pero el paso de Cristo llevando la cruz hacia el Gólgota las sanará.

La presencia de Jesús se adivina por tres veces en el transcurso de la historia, pero su rostro no se ve en ninguna de esas ocasiones. Al final, Cristo se sacrifica por la humanidad, y también para el final feliz de la película. El éxito hace época y lleva la felicidad a la Metro-Goldwyn-Mayer, que parecía abocada a la quiebra. La taquilla es la mayor de la década. *Ben-Hur* gana once óscares, un récord nunca superado, e igualado solo por *Titanic* y *El retorno del rey,* el tercer y último capítulo de *El señor de los anillos.*

Unos años antes, otra obra había tenido en el cine un éxito casi igual de clamoroso. *Quo Vadis?* también fue en primer lugar una novela, escrita por el polaco Henryk Sienkiewicz, que luego se convirtió en una película rodada en 1951 en Cinecittà. En el Hollywood del Tíber los costes eran más bajos que en el real; los técnicos, muy buenos, y una nueva ley reducía los impuestos a las producciones que reinvertían en Italia. El autor de esta ley era un joven político destinado a convertirse en siete ocasiones en primer ministro, Giulio Andreotti.

Quo Vadis? mostraba a un Nerón disoluto, interpretado por Peter Ustinov, a un despiadado Tigelino, a aristócratas cobardes, a otros valerosos, como Séneca y Petronio, destinados a un triste final; mientras que, en comparación, brillaba la virtud de los primeros cristianos y, en particular, de la bella Licia. Un comandante romano, Marco Vinicio, se enamora de ella, pero es rechazado e intenta raptarla. Y cuando el campeón de los gladiadores, Crotón, contratado por Vinicio, es derrotado solo con sus manos por el mítico Ursus, el gigante bueno que protege a Licia, todos nosotros dimos un respingo. Así que ya podrá imaginarse el lector nuestra reacción cuando, en el coso, Ursus le parte el cuello al búfalo que debía torturar a Licia, atada a un poste. El pueblo se rebela contra Nerón, Galba ocupa su lugar, Licia y Vinicio viven felices para siempre. *Quo Vadis?* es la película más taquillera del año. Y casi pasa desapercibida la escena que da título a la novela y a la película: el apóstol Pedro está huyendo de Roma para salvar su vida, pero se encuentra con Jesús, a quien le pregunta: «¿Adónde vas?» —*Quo vadis?*—, y este le responde: «Voy a Roma para que me crucifiquen de nuevo». En ese momento Pedro se da cuenta de que debe dar testimonio de la fe y afrontar el martirio, haciéndose crucificar, pero boca abajo, porque no se siente digno de morir como el Salvador.

Dos años más tarde, en 1953, el récord de *Quo Vadis?* será batido por otra película ambientada en la época del Imperio romano. Marcelo Galio, un joven y disoluto tribuno militar destinado en Galilea, gana a los dados la túnica de un hombre al que acaban de crucificar: Jesús de Nazaret. A partir de ese momento comienza a tener pesadillas y visiones, conoce a san Pedro, se convierte, llega a ser un predicador de la fe cristiana. Pero Calígula, su enemigo desde la juventud, convertido en emperador, lo condena a ser decapitado a menos que renuncie a Jesús. Marcelo se niega y va feliz al suplicio, junto a su amada Diana. El título de la película es *La túnica sagrada,* y para el papel protagonista se elige a un joven de veintiocho años con un gran futuro: Richard Burton.

Al año siguiente, se intenta una secuela, *Demetrio y los gladiadores,* en la que el malvado Calígula quiere apoderarse de la túnica, entre duelos en la arena del circo con tigres, perversiones de Mesalina, torturas e incluso una improbable resurrección. En resumen, un disparate monumental, pero al público americano le gusta.

Hollywood, sin embargo, titubea a la hora de enfrentarse a la mujer más famosa de la historia romana, Cleopatra. Hay un precedente que asusta a los productores: justo después de la guerra, en 1945, se rodó *César y Cleopatra.* César es Claude Rains —el capitán Renault de *Casablanca*—; la reina egipcia es Vivien Leigh. Pero las cosas salen terriblemente mal: Leigh está embarazada, se cae, pierde el niño, enferma de depresión; la película queda paralizada durante semanas, parece que haya recibido una maldición, los ingresos no cubren los gastos ni de lejos.

No será hasta 1962 cuando vuelva a intentarlo Joseph L. Mankiewicz, el director de *Eva al desnudo* y de *Julio César,* la película en la que dio el papel de Marco Antonio a Marlon Brando. Esta vez ha pensado en otro actor para encarnar a Antonio: se trata de Richard Burton. Cleopatra es, como todo el mundo recuerda, Elizabeth Taylor. Los dos protagonistas ya se habían conocido casi diez años antes, en una fiesta: él se enamoró a primera vista, pero ella lo rechazó por ser «un galés arrogante, ruidoso y vulgar». Sin embargo, esta vez, en el plató de Roma, Liz mira a Richard con otros ojos. Empieza a circular el rumor de una aventura, obviamente secreta, dado que ambos están casados y él incluso se ha traído a Italia a su mujer. Pero falta la prueba: la foto.

En primavera, el equipo se traslada a la isla de Isquia, donde van a recrear la batalla naval de Accio. El 18 de junio de 1962, último día de rodaje, un fotógrafo de Rieti, Marcello Geppetti, al acecho desde lo alto de las rocas, sorprende a Burton y Taylor besándose en una lancha. Desesperado, él le ofrece al *paparazzo* doce millones de liras, más de ciento cincuenta mil euros de hoy, a cambio de la foto, pero Geppetti se niega: «Trabajo para la prensa, no para particulares». Y, entre otras cosas, también porque la prensa le pagará mucho más.

No es un flirteo ocasional, es un gran amor que se convierte en romance popular; los dos dejan a sus respectivos cónyuges y se casan, el Vaticano condena, pero la película saca de ello un impulso extraordinario. La antigua pareja Antonio & Cleopatra ha creado otra nueva, Richard & Liz. Tampoco esta vez habrá final feliz: en 1974 Burton y Taylor se divorcian. Al año siguiente se lo piensan mejor y vuelven a casarse, pero de nuevo se divorcian.

«MI JESÚS ES MUY DIFERENTE A TI»

Aún seguimos preguntándonos: ¿por qué Hollywood apuesta por películas ambientadas en la época de Jesús, cuyos protagonistas son los romanos o, al menos, sus enemigos? La figura de Jesús fascina, pero al mismo tiempo asusta. Incluso Dino De Laurentiis aborda la historia de forma lateral, dando a Anthony Quinn el papel de Barrabás, el ladrón que primero evita la cruz, pero luego la afronta, tras luchar como gladiador en el Coliseo y haberse convertido al cristianismo, gracias a su novia Raquel, interpretada por Silvana Mangano, y a su amigo Sahak, un gran Vittorio Gassman. En *Barrabás,* la escena de la crucifixión de Jesús se rueda en Roccastrada, un bonito pueblo de la Maremma toscana, durante el eclipse de sol del 15 de febrero de 1961: el cielo al oscurecerse parece el escenario perfecto para expresar la ira divina.

Sin embargo, cuando se lleva al cine directamente la historia del nazareno, se corre el riesgo de fracasar. Así, una excelente película como *Rey de reyes* fue muy criticada, también por la Iglesia; y *La historia más grande jamás contada* resultó un fiasco, pese a contar con un reparto de lujo: Max von Sydow es Jesús; Sidney Poitier es Simón el Cirineo, el que lo ayuda a llevar la cruz; Charlton Heston es Juan Bautista. Pero en el corazón de los espectadores quedaron más grabados los actores no profesionales de *El Evangelio según san Mateo,* de Pier Paolo Pasolini, con la crucifixión filmada entre los Sassi de Matera, Jesús interpretado por Enrique Irazoqui —un estudiante catalán de 19 años, llegado a Roma para recaudar fondos para la lucha antifranquista— y la Virgen encarnada por la madre del director, Susanna, una extraordinaria Mater Dolorosa, también ella destinada a llorar la muerte de su hijo.

Cuando parecía imposible conseguir acercar al público la historia de los romanos que crucifican al hijo de Dios, resulta que en plena era *hippy,* en los años incandescentes de la revuelta juvenil, precisamente ese mundo convulso genera uno de los mayores éxitos de la historia del espectáculo: *Jesucristo Superstar.* Primero el musical, luego la película, con un actor negro, Carl Anderson, en el papel de Judas. Se lanzan acusaciones de ateísmo, de blasfemia, de antisemitismo; Sudáfrica prohíbe la película, pero al papa Pablo VI le gusta mucho.

Serán grandes éxitos tanto la reinterpretación tradicional de Franco Zeffirelli —su *Jesús de Nazaret* se emite por televisión en Italia, Reino Unido y Estados Unidos— como la genial parodia de los Monty Python, *La vida de Brian,* que, no obstante, será prohibida en varios países, Italia entre ellos, y desde luego no por los divertidos nombres, en latín macarrónico, de los amigos de Poncio Pilatos: Pijus Magnificus e Incontinentia Suma.

Hay otras dos películas que narran la vida de Jesús con una mirada original, y que deben ser recordadas por ello. Una es *La última tentación de Cristo,* que Martin Scorsese basó en la obra maestra de Nikos Kazantzakis. En el papel de Jesús, todo el mundo espera que la protagonice Robert De Niro, pero el actor favorito de Scorsese lo rechaza. No se siente capaz de afrontar un papel tan exigente; se ofrece para interpretar a otro personaje, pero entonces es Scorsese quien dice que no, y elige a Willem Dafoe.

Jesús es un colaboracionista de los romanos, que construye cruces para ellos. Judas —Harvey Keitel— es un amigo suyo, convencido de que Jesús es el libertador del pueblo judío; lo traicionará quizá para castigarlo por su reluctancia, quizá para ayudarlo a cumplir las profecías y a sacrificarse por la humanidad. La historia se centra en las tentaciones de Jesús en el desierto. El diablo no consigue seducir a Cristo, pero le advierte: «Volveremos a vernos». La última tentación es precisamente cuando Jesús ya está en la cruz e imagina que puede salvarse y vivir una vida normal, primero con María Magdalena, luego con Marta. Al final, todo resulta ser una alucinación: Jesús acepta sacrificarse y salva así al mundo.

Hay invenciones extraordinarias en la historia, como el encuentro imaginario entre Jesús y san Pablo, el verdadero inventor del cristianismo, el hombre que dio a la narración de los Evangelios su conexión con la cultura clásica. Básicamente, Pablo le dice a Jesús: no importa si no has muerto realmente y resucitado, porque los hombres tienen una terrible necesidad de creerlo: «Míralos: ¿no ves lo infelices que son? ¿No ves cómo sufren? Su única esperanza es Jesús resucitado. Y mi Jesús es muy diferente a ti, es mucho más fuerte y poderoso… Me alegro de haberte conocido, porque así podré olvidarte». Una de las mejores escenas de la literatura y del cine. Como también resulta extraordinaria la escena del asesinato de Lázaro, al que hacen desaparecer los enemigos de Jesús porque es la prueba de su milagro más importante.

La otra obra sobre Jesús y los romanos que ha suscitado conmoción y discusiones es *La pasión de Cristo*. Si la película de Scorsese fue criticada por los tradicionalistas y los conservadores, la de Mel Gibson fue considerada, por el contrario, un manifiesto del fundamentalismo cristiano. En realidad, al público le turbó sobre todo la carnalidad del martirio de Cristo, con el látigo lacerando su carne y su cuerpo destrozado ofrecido a la mirada de todo el mundo en la cruz; al actor Jim Caviezel lo dejaron colgado durante horas, azotado por el viento helado de los Sassi de Matera, donde Gibson, como ya hizo Pasolini en su día, filmó la crucifixión, con el desesperado grito final de derrota del diablo, interpretado por Rosalinda Celentano.

De esa película perdura también la dureza del choque, incluso lingüístico, con los romanos, que hablan latín, mientras que la lengua de Jesús es el arameo, aunque se enfrenta a Poncio Pilatos precisamente en latín. *Quid est veritas?* («¿qué es la verdad?»), le pregunta el gobernador romano. La suya es la perspectiva de la filosofía clásica, a la que le resulta difícil reconocer la nueva fe. Un tema que también está en el corazón de la obra maestra de la literatura rusa moderna, *El maestro y Margarita,* de Bulgákov, donde la pasión de Jesús aparece narrada precisamente desde el punto de vista de Pilatos.

CABIRIA Y MACISTE

Roma inspiró al cine desde sus inicios. Se considera que la primera película de la historia es la famosa *La llegada de un tren a la estación de La Ciotat,* de los hermanos Lumière. Pero ese mismo año, 1896, un jovencísimo aspirante a director de veinte años, Georges Hatot, rueda *Néron essayant des poisons sur des esclaves:* cincuenta segundos en los que

Nerón experimenta con formidables venenos sobre dos esclavos, que se desploman en el suelo y mueren entre atroces pero breves sufrimientos.

La primera verdadera película con vestuario de época, de dieciocho minutos de duración, es filmada en Italia, en 1908: es la transposición de *Los últimos días de Pompeya,* la novela del inglés Edward Bulwer-Lytton sobre la erupción del Vesubio y la destrucción de la ciudad que simboliza la civilización clásica.

En 1913, un pintor reconvertido primero en cartelista y luego en director, Enrico Guazzoni, realiza la primera gran producción de la historia: dos horas, cinco mil figurantes. El título es *Quo Vadis?,* y resulta ser un éxito internacional: se proyecta en Broadway e incluso en Londres, ante el rey Jorge V.

Pero la película más famosa del cine mudo se rueda en 1914. Está dirigida por Giovanni Pastrone, con «subtítulos literarios» del poeta Gabriele D'Annunzio, a quien se debe también el título: *Cabiria,* nacida del fuego. Una obra innovadora, con escenas filmadas en el Etna, en Túnez, en los Alpes, e inventos como el carro de rodaje en lugar de la cámara fija.

La historia está ambientada durante la segunda guerra púnica: mientras Aníbal ataca Roma, la pequeña Cabiria, prisionera en Cartago, debe ser sacrificada al dios Moloch, pero es salvada por un espía romano, Fulvio Axilla, y su musculoso sirviente, a quien D'Annunzio bautiza con un nombre destinado a perdurar: Maciste. El éxito es enorme. *Cabiria* será la primera película proyectada en la Casa

Blanca. En París permanecerá seis meses en cartelera; en Nueva York, más de un año.

Paradójicamente, el fascismo, un régimen que aspiraba a reconstruir el imperio, solo dio a luz una gran película sobre la antigua Roma: *Escipión el Africano,* filmada no por casualidad en 1936, el año de la campaña africana del Duce, la conquista de Etiopía. El esfuerzo fue inmenso: solo para reconstruir la batalla de Zama se movilizó a diez mil soldados de infantería, dos mil de caballería y treinta elefantes. En el Festival de Venecia ganó sin problemas la Coppa Mussolini a la mejor película italiana, pero al Duce no le gustó. En concreto, no le convenció el protagonista, el actor de teatro Annibale Ninchi, quien no solo llevaba el nombre del enemigo cartaginés, sino que tampoco brillaba por su vigor viril: «Si Escipión hubiera tenido el aspecto débil de este actor», comentó Mussolini, «no sé yo si habría sido capaz de ganar una sola batalla».

El verdadero héroe de los péplums, la categoría de películas inspiradas en la antigua Roma y destinadas al gran público más que a la crítica, resultará ser no Escipión, ni tampoco César, sino el personaje inventado por D'Annunzio: Maciste. Después de *Cabiria,* el musculoso guerrero será el protagonista de una serie de películas mudas —memorable *Maciste alpino,* proyectada en la retaguardia durante la Gran Guerra—, para luego resucitar clamorosamente en color. Entre 1961 y 1964 se ruedan veintitrés películas sobre Maciste —una media de casi seis al año—, interpretadas por campeones de culturismo. Los decorados siempre eran iguales, se reciclaban algunas costosas escenas de masas, que se podían encontrar idénticas en distintas películas. Los títulos son desopilantes: *Maciste contra Hércules en el Valle de los Problemas; Zorro contra Maciste; Maciste en el infierno.* También destacan la prototerror *Maciste contra el vampiro* y la cómica *Totò contra Maciste.*

Será precisamente en los péplums donde debutarán dos de los directores italianos más importantes: Sergio Leone y Michelangelo Antonioni. Ambos sustituyen a colegas ancianos que han caído enfermos durante la filmación. Leone, a Mario Bonnard, de quien concluye la enésima versión de *Los últimos días de Pompeya.* Antonioni, a Guido Brignone en *Bajo el signo de Roma,* donde Anita Ekberg interpreta a la reina de Palmira, Zenobia, quien desafía a los romanos y acaba siendo derrotada.

TOTÒ, FELLINI Y TINTO BRASS

Todos los grandes del cine italiano han abordado la antigua Roma. Vittorio Gassman fue Catón el Censor; Marcello Mastroianni, Escipión el Africano; Nino Manfredi, Poncio Pilatos. Totò sueña con ser Tiberio en *El emperador de Capri;* Alberto Sordi es el protagonista de *Mi hijo Nerón,* de Steno, con Vittorio De Sica como Séneca, Gloria Swanson como Agripina y Brigitte Bardot como Popea.

Federico Fellini estaba obsesionado con Roma desde que vivía en Rímini. Recupera el personaje de Cabiria, lo transforma en una prostituta y confía el papel a su esposa, Giulietta Masina, en dos películas distintas, *El jeque blanco* y *Las noches de Cabiria*. Después aborda la obra maestra de Petronio, y en 1969 rueda *Fellini Satyricon*. El nombre del director se incorpora al título para que la película no se confunda con otro *Satyricon*, curiosamente estrenado el mismo año, con Ugo Tognazzi y el cantante Don Backy.

Las páginas de Petronio le permiten a Fellini alternar lo alto y lo bajo, lo lírico y lo cómico, lo dramático y lo grotesco; él mismo definirá la película como «un ensayo de ciencia ficción del pasado». Estamos al principio de la decadencia de Roma. No queda mucho del original latino, salvo el corazón de la película: el banquete de Trimalción, el liberto enriquecido y vulgar. El director había pensado en Bud Spencer para el papel, pero este lo rechaza: no quería posar desnudo. En el reparto figuran un actor de carácter descubierto por Fellini, Alvaro Vitali, y un guapísimo chico de pelo largo que parece casi un hermafrodita, Renato Zero. También está Suleiman Ali Nashnush, jugador de baloncesto y el hombre más alto del mundo, casi dos metros y medio.

La película que más se relaciona con la Roma erótica y cruel es *Calígula,* y solo su historia ya daría para una novela. El guion es de Gore Vidal, el gran escritor estadounidense, quien piensa en una serie para televisión. Calígula no es técnicamente un emperador de la decadencia; de hecho, estamos al principio del imperio, pero, tras el pragmatismo de Augusto y el distanciamiento de Tiberio, Calígula es el primero en hacer un uso desmesurado del inmenso poder del que dispone, en ejercerlo sobre los cuerpos de sus súbditos. Es esta idea de la búsqueda del placer al margen de la moral, este cruce entre amor y muerte, entre autoridad y depravación, lo que inspira a los artistas, e incluso lo que atrae a los espectadores; lástima que no pudieran ver la película.

En un principio, la idea es hacer con *Calígula* un proyecto de alto nivel, destinado al público televisivo, de cuya dirección se encargaría Roberto Rossellini. Pero el Rossellini que se implica es Franco, el sobrino de Roberto, quien ya había producido el *Decamerón* de Pasolini. Franco Rossellini le propone a Vidal revisar el guion para hacer con él una película, con el dinero de Bob Guccione, un italoamericano que publica una revista erótica, *Penthouse*. La idea sigue siendo la de una obra de arte y ensayo, pero tanto John Huston como Lina Wertmüller rechazan la oferta. En cambio, la acepta un director veneciano de cuarenta y pocos años, con una idea muy carnal del erotismo: Tinto Brass.

El reparto es ambicioso, cuenta con espléndidas actrices, como Maria Schneider y Helen Mirren, y actores consagrados como Malcolm McDowell, a quien le dan el papel de Calígula, y Peter O'Toole (que tiene de hecho cara de antiguo romano, por algo fue el protagonista de la serie de televisión *Masada* y Augusto en otra serie, *Imperium*). Pero la producción es un desastre.

La primera disputa se da con Maria Schneider, quien es sustituida por Teresa Ann Savoy. Brass también choca con Vidal, quien considera que la película es demasiado erótica, y con Guccione, para quien no es lo bastante: pretendía una obra rayana en la pornografía, con escenas de sexo no simuladas, que el director se niega a rodar. La producción interviene de forma considerable en el montaje, para lograr que *Calígula* sea lo más escabrosa posible, pero cuando en agosto de 1979 llega a los cines, la película es sepultada por las denuncias. Brass es absuelto: el montaje no es culpa suya; Rossellini es condenado en primera instancia a cuatro meses de prisión. La película está condenada a muerte. Todas las copias son destruidas, salvo un negativo. Gracias a una amnistía, Rossellini puede recuperarlo. *Calígula* se monta de nuevo, pero de los 155 minutos originales, tras la censura quedan 86. Por fin, en 1984, los espectadores pueden verla, pero a los pocos días vuelve a ser secuestrada.

El *Calígula* maldito tendrá una triple descendencia. Previendo problemas de censura, Rossellini ha encontrado la manera de amortizar el coste de los decorados de la Roma imperial, encargando a Bruno Corbucci una película que se estrena en 1977 con el título de *Messalina, Messalina!,* que se convierte en algunos países en *Calígula II: ¡Messalina, Messalina!,* como si fuera la secuela de la original; y de hecho Mesalina es la esposa de Claudio, que viene después de Calígula. El reparto es más popular que refinado, con Tomas Milian y Bombolo.

En 1982, el director pornográfico Joe D'Amato rueda *Calígula 3. La historia jamás contada;* de 125 minutos, los censores salvan 39.

Por último, en 2005, el artista italiano Francesco Vezzoli presenta en el Festival de Cine de Venecia un cortometraje de cinco minutos titulado *Trailer for a Remake of Gore Vidal's Caligula.* Se trata de un homenaje al guionista, con un reparto extraordinario: Benicio Del Toro, Courtney Love, la diva del cine erótico de los años setenta, Barbara Bouchet, la gran Adriana Asti, la bellísima Milla Jovovich y, en el papel de una matrona romana disoluta, de nuevo Helen Mirren, quien entretanto ha interpretado a la reina Isabel II en el cine.

Por otra parte, de vez en cuando, además de hacer el amor y de excederse en las libaciones, en la antigua Roma también se reían.

Plauto y Terencio, los dos mayores dramaturgos latinos, no se limitan a divertir a los espectadores: se hacen preguntas sobre la naturaleza humana y llegan a conclusiones opuestas. Para Plauto, *homo homini lupus* («el hombre es un lobo para el hombre»), nadie es capaz de hacer nada en interés de nadie a no ser que sea por uno mismo o por un ser querido; cuando no es malvado, el hombre es egoísta, y solo puede ser inducido a hacer el bien si eso le hace sentirse mejor y, por tanto, alimenta así su narcisismo.

Pero para Terencio, en cambio, «el hombre es un dios para el hombre, si sabe cuál es su deber»: la sociedad, a diferencia de lo que diría Margaret Thatcher, existe, e incluso se puede hacer que funcione bien, si cada uno acepta su propia responsabilidad y sabe limitar su propia libertad para no violar la de los demás. El hombre de Terencio es aquel que acepta todas las diversidades, todas las formas de amar e incluso de odiar, porque reconoce, incluso en las excepciones más anormales, incluso en la perversión y en el mal, un rastro de su propia humanidad: «Soy un hombre. Nada de lo humano me es ajeno».

De entre estos dos grandes dramaturgos de la antigua Roma, Buster Keaton —que ya en 1923 se había planteado una reinterpretación cómica de la historia clásica con su película *Las tres edades*— eligió a Plauto para su última aparición cinematográfica, en 1966. *Golfus de Roma* se basa en tres comedias de Plauto: *Pseudolus,* es decir, 'mentiroso', el nombre del astuto criado que ayuda a su amo a conquistar a la mujer amada; *Mostellaria,* la comedia del fantasma —en realidad, no hay fantasma, es un truco que utiliza el *servus callidus* para ocultarle a un padre las ruidosas fiestas de su hijo—, y *Miles gloriosus,* quizá la obra maestra de Plauto, la sátira del soldado victorioso: un testimonio de que los romanos también sabían reírse de sí mismos. Y quizá el propio Marco Antonio habría sonreído al verse interpretado por Totò, en la mítica *Totò y Cleopatra,* donde Cleopatra es la actriz francesa Magali Noël, la Gradisca de la que personalmente considero la verdadera obra maestra de Fellini, *Amarcord.*

Entre las numerosísimas series de televisión —sobre todo británicas y norteamericanas— ambientadas en la antigua Roma, hay que recordar al menos una. Se titulaba *Roma,* precisamente fue producida por la BBC y la HBO, y sorprendió por la crudeza de sus detalles. No era ni obscena ni vulgar; era simplemente cruda. Se ve a Marco Antonio en la Galia, deteniendo a toda su legión para aprovecharse por el camino de una pastora que no opone resistencia, no por consentimiento, sino por resignación. Se ve al joven Octavio abofetear y tratar con suma arrogancia a un esclavo. Se escucha un diálogo entre legionarios en el que se manifiesta que la guerra consiste en despojar al enemigo de su oro y de su mujer. Y nos surge la duda de que Roma no solo sería eso, pero también era eso: el abuso del hombre por el hombre.

También en otra serie americana —pero rodada en Nueva Zelanda—, *Espartaco*, la violencia, el sexo y las perversiones surgen de la absoluta desigualdad entre los seres humanos: los gladiadores son carne muerta, fuente de feroz diversión para los patricios y de placer sensual para sus esposas. Y a los gladiadores está dedicada *Those About to Die* —que en latín serían los *morituri*, 'los que van a morir'—, la nueva serie rodada en Cinecittà, donde Anthony Hopkins interpreta a un emperador poco visto en el cine: Vespasiano.

También muchos videojuegos, que ocupan un lugar central en el imaginario de los nativos digitales, aparecen ambientados en la antigua Roma. Están los dedicados a grandes batallas, por ejemplo, contra Aníbal y contra Vercingétorix. Los centrados en duelos a muerte, en la arena entre gladiadores o en los circos entre cuadrigas. Pero también los «de gestión», en los que el que gana es quien hace evolucionar Roma, o la reconstruye tras el incendio de Nerón, que es también el objetivo de un juego de mesa de culto, *Rome & Roll,* destinado a competir con *S.P.Q.*

RisiKo!, la variante romana del famoso juego de estrategia (y que, en España, se conoce como *Risk*).

Nuestros antepasados han inspirado también el manga japonés. Mari Yamazaki, tras haber estudiado Bellas Artes en Florencia y haberse enamorado de Italia, creó un cómic titulado *Thermae Romae*, «Las termas de Roma». El ingeniero Lucio Modesto, despedido por sus ideas poco innovadoras, mientras se encuentra en una bañera acaba en un vórtice temporal que lo lleva de la antigua Roma al Japón actual. Allí aprende las técnicas de los modernos balnearios japoneses y, de vuelta a su casa y a su tiempo, las aplica con gran éxito. ¿Le parece al lector una idea descabellada? En Japón, el manga ha vendido nueve millones de ejemplares, y ha dado lugar a dos películas de imagen real, más otras dos *animes,* el último producido por Netflix.

Pero para el gran público son más familiares los vínculos entre la historia de Roma y la saga de *Star Wars*. La guerra interestelar entre la república y el imperio está claramente inspirada en la historia de las guerras civiles en tiempos de César y Pompeyo, y luego de los cesaricidas y Augusto. También en *Star Wars* gana el imperio, Lord Sidious se hace con el poder, se rodea de pretorianos de capa roja y con la Orden 66 ordena eliminar a los Jedi: una verdadera lista de proscripción. Incluso su promesa de paz evoca la Pax Augusta.

En *Star Trek* el protagonista, el capitán del Enterprise, se llama James Tiberius Kirk; en la precuela de 2009 tiene que enfrentarse a Nerón, el asesino de su padre. Tiberio y Nerón como nombres que hablan: uno bueno, el otro malo.

También desempeñan un papel importante en el universo Star Trek los romulanos, habitantes del planeta Romulus, de naturaleza agresiva y conquistadora, mientras que en el planeta gemelo, Remus, vive un pueblo de vencidos. Y en uno de los episodios de la serie original, «Pan y circo» —*panem et circenses*—, aparece un planeta llamado Magna Roma, con personajes que visten toga, luchas de gladiadores y todo lo demás.

DE OBÉLIX A GLADIATOR

En 1951, Albert Uderzo, hijo de emigrantes italianos, y René Goscinny, nacido en una familia de judíos polacos huidos de la Shoah, se conocen en Bruselas. Se convierten en una pareja inseparable, tipo Laurel y Hardy —o el Gordo y el Flaco, si se prefiere—, de los que son grandes admiradores.

Uderzo tiene veinticuatro años. Su padre es un lutier de Piovene Rocchette, en la provincia de Vicenza; su madre es toscana. Durante la ocupación alemana se escondió en Bretaña, para evitar ser deportado a Alemania y tener que trabajar para la maquinaria de guerra nazi. Goscinny es solo un año mayor que él. Están en Bélgica, el país de Tintín, porque les gustaría triunfar en el mundo del cómic.

Se sienten un tanto apátridas, pero precisamente por eso buscan un tema que pertenezca a la tradición francesa. Son los años en que Marvel rechaza el *Spider-Man* de Stan Lee porque los superhéroes tienen que ser grandes, fuertes, sin defectos, y no adolescentes inseguros «y, además, la gente odia a las arañas». En cambio, Goscinny y Uderzo inventan a un hombrecito narigudo y pendenciero, acompañado de un bonachón con sobrepeso, pero que se siente flaco.

La época es la de la dominación romana. Los dos autores intuyen que en el fondo del alma francesa habita cierto orgullo galo. Y lo explotan imaginando que en la Galia sometida por César resiste una única aldea, evidentemente en Bretaña, gracias a la poción mágica preparada por el viejo y sabio druida Panoramix.

Astérix el Galo debuta en *Pilote* el 29 de octubre de 1959. Se convierte en un libro, luego en una película, la primera de una larga serie. No es imposible ver, detrás de la resistencia gala a los romanos, la irreductibilidad de la Francia profunda a la hegemonía americana, a la invasión de la metrópoli y de lo que hoy llamamos el mundo global.

Hay que decir, sin embargo, que Astérix y Obélix nunca intentan sublevar la Galia contra los romanos. Al contrario, Karabella, la esposa del jefe de la aldea, Abraracúrcix, se queja a menudo de los modales toscos de sus compatriotas y sueña con el refinamiento de Lutecia —obviamente, París— y de la civilización romana. Los romanos, al fin y al cabo, no son malos, son un poco despistados, divertidos, perezosos, víctimas de la fuerza de los galos.

El único romano que no es un hazmerreír es Julio César: altivo, distante, un poco afeminado, obsesionado con la calvicie, enamorado de sí mismo. Sin embargo, Astérix y

Obélix se encuentran a menudo —desde la primera historia— ayudándolo contra las conspiraciones de los lugartenientes desleales. Bruto aparece también en escena, siempre
jugando con un puñal, y, evidentemente, César le dice: «Tú
también, Bruto, hijo mío».

En *Astérix en Bretaña,* los ingleses beben agua caliente
con leche añadida —el té aún no ha llegado de China— y
castigan a los héroes galos con una cocina pésima. En *Astérix en Helvecia,* los suizos están obsesionados con los
bancos, las orgías y la *fondue.* En *Astérix legionario,* se
asoman al ancho mundo y a la gran historia: la bella Fal-
balá, de la que Obélix está enamorado, descubre que su
prometido, el apuesto actor Tragicómix, ha sido enrolado
a la fuerza por los ejércitos de César en las últimas batallas
contra los pompeyanos. Astérix y Obélix deciden alistarse
también, y deben superar un periodo de entrenamiento:
conocen así a una pareja de godos, a los que nadie entien-
de; a un egipcio que busca un pueblo de vacaciones; a un
griego; a un belga que les recuerda evidentemente a Tintín; a un britano imperturbable en su flema, muy británico, en verdad. Tras volver locos a los centuriones que deberían convertirlos en legionarios, descubren que su
amigo ha sido secuestrado por los pompeyanos y los derrotan; César se ve así obligado a reconocer que está en
deuda con los irreductibles galos.

Astérix ha vendido en todo el mundo cuatrocientos millones de ejemplares, más que cualquier otro libro jamás
publicado, salvo la Biblia. Ha sido protagonista de diez películas de dibujos animados y de otras cinco películas: en

una de ellas te encuentras con Zlatan Ibrahimović en el papel de un traicionero general romano. Además, hay también una veintena de videojuegos y un parque temático, el Parc Astérix. El gigante Obélix está inevitablemente interpretado por el gran Gérard Depardieu.

Hacía ya bastante tiempo que Roma parecía ausente del gran cine. Demasiado alejada de la sensibilidad moderna. Y demasiado caro hacer películas con ese vestuario. La brecha entre las obras de autor y las destinadas al gran público se ha ampliado mucho. Y un gran director nunca tendría, o ya no tendría, la humildad de adaptarse a los gustos populares y contar una historia.

Al menos, eso parecía.

Pero entonces, en el año 2000, con el cambio de siglo y de milenio, Ridley Scott, un artista genial, aunque irregular, concibe una obra maestra.

Gladiator es una película poco plausible en el plano histórico. Máximo Décimo Meridio, personaje de ficción, derrota a los germanos en Vindobona, hoy Viena, a orillas del Danubio, y pone fin a las largas guerras que Marco Aurelio, el emperador filósofo, tuvo que librar contra su voluntad. A estas alturas, Marco Aurelio ya está viejo y cansado. Sintiendo que la muerte se acerca, ha decidido dejar sus poderes precisamente a Máximo, pero no para proclamar un nuevo emperador: el general tendrá que gestionar la transición hasta que el Senado sea capaz de volver a administrar Roma, como antaño. Es el propio Marco Aurelio quien advierte a su hijo Cómodo: «Tú no vas a ser emperador. Roma tiene que volver a ser una república».

Cómodo —magistralmente interpretado por Joaquin Phoenix, quien representa bien la mezcla de buenas intenciones, ambición y crueldad— reacciona asfixiando a su padre y proclamándose emperador. Máximo, que conoce las intenciones de Marco Aurelio, se da cuenta de que el emperador ha sido asesinado y se niega a jurar lealtad a Cómodo. Pero su lugarteniente, Quinto, ya lo ha traicionado. La esposa y el hijo de Máximo serán asesinados, y él también está abocado al mismo fin.

Máximo, sin embargo, se salva. Se convierte en el gladiador favorito de los romanos. Revela su identidad. Derrota a Cómodo en el duelo final. Esta vez Quinto deja que su nuevo señor, el emperador, sucumba. Y Máximo dicta sus últimas voluntades antes de desplomarse en la arena: «Quinto, libera a mis hombres. El senador Graco debe volver a su lugar. Había un sueño que era Roma: se hará realidad. Estos son los deseos de Marco Aurelio».

Obviamente, no solo Máximo Décimo Meridio no existió nunca, sino que tampoco lo hizo el senador Graco, que lleva el nombre del defensor del pueblo que vivió más de dos siglos antes. Marco Aurelio no tenía ninguna intención de restaurar la república, y el imperio ciertamente no termina con él.

Entonces, ¿por qué *Gladiator* fue un éxito mundial, con cinco óscares, incluidos el de mejor película y el de mejor actor, para Russell Crowe? ¿Por qué ha sido una obra importante para varias generaciones? ¿Por qué algunas de sus frases —«A mi señal, desatad el infierno», pero también «Lo que hacemos en vida tiene su eco en la eternidad»— se convirtieron en expresiones de culto?

Quizá la explicación esté precisamente en la frase final de *Gladiator:* «Había un sueño, y era Roma». Al final, lo que queda de Roma es un legado de palabras más que de armas. De César queda el *De bello Gallico,* más que las cien batallas ganadas y los cinco triunfos celebrados. De Augusto quedan los versos compuestos en su honor por Horacio y Virgilio, y el lamento de Ovidio, a quien envió al exilio. Cada vez que pronunciamos las palabras de la política, de la religión, de la vida pública, sin darnos cuenta estamos pagando tributo a la antigua Roma. Una sociedad violenta, marcada por profundas injusticias y por enormes desigualdades. Y, sin embargo, una sociedad atravesada por grandes tensiones morales, en la que el ideal de gobierno universal y de paz duradera echó sus raíces, destinadas a permanecer en el corazón humano.

Es este el verdadero motivo por el que todos los imperios de la historia se han presentado como herederos del Imperio romano. Por eso Roma nunca ha caído. Roma, al menos en la versión idealizada por escritores, artistas, poetas, es el más elevado de nuestros pensamientos. Especialmente en la breve y extraordinaria época en la que el clasicismo se encuentra con el cristianismo; encuentro que, al fin y al cabo, es la base de la civilización occidental. Que ha causado muchos problemas, que es profundamente crítica consigo misma, que tal vez se esté autodestruyendo…, pero que después de todo tampoco era tan mala.

Es posible que el sueño que era Roma se esté desvaneciendo en la actualidad: un mundo global, multicultural, multiétnico y próspero, en paz no por ser cobarde, sino precisamente por ser fuerte.

Pero es posible que un día, no tan lejano, ese sueño que era Roma se haga realidad verdaderamente.

FUENTES

La bibliografía sobre la antigua Roma es, obviamente, interminable. Algunos libros —como el ya mencionado *Decadencia y caída del Imperio romano,* de Edward Gibbon, cuya edición de Oscar Storia Mondadori (*Declino e caduta dell'impero romano,* Milán, 1990) consulté— se han convertido por sí mismo en clásicos, desde *Discursos sobre la primera Década de Tito Livio (Discorsi sopra la prima Deca di Tito Livio),* de Niccolò Maquiavelo, hasta la *Historia de Roma (Storia di Roma),* de Theodor Mommsen. Me encantó especialmente el ensayo de Mary Beard *SPQR. Una historia de la antigua Roma* (*SPQR. Storia dell'antica Roma*, Milán, Mondadori, 2016). De la misma autora recomiendo *The roman Triumph* (Cambridge, Harvard University Press, 2007); *Ridere nell'antica Roma* (Roma, Carocci, 2016); *I dodici Cesari. Ritratti del potere dall'antichità ad oggi* (Milán, Mondadori, 2022).

Antonio Spinosa, escritor y estudioso siempre generoso con el lector, nos ha legado dos biografías llenas de anécdotas de las que este libro es deudor: *Cesare. Il grande giocatore* (Milán, Mondadori, 1986) y *Augusto. Il grande baro* (Milán, Mondadori, 1996). De Antonio Spinosa recomiendo también *Tiberio. L'imperatore che non amava Roma* (Milán, Mondadori, 1985), y *La grande storia di Roma* (Milán, Mondadori, 1998).

Para la influencia de la antigua Roma en el cine, trabajé en particular sobre el libro de Maria Wyke, *Projecting the past. Ancient Rome, Cinema and History,* Londres, Routledge, 1997.

Para la *Eneida:*

Comparetti, Domenico, *Virgilio nel Medio Evo,* vol. 1, Livorno, con las tipos de Francesco Vigo, 1872.

Hardie, Philip, *The Last Trojan Hero: A Cultural History of Virgil's* Aeneid, Londres-Nueva York, I. B. Tauris, 2014.

Kallendorf, Craig, *The Other Virgil, Classical Presences,* Oxford-Nueva York, Oxford University Press, 2007.

Kennedy, Duncan, «Tradition and Appropriation: T. S. Eliot and Virgil's *Aeneid*», en *Hermathena,* n.º 158, 1995, págs. 73-94.

Loane, Helen A., «The Sortes Vergilianae», en *The Classical Weekly,* vol. 21, n.º 24, 1928, págs. 185-189.

O'Neill, J.R., Rigoni, Adam (eds.), *The Aeneid and the Modern World,* Londres-Nueva York, Routledge Monographs in Classical Studies, Routledge, 2022.

Padoan, Giorgio, *Il pio Enea, l'impio Ulisse. Tradizione classica e intendimento medievale in Dante,* Rávena, Longo, 1977.

Syed, Yasmin, *Vergil's Aeneid and the Roman self,* Ann Harbor, University of Michigan Press, 2005.

Ziolkowski, Jan M., Putnam, M. C. E. (eds.), *The Virgilian Tradition: the First Fifteen Hundred Years,* New Haven, Yale University Press, 2008.

Entre los textos romanos que he consultado, destaco especialmente:

Cayo Julio César, *Commentarii de bello Gallico.*

Marco Tulio Cicerón, *De re publica.*

Marco Tulio Cicerón, *In Catilinam orationes.*

Marco Tulio Cicerón, *Pro M. Caelio.*

Quinto Ennio, *Annales.*

Eusebio de Cesarea, *Bíos Megálou Konstantínou* (*Vita Constantini*).

Tito Flavio Josefo, *Historía Ioudaïkoû polémou pròs Romaíous* (*Bellum iudaicum*).

Décimo Junio Juvenal, *Saturae.*

Marco Aneo Lucano, *Pharsalia.*

Marco Valerio Marcial, *Epigrammaton.*

Quinto Horacio Flaco, *Carmina.*

Quinto Horacio Flaco, *Epistulae.*

Quinto Horacio Flaco, *Epodon Liber.*

Quinto Horacio Flaco, *Saturae.*

Cayo Julio César Octavio Augusto, *Res gestae divi Augusti.*

Cayo Petronio Arbitro, *Satyricon.*

Plutarco, *Bíoi Parálleloi* (*Vitae parallelae*).

Polibio, *Historíai* (*Historiae*).

Cayo Salustio Crispo, *De coniuratione Catilinae.*
Cayo Suetonio Tranquilo, *De vita Caesarum.*
Publio Cornelio Tácito, *Historiae.*
Publio Virgilio Marón, *Aeneis.*

Sobre el tema del imperio infinito:

Barbero, Alessandro, *Costantino il vincitore,* Roma, Salerno Editrice, 2017.

Bonaparte, Napoleón, *Le guerre di Cesare,* Roma, Salerno Editrice, 2020.

Bowersock, Glen W., «The Three Romes», en *Studi Storici,* año 47, n.º 4, octubre-diciembre de 2006, págs. 977-991.

Butler, Sarah J., *Britain and its Empire in the Shadow of Rome,* Londres, Bloomsbury, 2012.

Charles, Michael B., «Remembering and Restoring the Republic: *Star Wars* and Rome», en *The Classical World,* vol. 108, n.º 2, 2015, págs. 281-298.

Cooke, Jacob E., «Alexander Hamilton's Authorship of the "Caesar" Letters», en *The William and Mary Quarterly,* vol. 17, n.º 1, enero de 1960, págs. 78-85.

Cracco Ruggini, Lellia, «Potere e carismi in età imperiale», en *Studi Storici,* año 20, n.º 3, julio-septiembre de 1979, págs. 585-607.

Gandhi, Mahatma, *The collected works of Mahatma Gandhi,* Nueva Delhi, Gobierno de la India, 1969.

Gandhi, Mahatma, *Young India,* Madrás, S. Ganesan, 1927.

Godoffredo di Monmouth, *Historia Regum Britanniae,* Roma, Treves Editore, 2006 [trad. esp. de L. A. de Cuenca, Madrid, Alianza, 2017].

Harper, Kyle, *Il destino di Roma. Clima, epidemie e la fine di un impero,* Einaudi, Turín, 2019. [*El fatal destino de Roma: cambio climático y enfermedad en el fin de un imperio,* Barcelona, Crítica, 2021].

Joshel, Sandra R., Malamud, Margaret, McGuire, Donald T. Jr. (eds.), *Imperial Projections: Ancient Rome in Modern Popular Culture,* Baltimore-Londres, Johns Hopkins University Press, 2001.

Kahn, Andrew, «Readings of Imperial Rome from Lomonosov to Pushkin», en *Slavic Review*, vol. 52, n.º 4, 1993, págs. 745-768.

Kumar, Krishan, «Greece and Rome in the British Empire: Contrasting Role Models», en *Journal of British Studies,* vol. 51, nº 1, enero de 2012, págs. 76-101.

Lacey, Helen, «A Comparison of the Illuminations of Liber Regalis with those of the Coronation Book of Charles V of France», en *York Medieval Yearbook, MA Essays from the Centre for Medieval Studies,* The University of York, n.º 1, 2002.

Lantz, Kenneth, *The Dostoevsky Encyclopaedia,* Westport, Greenwood, 2004.

Madden, Thomas F., *Empires of Trust: How Rome Built —and America Is Building— a New World,* Nueva York, Plume, 2009.

Malamud, Margaret, *Ancient Rome and Modern America. Classical Receptions,* Malden-Oxford, Wiley-Blackwell, 2009.

Mayhew, Nick, *Moscú: «The Third Rome», en Oxford Research Encyclopedia of Literature,* 2021.

Mazzarino, Santo, *Il basso Impero,* Bari, Dedalo, 2003.

Mazzarino, Santo, *La fine del mondo antico. Le cause della caduta dell'impero romano,* Bollati Boringhieri, Turín, 2008. [*El fin del mundo antiguo,* México, UTEHA, 1961].

Mazzini, Giuseppe, *Della giovine Italia,* Génova, tip. Dagnino, 1851.

Minogue, Kenneth, *The Romans: The Real Meaning of Patriotism,* en *Politics: A Very Short Introduction,* Oxford-Nueva York, Oxford University Press, 2000.

Ostrogorsky, Georg, *Historia del Estado Bizantino,* Madrid, Akal, 1984.

Pertusi, Agostino, «Venice and Byzantium: 1000-1204», en *Dumbarton Oaks Papers,* vol. 33, 1979, págs. 1-22.

Piganiol, André, *Le conquiste dei romani. Fondazione e ascesa di una grande civiltà,* Milán, Il Saggiatore, 2010.

Poe, Marshall, «Moscow, the Third Rome: The Origins and Transformations of a "Pivotal Moment"», en *Jahrbücher für Geschichte Osteuropas,* Neue Folge, Bd. 49, H. 3, 2001, págs. 412-429.

Rostovtzeff, Mihail I., *Storia economica e sociale dell'Impero romano,* Sansoni, Milán, 2003. [*Historia social y económica del Imperio romano,* Madrid, Espasa-Calpe, 1962].

Strémooukhoff, Dimitri, «Moscow, the Third Rome: Sources of the Doctrine», en *Speculum,* vol. 28, n.º 1, enero de 1953, págs. 84-101.

Turner, Frank M., «British Politics and the Demise of the Roman Republic: 1700-1939», en *The Historical Journal,* vol. 29, n.º 3, septiembre de 1986, págs. 577-599.

Vance, Norman, «Anxieties of Empire and the Moral Tradition: Rome and Britain», en *International Journal of the Classical Tradition,* vol. 18, n.º 2, junio de 2011, págs. 246-261.

Veyne, Paul, *Quando l'Europa è diventata cristiana. Costantino, la conversione, l'impero,* Garzanti, Milán, 2017. [*El sueño de Constantino: El fin del imperio pagano y el nacimiento del mundo cristiano,* Barcelona, Paidós, 2008].

Wilson, Peter H., *Il Sacro Romano Impero. Storia di un millennio europeo,* Il Saggiatore, Milán, 2017. [*El Sacro Imperio Romano Germánico. Mil años de historia de Europa,* Madrid, Desperta Ferro, 2020].

Winkler, Martin M. (ed.), *The Fall of the Roman Empire: Film and History,* Oxford, Wiley-Blackwell, 2009.

Winkler, Martin M., «The Roman Empire in American Cinema after 1945», en *The Classical Journal,* vol. 93, n.º 2, diciembre de 1997-enero de 1998, págs. 167-196.

AGRADECIMIENTOS

Doy las gracias a todos los que han aportado cultura e inteligencia a este libro, en especial a Carlo Carabba, Eugenio Murrali, Giacomo Pucci, Alessandro Sortino y a mi querida hija Rossana. El libro está dedicado a ella.